改訂版

講談　日本通史

素顔の日本を問いかたる

大濱徹也

同成社

目次

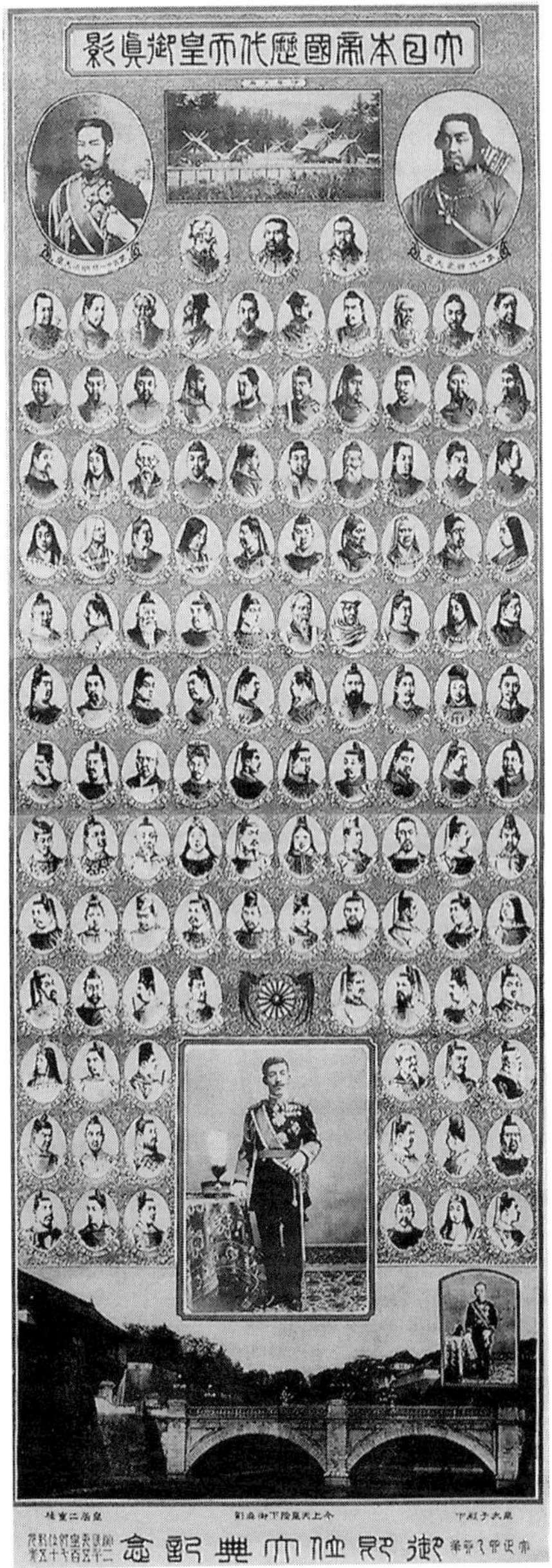

「大日本帝国歴代天皇御真影」（大濱蔵）は、「神武復古」を掲げた維新の在り方を明治天皇と神武天皇の一体化で表現し、万世一系の天皇の国であるという「国体」の原点を図像化したもの。各家の床の間にはこのような掛け軸がかけられ、天皇の「臣民」たる意識が心身に刻みこまれた。

はじめに——私にとって歴史とは——

歴史とは、現在《いま》の時点から過去をどのように問い質し、読み直すかという作業です。この作業は、現在生きている私たちが明日をより豊かなものにするために、歴史を問い質すことを通して、現在私たちが生きている場を確認する営みです。そうした意味で、過去にあったさまざまな出来事のなかから何をとらえるかによって、描き出される歴史像は大きく異なってきます。ここに紡ぎ出された過去の記憶をどのようなかたちで受けとめ、次の時代につなげていくかという意味でいえば、歴史は「想起」する作業であり、想像力をふまえて過去を「再生」していく試みでもあります。

日本の歴史をとらえるときに、私たちはしばしばこの日本列島が石器時代から日本であり、そこに展開するのが「日本国」の歴史だと思っています。しかし現在、私たちの住んでいる「日本国」の成立はけっして古いものではありません。律令国家のときの日本国と、平安王朝時代のそれと、また鎌倉幕府の統治下、江戸幕府統治下のそれとでは、国自体の概念が違っているのみならず、倭＝日本という空間概念も時代によって変わっております。

北海道から琉球までを日本国とする観念は、一八六八年の明治維新を契機に生まれた大日本帝国以来の歴史構成のなかでできあがったものです。しかもそのとき、この日本列島に住むのは、「国語」といわれるひとつの言語を使う単形な民族であり、その単形の民族、すなわち天皇族が基にあることにより他の国とは異なる国家なのだと強調します。それは、欧米諸国による植民地化への危機感のなかで、軍事力、経済力に劣る日本が精神的に優位に立つのは何かと考え、天皇の神話を再生することで自己認識をしようとしたためです。日本は、未だにそうした観念にとらわれたままだといえます。それ以前は、日本語という言葉自体、この列島のなかのすべての場所で共通に通じるものではありませんでした。だからこそ、現在も学校で「日本語」を習うのではなく「国語」を習うのです。国語とは国家の言語という意味です。そもそも日本列島は、千島から琉球列島にかけて南北に長く、一元的に気候圏や風土圏が同じではありません。このことは、現在においても、神社の祭神や寺院の宗派別分布形態をはじめ方言のあり方をみれば各地域でかなり違っているなかにうかがえます。こうした列島にみられる多様な構造をむりやり日本国としてまとめようとしたわけです。

かつては男子が二十歳になると、徴兵検査のとき読み書きや足し算、引き算ができるかを全員調べました。黒崎千晴は、その調査結果を図に示しておりますが（図1・2）、東日本のほうが西日本より読み書きができる人が多くいました。あるいは米食率も東日本のほうが高い。しかし、日本史の教科書類では東日本は遅れており、西日本は進んでいると説かれています。古代・中世に京都の文化が東北の蝦夷《えみし》の地に行ったことを、文化が伝播したとします。九州でも、肥後から大隅半島・薩摩半島は文化が遅れていたといいます。そこの住民の熊襲《くまそ》や隼人《はやと》は、東日本の蝦夷とともに、ヤマトの住民と異なる異民族とみなされていました。こうした認識は、ヤマト王権が構成した記紀の世界を原点とする歴史像に規定されたもので、ある時期にできてきた固定的な歴史観、ヤマト王権中心史観に呪縛されたものにすぎません。ヤマト―都《みやこ》を中心とする歴史認識は、オオキミ―天皇に収斂回帰する歴

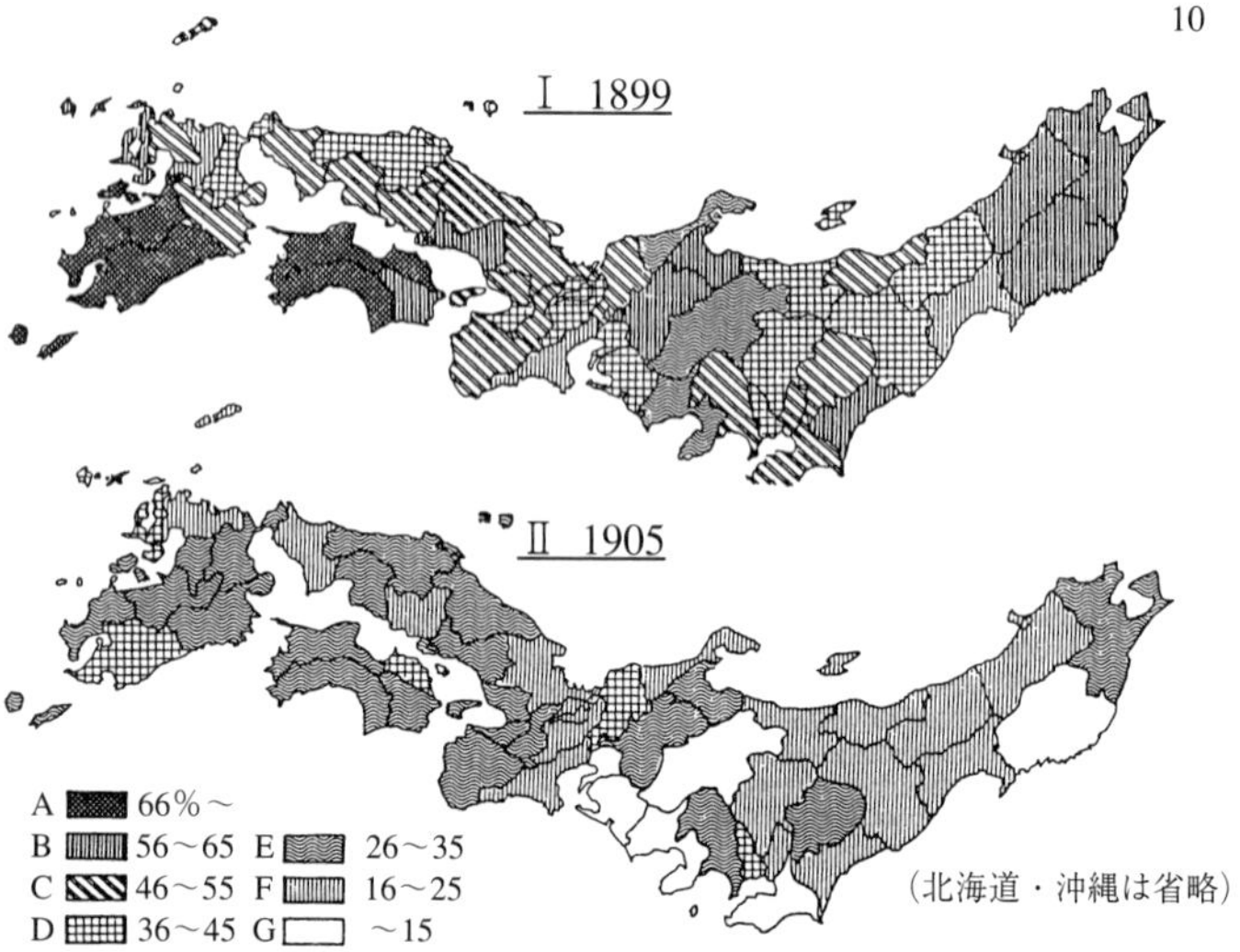

図１　文盲率の地域的動向（連隊単位）（黒崎千晴「文盲率低下の地域的動向」『歴史地理学会紀要』25）

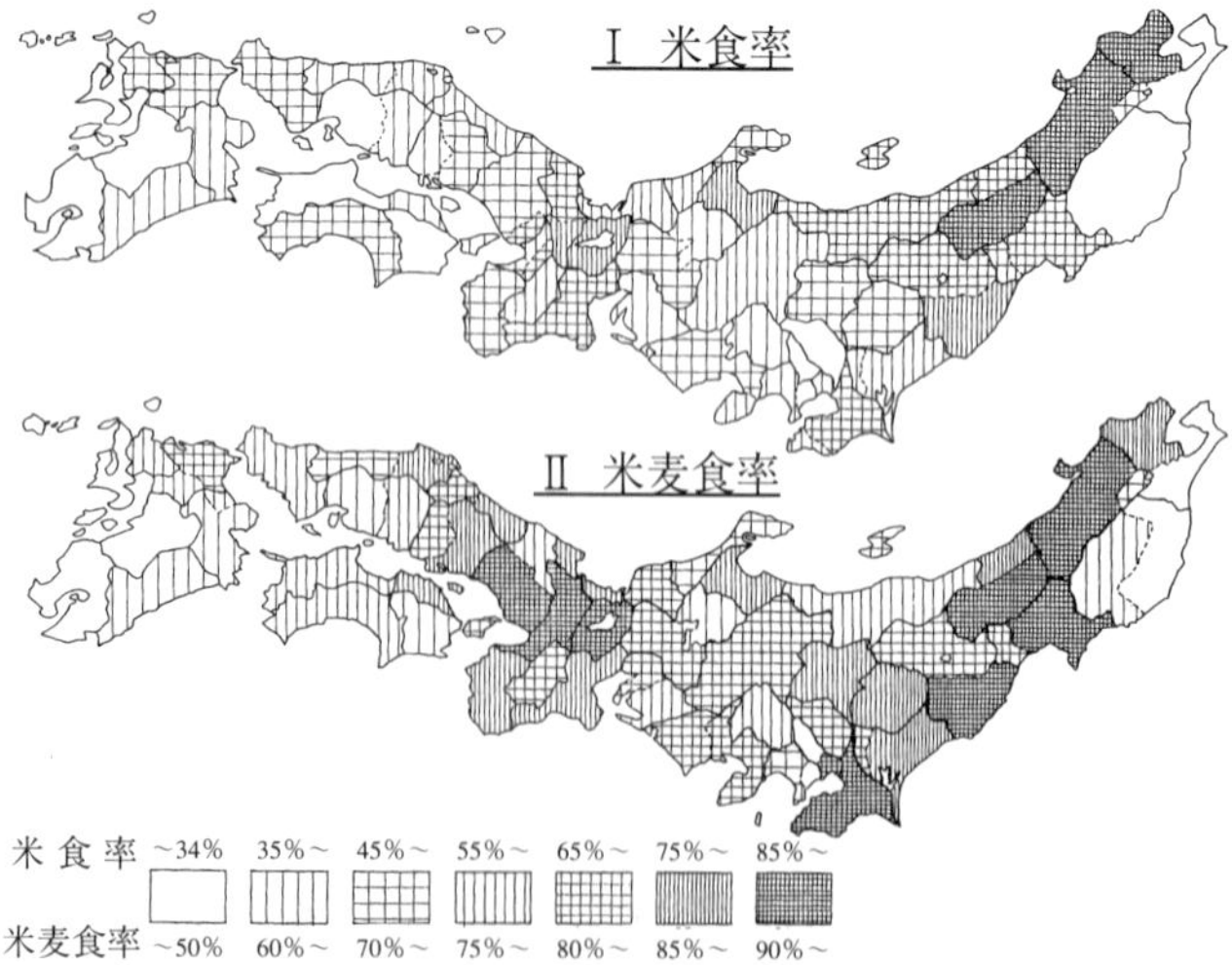

図２　米食率・米麦食率の地域的動向（1886年）（黒崎千晴「主食消費の地域的傾向」『早稲田大学高等学院研究年報』第12号）

史叙述となり、オオキミのいる都との距離関係で文明文化を位置づける作法となりました。こうした歴史への眼は、十八世紀以後の世界史の枠組を規定した文明史観、世界史的にいえばヨーロッパの文明が最上等で、他のアジアやアフリカの文明は遅れているから、そこに文明を伝えていくのだという論理をとりこむことで生まれたもので、現在にいたるまで日本の歴史像を規定してきました。

実際はどうかといえば、辺境とみなす東北津軽の平野は冬でも燦々と日が照り、水田耕作地帯です。北海道は、寒冷地で、冬は寒くて人が行き来せず、文化的に貧しい所だと思われがちです。しかし、北の地は冬のほうが人間の移動は活発なのです。現在でこそ、自動車とか鉄道など機械が自然環境に対応できないため、吹雪くとすぐ交通機関が止まってしまいますが、昔は、凍った川の上をソリで走り、牧場の柵がないから、どこでも大地を走れました。北の雪国は、冬になるとむしろ人間の往来がさかんになり、市が立つ光景を明治の『風俗画報』が興味深く紹介しています。

北緯四十三度という北海道の真ん中あたりの線をずっと西へたどると、中国東北部の長春、モンゴル高原、新疆のウルムチを通ってカスピ海に出ます。そして、コーカサス山脈を越えて黒海へ抜け、バルカン半島のブルガリア、旧ユーゴスラビアを通り、さらに地中海に入ってイタリア半島の中部を通り、フランスの南部に出て大西洋へ行きつきます。この北緯四十三度線から北にかけて、ヨーロッパの大都市があり、それにつながるようなかたちで人類の遺跡が多く発見されています。ちなみに中国東北部から沿海州にかけては、三世紀前半に挹婁《ゆうろう》が、五世紀以後に勿吉《もっきつ》―靺鞨《まっかつ》国が、八世紀に渤海が大きな力をもっていました。七六二年に建てられた東北の多賀城碑には、「京を去ること一千五百里、蝦夷国の界を去ること一百二十里、常陸国の界を去ること四百十二里、下野国の界を去ること二百七十四里、靺鞨国の界を去ること三千里」と記されており、靺鞨国が視野に入っています。列島の歩みは、このように広く大陸に開かれた世界として、問い質さなければなりません。

歴史を読むうえで求められるのは、私たちの固定された視点を移すことによって世界が変わってくるということであり、私にとり歴史とは何であるのかを、各自が生活の場をふまえて読み解くべく、私の生きて在る場から日本の歴史をとらえ直す作業なのです。ここで談《はな》す世界は、四囲を海に広く開かれた日本列島といわれる世界に展開した歴史の営みについて、私が立ちどまり、いかに読み解き、現在の日本を問い質すうえで、私にとっての日本と日本史像への一試論です。

第一章　大王の下へ

伝崇神天皇陵古墳

抗体と文化

日本列島の人間集団（日本列島人）とは、埴原和郎が頭骨などのデータをもとに図示したように（図3）、バイカル湖の北あたりにいた原アジア人といわれる人びとの流れを源に、新石器時代以降、種々の北東アジア人が混血し、それが弥生人にいたるというのが大筋と思われます。したがって、縄文人の骨格と弥生人の骨格には、かなりの違いがみられます。人骨の分析によると、現在の日本人は、大きくいって本土人集団とアイヌ・沖縄集団とに分かれます。さらに、本土人集団のなかには北東アジア人集団の痕跡が多くみられ、また琉球人の遺伝子とアイヌの遺伝子は近いといわれています。

あるいは日本犬を遺伝子的にみると、田名部雄一が『犬から探る古代日本人の謎』（一九八五年）で説くように、朝鮮半島経由で来た犬の系列と、東南アジア方面から来た犬の系列に分かれます。たとえば北海道犬とか琉球犬は東南アジア系にルーツをもつ系列。それにたいして秋田犬とか紀州犬、あるいは山陰や信州の柴犬は朝鮮半島の犬にきわめて近い遺伝子をもっています。ということは、日本列島に住みついた人間集団のうち、北東アジアにつながる弥生系の集団は朝鮮半島の系列の犬を連れて来、縄文系の集団は東南アジア系列の犬を連れて来た、といった推測も成り立つわけです。

このことは、身体の抗体とかウイルスキャリアについても同様だといわれます。日沼頼夫が成人T

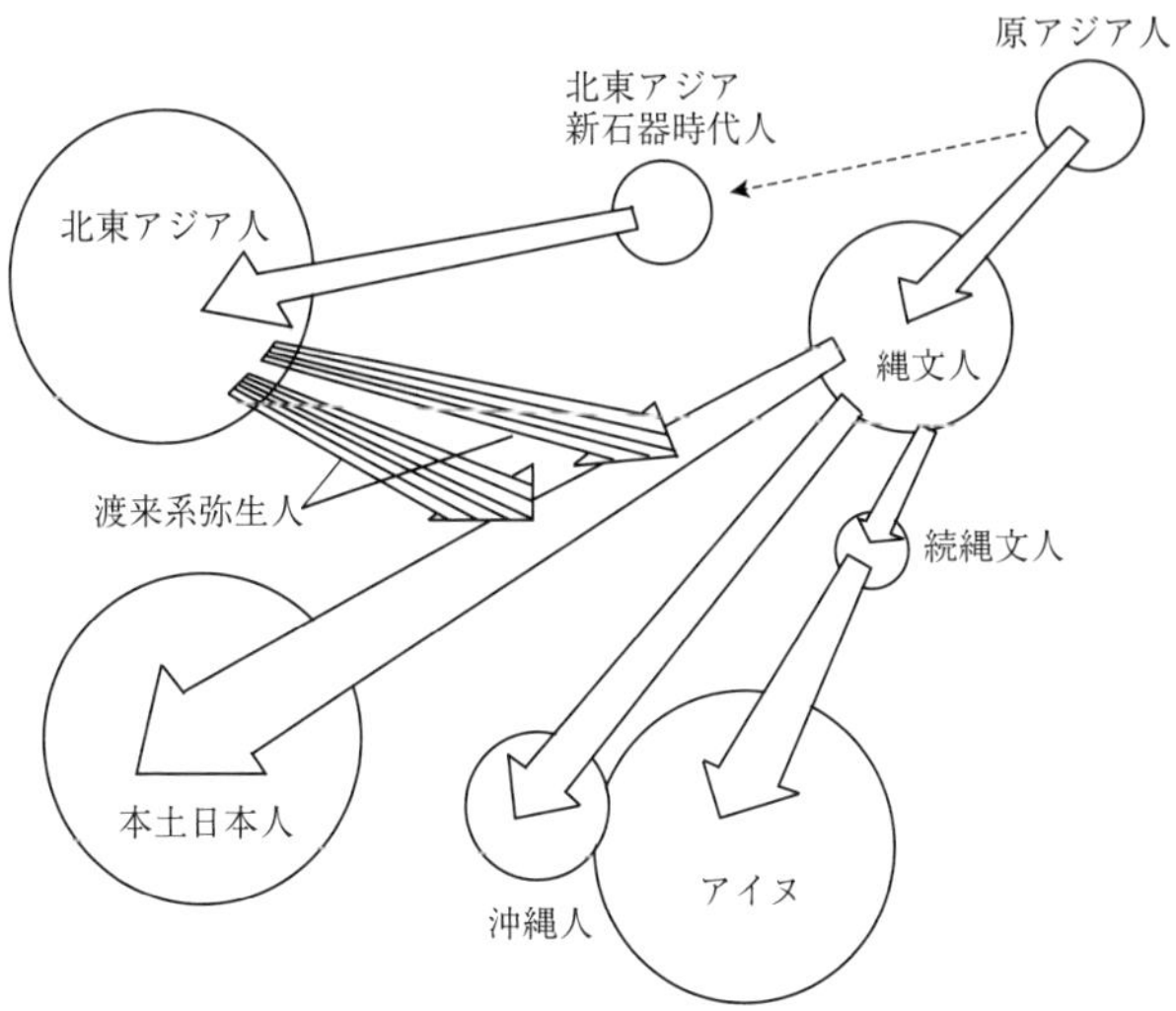

図3　**日本列島の人間集団**　おそらく旧石器時代の東南アジア人集団から縄文人と新石器時代の北東アジア人集団が分岐し、さらに現代の日本人と北東アジア人が小進化したことを示唆する。現代の本土人集団がアイヌ・沖縄集団と分かれたのは、前者への北東アジア人集団の影響と思われる（埴原和郎「日本人の形成」『岩波講座日本通史1』1993年）。

細胞白血病ウイルス（HTLV）保有者の分布（図4）を紹介していますが、鹿児島・長崎・福岡・宇和島・串本といった沿岸部に似たようなキャリアがみられ、さらにそれが北に飛んで石巻などにもみられる。これをどう説明するかはなかなか難しく、さまざまな解釈がありますが、今でもマグロ基地になっている場所に似たようなキャリアがあるということは、かつてもそういうキャリアの移動があったと考えれば、読み解くこともできます。だから、遺伝子だとかウイルスキャリア、および抗体などをたどることによって、本土人のなかにおける違いをみることが

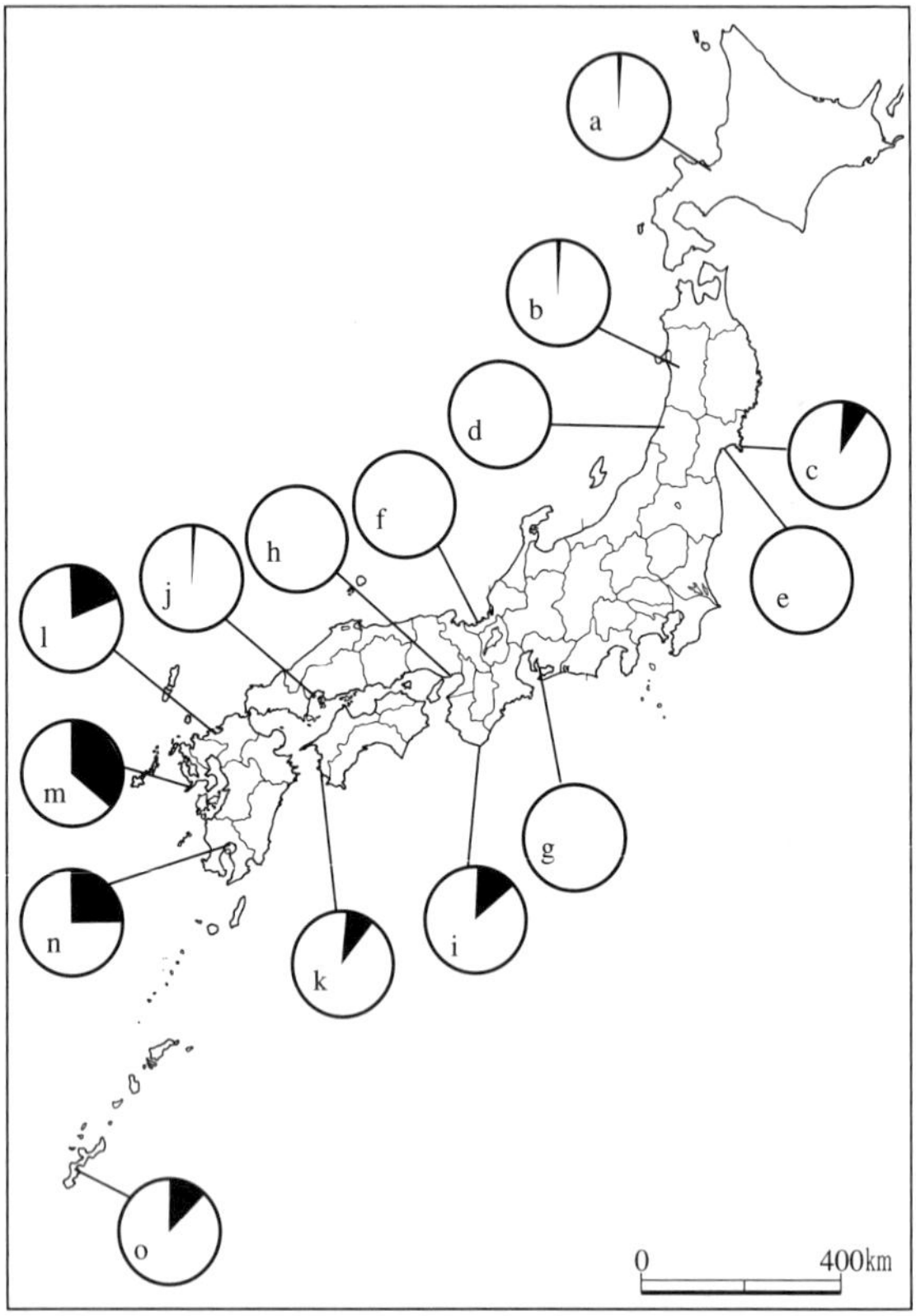

a：札　幌　b：秋　田　c：石　巻　d：酒　田
e：仙　台　f：小　浜　g：知　多　h：神　戸
i：串　本　j：広　島　k：宇和島　l：福　岡
m：長　崎　n：鹿児島　o：沖　縄

図４　ATLウイルスキャリアの日本国内分布（1982年調）
（日沼頼夫『新ウイルス物語』1986年）
キャリア好発地域には縄文系が高密度で残存する

できるわけです。それは、長い歴史のなかで築かれたものといえます。

人間にはそれぞれ、さまざまな標識が埋め込まれています。その標識はすべて、それぞれ個人的な違いとなって現れます。さらにそれらは性的な結びつきによって混血すると、抗体を残しながら微妙に変化していきます。私は、文化受容をこの抗体という概念を手がかりに考えたいと思います。というのは、それぞれの民族がもっている文化を抗体と考えると、たとえば東北日本には東北日本固有の「抗体」があるし、西日本には西日本固有の「抗体」がある。そこへ外からある種の文明が入ってくると、その文明はけっしてすんなりと入ってくるわけではなくて、その地域の「抗体」を通り抜けた結果として受け入れられます。この「抗体」に濾過されることによって、形態（かたち）はよく似ているけれども、中身が違う文化が形成されるわけです。

文明の受容というのは、一見みな同じようなものが入ってきているようにみえるけれども、そうではなくて、この「抗体」を媒介にすることによって、Aというものが屈折するなかで、A´なりあるいはBという、もっと違う異質なものになっていく。たとえば日本は中国から漢字という文字を習うのだけれども、中国語そのものを受け入れたわけではありません。したがって、漢文に日本風の訓点をつけて読んだりするわけです。あるいは、漢字からまったく異質な表音文字である仮名文字をつくり出したりします。

ようするに、この「抗体」を媒介にして、文化はそれぞれの受け入れ方によって変わるわけで、これは日本列島といったレベルに関してだけの問題ではなく、地域レベルについても同じです。たとえば京都からきた文化が、ある地域とそれと違う地域とで同じものとして存在するわけではなくて、それぞれの地域に固有の「抗体」を通り抜けることによって、それぞれ別個なものにつくり替えられます。現象は似ているけれども内容が違うということが、しばしばみられるのです。

その意味では、歴史を考えるとき、記憶の想起と再生という物語化・共有化ともに、そこに暮しの容《かたち》である文化の問題を入れて考えてみると、歴史が立体的にみえてきます。それは日本列島で生きてきた日本人のあり方の問題にも関わるといえます。

文明の構図

それでは、全体に日本の文明の黎明は、どのように位置づけられるのでしょうか。

日本列島の東日本から現在の北海道にかけての地域では、豊富な鮭などの河川の恵み、ドングリ等の木の実などの食資源に支えられて縄文文化が長くつづきました。一方、そのような保存食料に恵まれない九州から西日本にかけては、木の実の生育する周期のリズムを体得することによって栽培という発想が生まれ、原始農耕の芽が育ちます。そうした基盤があった所に、中国から朝鮮半島を経て農耕技術が伝わることによって、稲作文化が急速に展開していくわけです。

農耕あるいは道具の保持がもたらした文明の構造は、鬼頭清明が「六世紀までの日本列島」『岩波講座　日本通史2』（一九九三年）で提示した概念図（図5）に読みとれますが、中国では紀元前五〇〇〇年には原初的な形態ができあがります。それらの流れは、中国からインドシナ半島まで水稲の文明として広がり、朝鮮半島に伝わるのは紀元前六〇〇年くらい。さらに、それが日本にも伝わってきます。ただしその間、蝦夷地北海道だとか琉球・南西諸島にはそうした痕跡がありません。

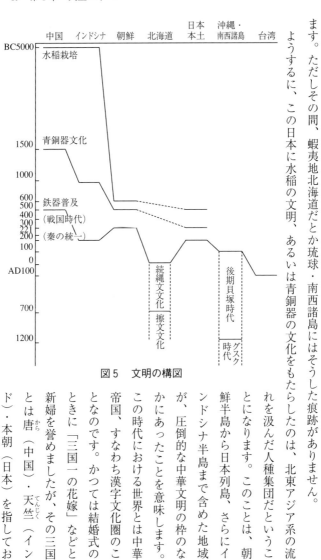

ようするに、この日本に水稲の文明、あるいは青銅器の文化をもたらしたのは、北東アジア系の流れを汲んだ人種集団だということになります。このことは、朝鮮半島から日本列島、さらにインドシナ半島まで含めた地域が、圧倒的な中華文明の枠のなかにあったことを意味します。

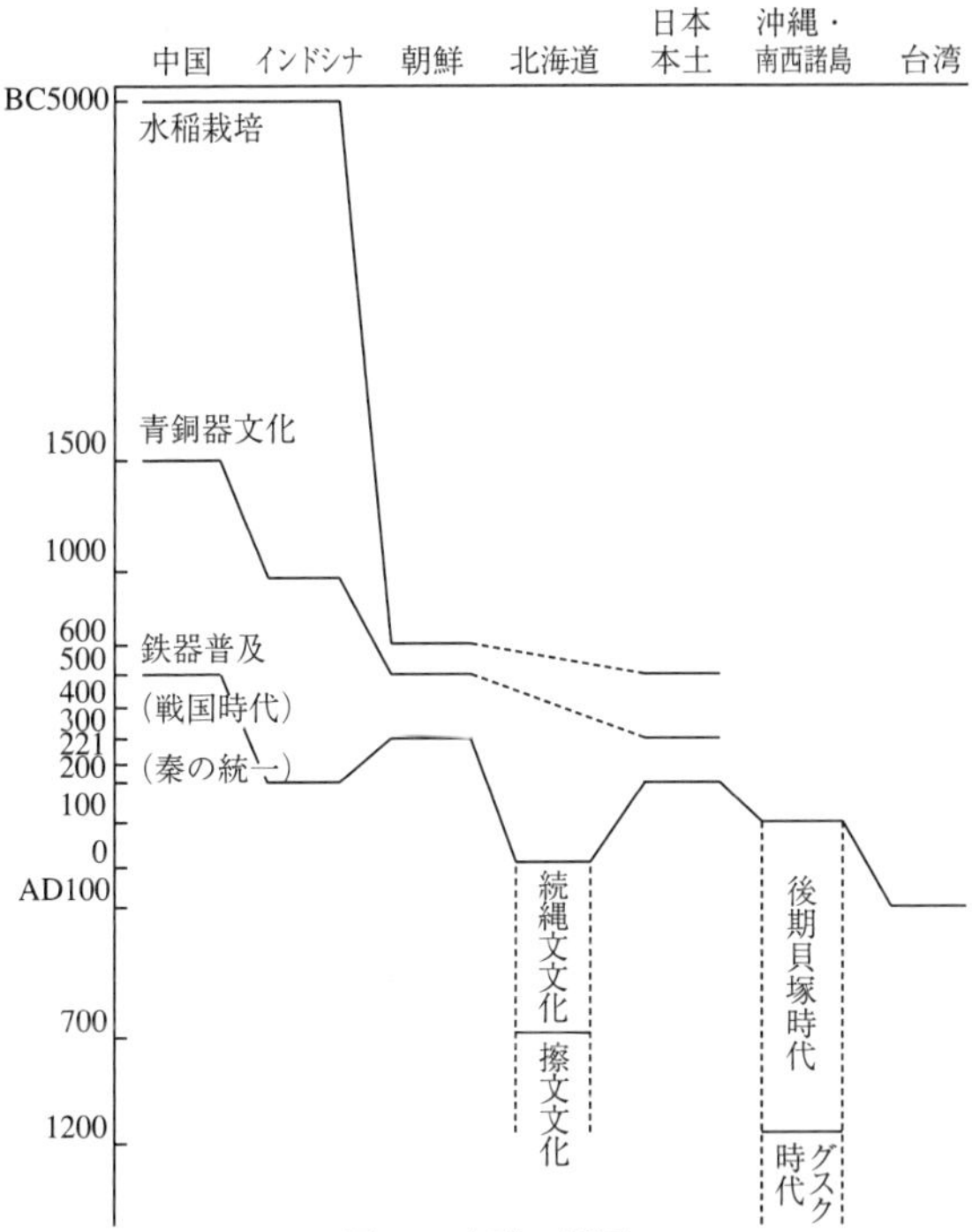

図5　文明の構図

この時代における世界とは中華帝国、すなわち漢字文化圏のことなのです。かつては結婚式のときに「三国一の花嫁」などと新婦を誉めましたが、その三国とは唐《から》（中国）・天竺《てんじく》（インド）・本朝（日本）を指しており、日本人にとってこの三国が世界だったのです。

そして、中華文明が青銅器文化から鉄器文化、さらに戦国期へと移っていくなかで、日本列島では九州や本州が水稲文化を受け入れます。ところが、現在の北海道と沖縄・南西諸島はまだ狩猟・採集文化の状況にある。ようするに同じ文化の受け入れ方においても、地域によって違いがあるわけで、そうしたなかで農耕がはじまると、それまでの狩猟・採集的なあり方とはまったく異なる社会構造が生み出されます。いわば「農業革命」といってもいいような状況が現出するのですが、世界史的にみて、この後これほど大きな変化を出現せしめるのは、十八世紀にイギリスではじまる産業革命の波だけです。

このことは列島の人口の変化に如実に現れています。すなわち、紀元前一～二世紀の二〇〇年間に人口が三倍近くに増えたのは、弥生時代になって水田農耕がはじめられ、生活の安定がもたらされた結果と考えられるからです。世界史的にみて十九世紀以降、現代までの人口増が五倍弱ですから、日本の弥生期はそれに匹敵する増加率であり、まさにこの時期に社会が激変したといえます。それはまさに「農業革命」とでも呼ぶべき出来事なのです。

もちろん、狩猟・採集的な文化が農耕的な文化に劣るというのは、一律的な価値観にもとづくものですから、正しいとは思いませんが、人口の増加を問題にするかぎりは、農耕文化のほうが狩猟・採集文化より上だということはいえます。この世界的な現象は日本列島にもあって、いわば農業革命が日本の社会を大きく変えていくわけで、その農業革命をもたらした主体は渡来系の弥生人です。彼らが日本列島に水稲栽培をもたらし、同時に青銅器、ついで鉄器をもたらします。鉄器がもたらされたことによって、生産力がいちだんと向上します。それがこのときの、いわば革命の構造です。

秩序と王権

青銅器や鉄器、水稲耕作を受け入れるなかで、社会の秩序という問題が現れてきます。この間の構造は、鬼頭が図6のように示していますが、ようするに時代とともに水田耕作が普及し、耕地が拡大して生産力が上昇すると、生産物を高床倉庫などで貯蔵するようになり、こうした余剰生産物の蓄積が徐々に増えてくると、倉庫の管理にともなって私有化という問題が発生し、やがて支配・被支配という人間関係が出てくるわけです。

一方、狩猟・漁撈・採集という生業も依然としてつづいており、集落間にひとつの社会秩序が生まれて、そこに権力を握った者、すなわち首長権力（＝王権）が登場します。拠点集落をめぐる集落群の規模は、今日発掘された遺跡からみて、三キロから四キロ四方ではないかと考えられています。

そんな規模のなかで首長である王に擁立された大王が誕生するわけで、それはハツクニシラススメラミコトという名称で日本の歴史に登場します。『日本書紀』にはハツクニシラススメラミコトとい

漢文の素養が日本近代化の切り札

東アジア文化圏とは、イコール中華文明の影響下にある世界であるが、この世界のなかでも、たとえば朝鮮半島、本土日本、北海道、琉球・南西諸島、台湾では、文明の受け入れ方、さらにそこに形成される文化のあり方に違いがある。現在はインターネットの出現などによって文化の地域的落差が一元化されてきているが、一元化されてきているからこそ、逆にそれぞれの民族の個性を出すというかたちで、宗教や生活様式の独自性をめぐる争いが起こってくるのである。そうした見地からみると、固有のものがこの一元的な枠のなかにとりこまれることによって、それぞれの地域におけるひとつの社会が形成されていくことになる、ともいえる。

ともあれ、日本は十九世紀まで圧倒的に中華文明の枠にとりこまれていた。そしてそれは、現在にも多くの痕跡を残している。たとえば漢文（＝中国語）は、ヨーロッパにおけるラテン語と同様、かつては中華文明圏における共通語であった。したがって、日本では明治以後、近代になってもなお、漢文が読めることが教養人たる第一の資格でありつづけた。その名残は「漢文」が学校教育にわずかな時間であれ、遺されているなかにもうかがえる（日本の言語教育ではもっと漢文を重視すべきだろう）。明治の人たちが、あれほどにも早く英語はじめヨーロッパの言葉を学びえたのも、その学んだものをもとに日本の新しい言葉を創り出したのも、それ以前に漢籍を学んでいたからにほかならない。漢籍、すなわち中国語を学ぶ論理構造をたたきこまれた頭でもってヨーロッパの言語をみたからこそ、翻訳も可能だったのである。

言い換えれば、中華帝国が生み出した、日本流にいえば漢文という共通の世界があったから、ヨーロッパの諸言語を学び、文化を受け入れることができたのであり、それを「抗体」によって日本流に屈折させて日本固有の文化を創り出すという図式には、まったく変わりがなかったのである。その「抗体」こそが、いわば文明の構図のなかで蓄積された記憶であるといえよう。

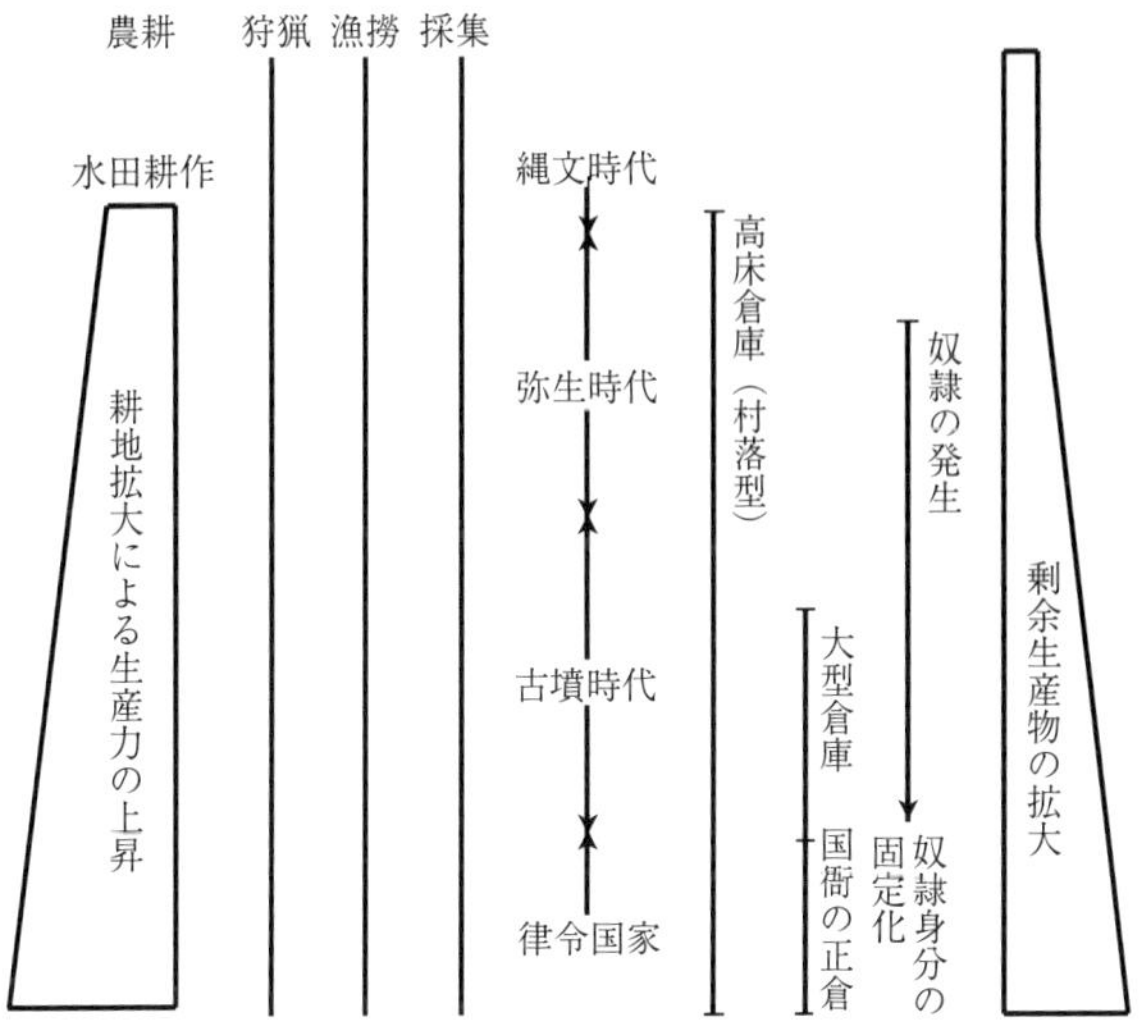

図6　生産力と剰余生産物管理の推移

う名称をもつ大王が二人記されている。一人は神武＝始馭天下之天皇。これを日本式に読むとハックニシラススメラミコトで、初めて天下を駆け巡ったところの天皇という意味です。もう一人が第十代の崇神＝御肇国天皇です。

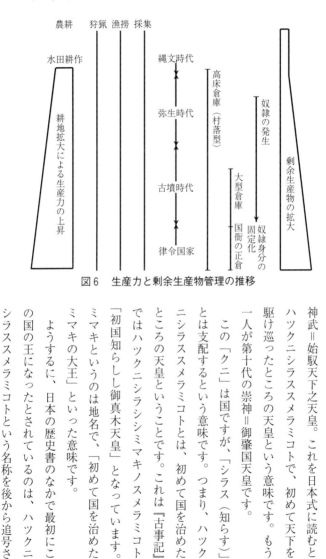

この「クニ」は国ですが、「シラス（知らす）」とは支配するという意味です。つまり、ハックニシラススメラミコトとは、初めて国を治めたところの天皇ということです。これは『古事記』ではハックニシラシシミマキノスメラミコト「初国知らしし御真木天皇」となっています。ミマキというのは地名で、「初めて国を治めたミマキの大王」といった意味です。

ようするに、日本の歴史書のなかで最初にこの国の王になったとされているのは、ハックニシラススメラミコトという名称を後から追号された人物であり、その名前をもった王が『日本書紀』には二人（神武天皇と崇神天皇）出てくるわけです。現在、多くの学者の意見では、ハツクニシラススメラミコトというのは本来は崇神の名称で、中国の史書に倣って『日本書紀』をつくるときに、日本の歴史を古くするために神武をつくった。それで神武にもハツクニがつく。だから、神武というのは、記憶を生み出すための新しい物語としてつくられた存在であって、実在した日本の天皇として大和を中心とする支配をはじめたのは崇神ではないか、とされています。物語のなかで王権が確立していくプロセスがこのように解釈されているわけです。

ということで、最初の王朝は大和の三輪山の周辺ではじまった崇神王朝だとされており、神武天皇が九州の高千穂峰から征討してきて大和に入ったという国入りの物語は、崇神が行った征討戦争の物語を神武に仮託して語ったものではないかとされるのです。聖徳太子が大王家と国の歴史編纂を思い立ち、天武王朝下で『古事記』『日本書紀』さらに統治する国々の状況を記した『風土記』がつくられたとされますが、これらの歴史書には、大王―天皇をめぐる国家誕生の物語を描くことで、国の記憶を共有し、中国王朝から自立した国家の営みを主張する思いがこめられています。

かつて、日本の各地域で王になった者たちは、地域の支配者であることを、たんにその地域で認められるだけではなくて、中国の王朝から認めてもらうことによって、支配の正統性を主張しようとします。それが、邪馬台国とか漢委奴国王の印と結びつくわけです。

王権の論理

いわゆる『魏志倭人伝』の解釈をめぐって、邪馬台国は九州にあったという説、大和にあったという説、そのほかさまざまな学説があります。しかし、重要なのは実在した場所そのものではなくて、それが九州にあったのと大和にあったのとでは、西日本がひとつに大きくまとまった時期が違ってくるということです。

それともうひとつ重要なのは、その統治形態です。『倭人伝』には卑弥呼は「鬼道に事え……」とあり、弟が政治を行っていた。そして女王卑弥呼が亡くなると国が乱れたので、今度は娘の壹《と》（臺）与《よ》を立てたとあります。ようするに、女王が支配するかたちになっているわけです。鬼道に仕える人というのはシャーマン、つまり神のお告げを取り次ぐ人間と考えられますが、これは国家のあり方として、狩猟・採集的な民族にみられるひとつの典型といえます。

こういう構造は、その後の日本の王権にも色濃く残っています。たとえば現在、日本の総理大臣は就任すると、ほとんどが伊勢神宮に参拝にいきます。この伊勢神宮の構造には卑弥呼女王国の統治形態の残影がうかがえます。すなわち神宮の頂点に立つ神宮祭主は皇族の血を引く女性で、その下に皇族につながる大宮司がおり、小宮司以下が神官職です。神宮には、記紀伝承によれば崇神天皇の時代にはじまったといわれる伊勢神宮に奉仕する斎宮という女性がいました。斎宮、神宮祭主の存在は、伊勢を統治する男の神官の役割を思いみれば、実際上統治するのは男弟であったという、卑弥呼女王国的な感覚の世界が残っているわけです。さらに日本の天皇家の系図をみると、女帝が七世紀から八世紀にかけ、三三代推古、三五代皇極、三七代斉明（皇極重祚）、四一代持統、四三代元明、四四代元正、四六代孝謙、四八代称徳（孝謙重祚）と続いており、中継ぎの王としての役割をはたしました。なお江戸時代には一〇八代明正、一一七代後桜町が登場しています。

ようするに、卑弥呼女王国の問題は日本の王権を考えるうえで大きな意味があるのです。ヨーロッパではカーニバルのときに、最後に張りぼての王さまに火をつけて殺しますが、これは新しい命をもり込んだ王が出てきてほしいということを表す儀式です。しかし、日本には王殺し、そういう形での祭りと王の関係はありません。日本の王の場合は、天の系譜を引いた神武天皇のような王が天から下ってきて地上を支配します。これが国生みの神話になりますが、この系譜の神を「天津神」といいます。それ以外にもうひとつ、それぞれの場所に土着の神がいて、それが「国津神」です。この「天津神」の系譜が「国津神」の系譜の人たちを武力で征服したり、うまく話し合いで支配していくプロセスとして、王の物語が語られているわけです。

これらの王は勝手に自分が王だというのではなくて、中国王朝との関係のなかで「倭王」として認知される形をとります。「倭王」というのは、古く中国では日本のことを「倭」と呼んだからです。

倭人の国

身体の小さいことを矮躯といいように、「倭」とは、ちっぽけな、萎えたという意味で、「倭人」とは自分たちが世界の中心で周りは野蛮だという中華思想にもとづく蔑称である。中華帝国の日本列島人への呼称をみると、『魏志』では「倭人」であり、『隋書』でも「倭国」である。それが九世紀後半から十世紀前半にかけてつくられたとされる『旧唐書』では「倭国・日本」となり、さらにそれから一世紀後に作られた『新唐書』になると「日本」になる。

『旧唐書』は「倭国・日本」とした理由を、「日本国」は倭人の国ではあるが、従来の倭人とは別の人種なのだといい、さらに「その国、日淵にあるを以て、ゆえに日本を以てなす」と記す。また「倭国」なる名称は雅ではないので「日本」としたともいい、さらに日本はもとは小さな国だったのが倭国を合併して大きくなったのだとする。『新唐書』でも「倭の名を憎みて、改めて日本とす」といい、また日本から来た使節による「この国は日出ずる所に近し」という同様の記事があるが、『旧唐書』では日本が倭国を合併したというのにたいし、こちらでは倭が日本を合併したことになっている。おそらく『新唐書』のほうが正しいのだろう。

さらに『旧唐書』『新唐書』『宋書』などをみると、日本列島のなかには倭国・日本国とは別に毛人（毛深い人）の国があったという。これはまさしく現在の東北地方を指していよう。ようするに、日本国は日本列島のなかの限られた世界であり、それは金印の発見された北九州の志賀島あたりから畿内にかけての地域と考えられる。

それでは日本の東のほうはどうか。『旧唐書』では東西南北それぞれ数千里あって、西と南は大海あり、東と北には大きな山がある。その山の外は毛人の国だとあるだけで、毛人の国がどういう状況であったかは記されていない。この毛人たちに「蝦夷」という名前がつけられるのはもっと後のことである。『宋書』には「倭王武」すなわち雄略天皇が宋王朝に出した上表文で「東は毛人を征すること五十五国」と報告していることが記されているが、毛人にはさまざまなものがあったと思われる（表1）。

表1　中国正史にみる日本の呼称

	王朝	撰　　者	書名	巻次	伝・志名	呼　　称
1	南朝宋	范　曄（～ 445）	後漢書	115	東　夷	倭
2	晋	陳　寿（～ 297）	三国志	30	〃	倭人
3	唐	房玄齢（～ 648）	晋　書	97	〃	〃
4	梁	沈　約（～ 513）	宋　書	97	夷　蛮	倭国
5	〃	蕭子顕（～ 537）	南斉書	58	東南夷	〃
6	唐	姚思廉（～ 637）	梁　書	57	東　夷	倭
7	〃	李延寿（　？　）	南　史	79	夷貊下	倭国
8	〃	〃　（　？　）	北　史	94	四　夷	倭
9	〃	魏　徴（～ 643）	隋　書	81	東　夷	倭国
10	五代晋	劉　昫（～ 946）	旧唐書	199上	〃	倭国・日本
11	宋	宋　祁（～1016）	新唐書	220	〃	日本
12	元	脱　々（～1355）	宋　史	491	外　国	日本国
13	明	宋　濂（～1372）	元　史	208	〃(外夷)	日本
14	民国	柯劭忞（～1933）	新元史	250	〃	〃
15	清	王鴻緒（～1723）	明史稿	196	〃　三	〃
16	〃	張廷玉（～1755）	明　史	322	〃	〃
17	民国	趙爾巽（～1927）	清史稿	164	邦交六	〃

典拠：和田清・石原道博編訳『魏志倭人伝・後漢書倭伝・宋書倭国伝・隋書倭国伝』（岩波文庫、1951年）

日本の王たちは自分たちの権力の正統性を認めてもらうために中国の王朝に使いを出し、貢物を贈る。その代償として中国王朝はその存在を「倭王」と認め、その証として金印とか鏡や武具類を与えますが、こうした形を冊封といいます。

大王の誕生

倭にさまざまな国《クニ》があったというのは、それぞれ地域的な王の存在があったということですが、その地域的な王が、徐々に他を併呑することによってスメラミコト、すなわち大王が生まれてきます。王たちの王という意味です。ハツクニシラススメラミコトはその初代大王といえます。

現在、崇神王朝は大和の三輪山の周辺に拠点をもった大王の系統ではないかといわれており、崇神王朝のことを一般に大和王朝ともいいます。この崇神天皇の後にやがて出てくる応神・仁徳は、河内に大古墳を築造した勢力です。つまり、三輪山周

騎馬民族征服説

応神王朝は河内平野に巨大な王権をもっており、その古墳からは黄金製品と馬具類が出土する。これは、それ以前の円墳・方墳を中心とする大和の古墳とは明らかにちがう。当時、中華帝国の周辺では、朝鮮半島における高句麗のように、騎馬民族が征服戦争をやっていた。その騎馬民族の流れが日本にも入ってきて、大和の王権を征服することによって応神王朝をはじめたのだ、という征服王朝説をとなえる学者がいる。出土遺物からみたとき、興味深い説といえる。しかし当時の中国の歴史書にはそうした記事は載っておらず、学説としての評価に研究者の意見が分かれる。

辺から大阪湾岸に出ていくのですが、その過程で河内平野に巨大な前方後円墳をつくるわけです。それが、応神・仁徳陵といわれるものです。天皇家の系譜をみると、崇神から応神にかけての系譜と応神・仁徳から後の系譜では、陵墓のつくり方が違います。そうした点からも、崇神王朝にかわって応神王朝が生まれたと考えられています。応神王朝のひとつの特徴が巨大な前方後円墳ですが、そこには黄金製品と馬具類が納められています。

さらに、次の段階になると、大和・河内以外から入ったと思われる王の系譜になります。それが継体王朝です。体を継ぐという意味でつけられた名称です。継体天皇にまつわる伝説は福井県に多くみられます。継体のときには二王朝あったと考える人もいます。というのは、継体天皇のときに北九州で国造磐井の乱という朝鮮半島の勢力と結びついた大反乱が起こるのですが、それは王朝の継承をめぐって何か問題があったためではないかというのです。

継体天皇は前王朝の血を引く女性を妃にしますが、それは自己の皇統としての正当性を主張するためと考えられ、そこには女系でつながる邪馬台国との関係が類推されます。

天津神と国津神

後に天皇となる大王にまつわる神話、ようするに天皇家につながる神々を「天津神《あまつかみ》」といい、出雲族のような、もともと日本列島にいた神々のことは「国津神《くにつかみ》」といいます。そして、天津神が日向の峰に降りてきて、周りの神々を支配していくことによって日本がつくられたというのが天皇族の神話です。この神話は「高皇産霊《たかみむすび》」の神という天皇家の主祭神が、自分の子どもを山の頂に下ろし地上を統治させたという話ですが、このとき降りてきたのが素戔嗚尊（スサノオノミコト）をはじめとする一族です。

　この日本列島に下ってきた天津神、すなわち皇室の祖先がやってきてその地を支配するというのは、ようするに侵略してきたわけです。神話では、この一族の主神である天照大神（アマテラスオオミカミ）すなわち太陽を司る女神が、あまりに弟のスサノオが暴れるので岩屋に隠れてしまい、それで世が暗くなってみんなが困る。そこで天鈿女命（アメノウズメノミコト）という女の神様がその岩屋の前で裸で踊り神々がはやすと、外のにぎやかさが気になったアマテラスが岩をちょっと開けて覗いたので、また太陽が照らしたという話になっています。これは、日食現象と結びついた神話といえますが、アメノウズメが踊ってアマテラスを岩屋から引き出し再び君臨させるという神話は、アマテラスを主神とする連中、すなわち天皇族の連中が侵略してきて、もともと列島に住んでいた母系的な一族と一緒になって、この国を治めるようになったということを意味するわけです。

　なぜ在地の母系集団を取り込んでいくかというと、新しく入ってきた征服者たちは政治的、あるいは軍事的には勝利しますが、その地に生えた文化には大きな力をもっていません。そこで、軍事的・

政治的・組織的な力をもってそこの女王を自分の支配下におくことによって王朝を切り開いたと考えられます。さらに周辺の国津神も、それぞれそうしたかたちで支配してきたと考えられます。

こういう天から下ってきて支配するというのは朝鮮の檀君《だんくん》神話も同じです。真っ白い衣をつけた檀君が木の上に降りてきて国土を開いたという話です。日本の神話は朝鮮民族の神話につながるものなのです。

（朝鮮民主主義人民共和国をつくった金日成の公的伝記である『金日成伝』の巻頭には、大きな木の前で白いコートを着て立っている金日成の写真が掲載されている。これは、金日成が檀君の生まれ変わりだということを示す、檀君神話をふまえた金日成神格化、王朝誕生記と読みとれようか）

朝鮮民族がもつ神話の構造と、日本の神話構造とはよく似ています。その点では、朝鮮半島を経由して騎馬民族が日本にやってきて王朝を開いたという仮説もひとつの意味をもつわけです。少なくとも畿内の王朝とは異質な、崇神王朝よりもっと強力な政治力・組織力・軍事力をもったのが次の応神王朝であり、そのときに「日本」となる前提があるわけです。日本では、新たな王朝の創始者が前王朝の女を娶る、すなわち前の王朝と血のつながりがある女を征服することによって正統性をもつという構造、皇統一系論を成立せしめてくるわけです。

「日本」という呼称

ともあれ、応神王朝は従来の大和を中心とした王朝とは違い、渡来系の系譜を色濃くもつ王朝だったことはたしかです。この時期から王権はきわめて巨大になってきて、そういうなかで「日本」という観念が出てきます。「日本」が国名になるのは、およそ八世紀前後のことだろうと考えられます。さらに『万葉集』をみると、この字を「ヤマト」と読ませています。しかしなぜ「日本」という文字が国名に用いられ、「ヤマト」と読まれたのか。谷川健一は興味深い仮説を提示しています。

現在の東大阪市に日下（くさか）という町がありますが、ここからは縄文時代の貝塚が見つかっています（日下貝塚）。ようするに大阪湾が今よりずっと陸地に入り込んでいて、このあたりは海岸だった。また大和から流れてくる大和川がここから海にそそぎ込み、そして朝、日が出ると、海辺から大和川の葦が生えているあたりに光線があたってきらきら光る。また『古事記』には、このあたりに花の咲く蓮がいっぱいあり、草木の香りが満ちあふれていたとある。そのため古くからクサカの地と呼ばれていたが、そこは陽の光が燦々と降り注ぐ所ということで、この地に住む人びとはこれに日下（太陽の下）という漢字を当てたのではないか。それがやがて日の本という名称に転じていった。やがてそこに巨大な王権ができてくると、この王権を「日本」という漢字をもって呼ぶようになった。

そして、この日の本が倭＝大和（やまと）の王権を吸収する。あるいは、倭が日の本と一体になるなかで日本となった。ようするに、かつての三輪山周辺の王朝を継いで出てきた、より強大な王権の所在に関わっているのではないかと考えられます。

この問題を大和王朝と河内王朝、つまり崇神王朝と応神王朝の関係に比定してみると、ひとつの意味性をもって解けるのではないかと思います。すなわち、実態からみてハックニシラススメラミコトは神武―崇神天皇であり、この大和三輪王朝に代わったのが後の応神天皇であった。そうすると、日下の地の王朝（河内王朝）＝日本が大和の王朝を乗り越えるなかで誕生し、そういうなかから日本という国名が出てきたと考えられるわけです。

前方後円墳は、円墳・方墳を発展させたものですが、円墳や方墳は朝鮮半島にもあります。朝鮮半島の慶州の古墳群には、大和の古墳群とよく似たものがあります。大和の前方後円墳は元来そこで祀りをやる場所として築かれたわけで、だから当然そのなかに埋められるものは祭祀具が中心です。

やがて三輪山から河内を中心にした王朝は周辺を征服していきますが、征服戦争をしていく経過を倭王武《ぶ》の上表文にうかがうことができます。この上表文には「私の祖先たちは寝食を忘れて全国を征服して歩きました、私もそういうかたちで征服し支配しました。だから、朝鮮半島から東日本までを含めた国ぐにを治める安東大将軍という位をください」とあります。ようするに、崇神から雄略にかけてずっと周辺地域の征討戦争をやったというわけです。

この王朝は、中国から日本の王朝と認められたときに、金印とか鏡や剣をもらいます。それと同じように、今度は日本のなかで周辺を併合していく過程で、征服下に入った者たちに鏡や剣を与えたりするわけで、そのときに同時に前方後円墳という形態の墳墓をつくることを認めました。それがたとえば埼玉県の埼玉《さきたま》古墳群などに残る古墳です。稲荷山古墳から出土した鉄剣の銘文は地域の王がいたことを物語るわけです。

ヤマトの征服

こうしたなかから、この日本列島に「クニ」が登場してきます。日本列島における王朝は多様性と統合性をもっていました。六世紀の日本はまさに多様と統合のなかで生まれてくるともいえます。

多様性をみるならば、大きくいって蝦夷地（北海道）、本州・九州・四国、そして琉球という違う三つのエリアがはっきりとあることです。たとえば蝦夷地は水田の定着もないまま続縄文から擦文《さつもん》土器の文化に至ります。西日本を中心とした本州・九州・四国では水田をもち、堀をめぐらした環壕集落が生まれ、それが弥生中期には関東あたりまでをエリアとするクニとなります。また琉球は十二世紀以前は貝塚時代といってもいいような、漁撈・採集の状態でした。

こうしたなかでヤマト畿内の王朝は、エリアをどのように認識していたのか、東・西・南・北の境

表2　10～15世紀における「日本」の境界

史　　料	東	西	南	北	年　代
①延喜式 巻16 陰陽寮	陸奥	遠値嘉	土佐	佐渡	927
②新猿楽記	俘囚之地	貴賀之嶋			11世紀初
③保元物語 中	阿古流・津軽・俘囚が千島	鬼海・高麗			承久ころ
④慈光寺本承久記 巻上	アクロ・ツカル・夷ガ島	九国・二嶋			鎌倉中期
⑤日蓮遺文	イノ嶋	筑紫			1265
⑥入来文書	えそかしま	ゆはをのしま			1277
⑦八幡愚童訓	ソトノ浜	鬼界島			鎌倉末？
⑧妙本寺本曾我物語 巻9	アクル・津軽・ヘソか嶋	鬼界・高麗・硫黄嶋	熊野御山	佐渡嶋	鎌倉末
⑨同 巻3	外浜	鬼界嶋			同
⑩同 巻5	安久留・津軽・外浜	壱岐・対馬	土佐波达	佐渡北山	同
⑪融通念仏縁起	えそ	いはうか島			至徳
⑫義経記 巻5	蝦夷の千島	博多津		北山佐渡島	室町
⑬ひめゆり	ゑそか島	きかい・かうらい			室町

典拠：村井章介「中世日本列島の地域空間と国家」（『思想』732号、1985年6月）

界をどのような地理概念でとらえていたかというと、だいたい北は佐渡、南は土佐や熊野、西は鬼界島あたり、東は津軽あたりです（表2）。

佐渡は北の境界線として意識され、同時に佐渡は夷狄の地だともいわれます。佐渡は後に流刑地として日蓮や世阿弥が流されますが、両津市は明治時代までは夷《えびす》港といわれており、さらに金山の相川はキタエビスといわれました。つまり佐渡自体がエビスの地だとされながら、さらにそのなかで相川が北のエビス

（北狄）とされるわけです。そして、金井を中心とする盆地は国中平野《くになか》といい佐渡で最も富める所ですが、国中という観念は江戸時代の初期に佐渡が一国天領となるなかで生まれてきた空間概念です。ようするに、日本人の空間認識には中華帝国の地理感覚が投影しているのです。

律令から武家政権の時代にかけて流民の地とされた所は、列島における日本国の境界線の地でした。土佐も鬼界島も流民の地だったし、陸奥は俘囚の地でした。そして、そういう所を守るためにそれぞれ柵が設けられました。日本海側でいえば今の新潟に設けられた渟足柵《ぬたりのさく》や山形県の出羽柵は蝦夷との境界です。そうした柵を設けることによって王朝と夷狄の違いを示したわけです。都の為政者はこの柵の地を前線基地として防衛ラインをつくり、中間基地となる地に牧（馬の牧場）をつくります。

それらの柵のつくられた地には、毛人と倭人が交易をしながら混合して住んでおり、そのなかで交易に長けた倭人が毛人を搾取したため、しばしば毛人の反乱が起きます。また反乱の指導者のなかから、東北の地に産する砂金の力をバックに安倍氏など毛人の系列をもつ王が登場します。鎌倉時代の初期まで勢力を誇った奥州藤原氏もそのひとつです。

一方、大和勢力の征服の過程で、自己の独立した王権を主張しつづけた地域もあります。北九州の筑紫国造磐井はその一人です。磐井は、畿内の大王の力がゆるんできたときに、新羅と結びついて自己の王朝をつくろうとします。それが磐井の乱です。磐井を埋葬した古墳といわれる福岡県の岩戸山古墳の周囲には石人・石馬と呼ばれる石造の人や馬があり、その首が斬られています。石人・石馬は中国皇帝の墓の周りにみられるもので、これは彼らが中国の王朝や朝鮮の新羅王朝に近かったことを物語っています。

出雲もそうした勢力のひとつです。出雲には大和にない舟形古墳など、独自の文化があります。また、大和の王朝がもっとも危険視していたのは吉備です。なぜ吉備や出雲が大和と異なる強い力をもっていたかというと、彼らは砂鉄をもっていたからです。

『日本書紀』には、吉備の下道臣前津屋《しもつみちのさきつや》が天皇にみたてた「小女《おとめ》」と己の「大女《おおめのこ》」、毛を抜き羽を削ぎ取った天皇の「小なる雄鶏」と鉄の爪をつけた己と「大なる雄鶏」とをそれぞれ競い闘わせたが、己のものが負けたので天皇になぞらえた「幼女」「雄鶏」を刀で切り殺した。それを聞いた雄略天皇は、「大不敬」だとして、軍隊を派遣して前津屋の一族を攻め滅ぼします。この物語は、砂鉄文化、すなわち鉄製武具をもっていた吉備国が大和の王権に対峙しうる勢力だったことをのべたものです。

出雲には出雲国造家があり、出雲大社がありますが、鉄器を代表とする豊かな固有の文化をもっていました。その砂鉄の文化がスサノオノミコトが退治したというヤマタノオロチの物語につながるわけです。『出雲国風土記』に記されたこの神話は、大和の王朝が出雲を征服する話です。スサノオノミコトが出雲の国々を荒らしていた八つの頭をもつ大蛇ヤマタノオロチに酒を飲ませ、酔って寝込んだのを斬るという話は出雲神楽にもありますが、先住者が征服者に殺される物語です。そのとき赤い血が流れて川になったというのは、もともと川の水が砂鉄を含んで赤かったからです。赤い川というのは砂鉄文化の象徴で、砂鉄の支配は武力を握ることになるわけですが、出雲は国譲りの話にもあるように武力的に併合されたのではなく、平和的に話し合いで大和の王朝を認めたということです。

いずれにせよ、大和の勢力は、中華帝国が周辺の者たちをいろいろな形で勢力範囲のなかに位置づけることによって自己の統治権を確立していったのと同じやり方をして、周辺の地域を征服し支配権を確立していくわけです。

やがて、中国の植民地であった朝鮮半島の楽浪郡が滅び新羅が半島を統一すると、中国系や百済系の人びとが日本に亡命してきます。彼らは新しい技術集団として大和王権に組み込まれます。仏像製作者として有名な鞍作止利《くらつくりのとり》もその一人です。あるいは天皇の暗殺などにも渡来系の者が使われます。また朝廷は、畿内の近辺においておくと危ない連中を周辺において、馬を飼う牧を管理させたり、蝦夷にたいする警備の役割を担わせます。埼玉県高麗郡・山梨県巨摩郡のように「コマ」という地名がありますが、あれは高句麗系の人びとがそうやって住み着いたことに由来すると考えられます。

第二章　天皇によせる眼

復元された平城宮朱雀門

日本列島史にみる三つの波

日本列島の歴史は、多様から統合への歩みだといえます。地域的多様性がどうやって統合されていったか、ということです。

列島という地理的条件は、海に囲まれていることで孤立性を帯びるとともに、逆に海に開かれていることで、あらゆる所から情報、人やものが入ってくることを意味します。海は周りの世界を切断しますが、逆にどこからでも入って来られる開かれた状況をつくり出してもいる。それは長い時間でみれば、東南アジアからでも、沿海州からでも、海を渡り島伝いに人間がやって来るという結果になって現れます。たとえば北海道の噴火湾でインドネシアで獲れる貝類が出土するのも、その一例です。

そうしたなかで日本の歴史をみると、広く列島の外に開かれていた開国的な時代と、逆に外界との関係を政治的に切断することによって社会を形成していった鎖国的な時代が交互に現れます。開国時代とは意識的に外の世界の文明を積極的に受け入れることによって、自らの政治システムをつくり、自らの文化を変えていく時期であり、鎖国時代とは国を閉ざして、受け入れた文化を自らの手で自覚的につくり変えていく時期といっていいでしょう。

（もっとも、江戸時代の鎖国というと、周りを完全に閉ざしていたと思われがちだが、対外的な交

渉の窓口を長崎を中心に琉球―薩摩、対馬、松前の四つに限定しただけといえる）

歴史の流れからいうとまず、①中華帝国の文明を積極的に受け入れることによって日本の政治システム、社会システムをつくってきた時代があり、②逆に対外的な交渉を意識的に中止することによって、その受け入れたものを自分のものにつくり変えていく時代となる。ついで、①´広く中華帝国以外の世界、南蛮などといわれた所との対外的な交渉を積極的にすることで新しい政治システムをつくる刺激にしていた時代があり、さらにまた、②´これをつくり変えていく時代、となります。日本列島の歴史は、近隣世界の動向と強く結びついて展開しています。

それではまず最初に、①の積極的に中華文明との関わりをもつことによって、日本自らの政治システム・社会システムをつくっていこうとしたのはいつの頃からでしょうか。

倭の女王卑弥呼が魏に朝貢し、聖徳太子が遣隋使を出し、その後、舒明天皇が遣唐使を出す、そうした時期はまだ国内にさまざまな国《クニ》があり、それらの国が、それぞれ中華帝国との関係のなかで自己確認をしていく時代です。さらにそういうなかで、この列島にひとつの日本という統一した世界を、畿内から北九州にかけてつくろうとする動きの大きな契機となったのが、大化改新です。このとき、統治のためのシステムとして、中華帝国から律令という政治・社会システムを受け入れます。大化改新の意味はそういうものだったと考えていいでしょう。なぜそういうことが起こったかといえば、朝鮮半島で百済や高句麗が滅亡し、新羅による統一がなされたことと関わるわけです。

朝鮮半島では高句麗・新羅・百済という三国鼎立の状況から、新しい統一の王権ができてきます。そして中華帝国にたいしてある種の自立性を示すようになります。ちょうどその動きは、日本では大化改新から律令制国家の形成という推移のなかにみることができるわけです。これは開かれた時代です。そして、こういう状況から、やがて平安京への遷都後に遣唐使の中止となり、自覚的に国を閉ざす時代へと移行するわけです。

その後、第二の波として鎌倉時代の末期になって、対外的な危機が文永・弘安の役というモンゴル軍の来襲となって現出しますが、その後は倭寇をはじめとして人びとが意識的に外へ出ていく状況を追認するかたちで、日明勘合貿易が出てきます。

この十五世紀は一四〇五年にはじまる明の鄭和の大航海で幕が開きます。鄭和は多くの下賜品をもち、南方の国々に朝貢をうながす航海を行います。鄭和の大航海と異なるのがイベリア半島勢力の大航海と軍事的征服です。すなわちヨーロッパでは、一四一八年の航海王エンリケの探険によって大航海時代の幕が切っておとされ、一四九二年にはコロンブスがアメリカに到達、一四九八年にはバスコ=ダ=ガマが喜望峰を廻ってインドに到達します。さらに十六世紀には、マゼランの世界周航が行われる一方、ポルトガル人がマラッカ王国を、スペイン人がアステカ王国・インカ帝国を征服します。

大航海時代の流れを日本ももろに受けて、勘合貿易からキリシタンの伝来という第二の開国の時期になります。この開国の流れは、やがて十七世紀初頭の江戸幕府の成立によって閉ざされて徳川の平和の時代が訪れ、次が明治維新で第三の開国の波。これは、資本主義社会が成立し産業革命の波が全世界を覆う状況に対応するものです。

日本の歴史の流れを、大きくみて、この三つぐらいの波でとらえることができます。

交易をめぐる動き

このような流れのそれぞれの時期に、多様な交易をみることができます。それはけっして日本が孤立的にみられるのではなくて、朝鮮、中国、西アジア、ヨーロッパでも似た状況がみられます。たとえば、日本が大化改新から国家形成に向かう時期は、朝鮮半島においても三国鼎立からひとつの国家が形成される時期であり、中国では唐帝国が成立します。また中近東ではアッバス朝が成立します。これがだいたい八世紀のことですが、この時期ヨーロッパはまだ未開で、医学にしても建築にしても、世界で最も優れた文明をもっていたのはイスラム勢力です。彼らはヨーロッパのイベリア半島を占拠します。このイスラムの強勢に対抗すべく、エレサレムの聖地奪還を呼びかけた教皇の声に応じ、十字軍の遠征がはじまります。かつヨーロッパのキリスト教世界は、そうしたイスラム勢力の圧迫のなかで、キリスト教徒である自らを自覚し、それが各地域での国家形成につながります。

日本についていうと、大化改新から平城京の建設に至るプロセスで、朝鮮半島では新羅の勢力が強くなります。それは日本が朝鮮半島に対する影響力を失ったということであり、さらに朝鮮半島から政治的圧迫を受けることになります。そのため、水城をつくったり、山城をつくったり、さらには大和の地から近江に都を遷したりします。天智天皇がなぜ遷都したかというと、朝鮮半島における政治的な失敗により、逆に朝鮮半島から攻められるかもしれないという危機感のなかで、都を近江に遷し、近江王朝を形成するわけです。

ようするに、この時代は日本が孤立的に存在しているのではなく、大陸との連動のなかで近江朝の形成がある。そういう動きは、アジア世界においてはアッバス朝が成立する動きにつながっているのです。世界史というのは、各地域が今日ほど密接ではないかのようにみえて、じつはけっして孤立的にあるのではなく、よくみると似たような動きが、それぞれの民族のなかに見出せるのだということです。

それらの事柄をつなぐものとして、たとえば北日本と、バイカル湖からアムール川、中国東北、沿海州にかけての地域において、ひとつの交易がこの段階で依然としてあります。その交易は、貂の毛皮を主商品とするもので、セーブルロード（貂の道）といいます。バイカル湖からアムール川流域や中国の東北地方、沿海州の貂の毛皮が、東西南北の交易ルートに乗って北日本にまでもたらされます。その流れにのって貂皮貿易の中継商人であるイラン系ソグド人が沿海州から日本にやってきたのではないでしょうか。

さらに、隋から唐にかけて日本に大きな影響を与えるのはシルクロード（絹の道）といわれるものです。これは絹と馬の交易です。西域から優れた馬が東方にもたらされ、中国の絹が向こうに行く。その流れが日本列島にまで入ってくるわけです。それらは現在も正倉院の宝物のなかにみることができる。宮中で行われる雅楽は西域の音楽がもとになっていると考えられますし、伎楽面も西域の踊りに使われたお面の流れをうけたものです。そうしたものが、この流れを背景にしているわけです。

神と罪の観念

そういった大きな流れのなかで、古代の神観念には海の彼方から来るという水平的なものと、天から下ってきたという垂直的なものがありますが、東南アジアは主として水平的な観念であり、遊牧の騎馬民族は垂直的な観念です。日本神話は垂直的な観念が日本列島に根強くあった水平的な観念に習合するなかで構成されてきたと考えられます。つまり、大皇族すなわち「天津神」の系譜は「国津神」の系譜と習合したわけで、ようするに、アマテラス的なものは、もともとこの地にいた地母神的なものではなくて、土着の神が「天津神」の支配下に入ったということです。ここに天地万物を生み成すという産霊神《むすびのかみ》―産土神《うぶすながみ》の世界が展開していきます。そういう動きのなかで、当時の人たちはいったいどういうかたちで自分たちの価値観念をもっていたのでしょうか。

セーブルロードとかシルクロードといわれる交易のなかで、さまざまなものが日本にもたらされます。そうしたなかで騎馬民族系の色彩の強い神観念をもった連中が、列島の主要部を支配するようになります。一方では、日本列島に以前から住んでいた在来の人間がいます。騎馬民族系の連中はこの先住の母系的なものと一体になることによって王朝を形成します。そのなかでどういう観念が存在したのかを罪観念にみてみます。

日本人が当初どういう罪観念をもっていたかを知るには『延喜式』があります。『延喜式』のなかにみられる罪は「天津罪」と「国津罪」に分けられます。これは『延喜式』の大祓の祝詞のなかに出てきますが、「天津罪」は素戔嗚尊を追放する話のなかに、その原初的なものをみることができます。天津罪＝天の大罪とされているものには、畔放（アハナチ、畦を壊す）、溝埋（ミゾウメ、溝を埋める）、樋放（ヒハナチ、樋を壊す）といった他者の田を潰す行為、頻蒔（シキマキ、重播種子ともいう、稗や雑草などの種子を播く）といって他人の畑に余計なものを播いて妨害する行為、さらに生剥（イキハギ）、逆剥（サカハギ）、屎戸（クソヘ）といった新嘗祭のとき新田に動物の死骸や糞尿を放り込んで汚す行為（これはスサノオがやったこと）があります。これらの行為は、いずれも協同生活を侵害する行為です。これらの行為をした場合は、協同体からの追放という刑罰が充てられ、その罪は氏族間、協同体ごとの約束事のなかでそれについての代償を払うことによって許されます。ようするに天津罪とは、協同体の生活を破壊したものを対象として科せられ、それは破壊されたほうが破壊したほうに補償を求め、贖罪がなされるならば許されるわけです。

それにたいして国津罪はいわば社会システムに関わるもので、これには絶対的な制裁、すなわち死刑が課せられます。罪と刑が同一性を帯びているわけです。これにあたるのは、生膚断（イキハダダチ、生きている人の身体を傷つける）とか死膚断（シハダダチ、死体を傷つける）といった行為であり、さらに白人（シラビト、色素の関係で身体の真っ白い人）、胡久美（コクミ、身体に重い先天性疾患をもっている人）といった、いわゆる健常者と異なる身体様式をもっている人は、それだけで罪があるとされました。それから、己母犯罪（自分の母を犯せる罪）、己子犯罪（自分の子を犯せる罪）、母与子犯罪（母と子を犯せる罪）、畜犯罪（獣を犯せる罪、獣姦）という類の性行為、性的タブーにたいする違犯は、神の法たる婚姻法の違犯者として死刑、もしくは自殺を強要されました。

それから次に、昆虫乃災（ムシノワザワイ）、高津神乃災（タカツカミノワザワイ）、高津鳥乃災（タカツトリノワザワイ）、畜仆志（ケモノタオシ）、蠱物為罪（マジモノノツミ）などというのがありますが、ようするに昆虫だとか雷だとか鳥だとか、ある種の自然災害も国津罪になっています。なぜ自然災害が国津罪になるのかといえば、雷が落ちるとか、イナゴの大害で食物がやられるのは、為政者が悪いからだという発想があったからです。だから、そういうことが起こったときは、その協同体の長が自ら犠牲になることによって大地の霊を鎮めようとします。こうした罪が発生したとき、それらは絶対的な制裁対象として、罪と刑が同一とされ許されないものとされました。

大陸から輸入の律令と日本固有の武家法

日本列島の政治システムは、ひとつには中国大陸における文明の法としての律令を受け入れることによってつくられた。しかし法律とは元来、慣習法であって、慣習法的な世界が守られなくなってくると、その慣習を成文法にすることによって守らせていくというやり方をとる。イギリスには憲法はないし、国際法は条項が書いてあるわけではない。たとえば戦争などがあったとき行われてきたそれまでの暗黙のやり方を、これは生かして公けにしようというなかから戦時国際法における捕虜規定などを出してきて、それだけが各国間の条約として結ばれる。すなわち法律とはある意味で慣習であり、協同体のシステムを維持していくなかから生まれてきたさまざまな慣習が、だんだん逸脱が増えてまもられなくなると、そこに法の規定をつくることとなる。

天津罪・国津罪というのは慣習法の世界である。そこに大陸の法体系を真似ることによって日本の法体系の制度と精神をつくったわけで、当然、日本の農耕社会のなかで協同体の暮らしを支えていた約束事、たとえば相続の仕方などは存続する。その延長線上につくられたのが武家法で、鎌倉時代の関東御成敗式目（貞永式目）がその集約である。

貞永式目は、村協同体から出てきた関東の武士たちが、村のならい、ひいては武家社会の慣習を成文法化してつくったものだが、後の室町幕府も江戸幕府も、法の基本は貞永式目におきながら、慣習的に行ってきた裁き方を法としている。したがって、一方では大陸から輸入された律と令という法律に基づく政治システムが生きつづけるが、もう一方に地方の武士たちが権力を握ることによってできた、これとは違う政治システムがあり、現実にはこれが一般の生活を律していた。たとえば江戸幕府の老中とか年寄の政治は、村のなかで行われていた政治手法を国のレベルに移すかたちで行われたもので、そのように日本固有の法は武家法に強く現れている。

武家法では、たとえば相続において男女は元来同等とされていたが、これは村においては男も女も同じような労働力として評価され同等の相続権をもつという慣習が、武家法のなかに入ったためであり、鎌倉時代には女の地頭も存在した。やがてそこに大陸の儒教的な感覚が入ってくるなかで、武家社会では女の相続権がしだいに消滅していく。しかし百姓や町人のなかでは、依然として女の相続権は存在しつづけるのである。

これがこの列島の住民たちが自分たちの社会を維持するためにつくりあげていた制裁システムですが、国津罪には死以外に制裁がないというように、それは単純かつ極端なものでした。そこで、こういうシステムのなかに、より新しい組織された社会システムの導入が考えられてきます。そのために中国大陸から新たな法、すなわち律令の導入が求められたわけです。

かくて日本では大陸法を導入することによって社会制度の大筋をつくっていきます。その結果、畿内を中心とする権力が大きく組織的な支配に向かっていきます。その後、明治期に内閣制度となり、大日本帝国憲法が発布されるまでは、日本の制度的な枠組みとしては律令制度がつづきます。政治的な実効支配というのはあくまでも時代が限定されたものですし、たとえば征夷大将軍も律令という枠組みから令外の官として任命された官職です。したがって、大化改新の後に成立する律令的な枠は、実態をもって行われたのは平安時代ぐらいまでですが、形としてはずっと残っているのです。

壬申の乱と律令政治の開始

前章でのべたように、崇神天皇から応神天皇にかけての時期、王のなかの王たる大王の支配を組織的なものにしようという動きが起こると同時に、朝鮮半島との緊張関係が出てきます。大和王権は新羅に対抗して百済を救援するために、軍を半島に派遣しようとします。同時に国内では、大和の権力者たちと北九州の権力者たちのあいだに主導権をめぐる争いが起こり、その勢力のひとつが朝鮮の新羅勢力と結びついた筑紫国造の磐井です。磐井は大和の新羅遠征軍の渡海を阻止すべく反乱を起こします（磐井の乱）。磐井の乱は鎮圧されますが、大和王権の内部に勢力争いが起こります。その後、政治的屈曲を経たのち、やがて日本の国内により強力な王権をつくって統一を押し進めようという動きが起きます。それが大化改新です。

これは、政治的軋轢のなかで権力をにぎった蘇我氏の力を削ぐことによって、大王家を軸にした政治システムをつくろうとする中大兄皇子（後の天智天皇）や中臣鎌足らの行ったクーデターでした。その後、天智天皇は朝鮮半島における優位性を復活すべく百済救援軍を渡海させますが、六六三年の白村江の戦いで決定的敗北を喫し、百済は滅亡します。対朝鮮関係が緊張したため、天智は都を近江に遷します。その天智のもとで兄を助けたのが大海人皇子（後の天武天皇）です。

天智天皇が死ぬと、天智の子の大友皇子と、人望のあった大海人皇子が対立します。また、天智についていて近江に行かず大和に残った旧勢力は、都を大和に戻したいとの思いから大海人皇子に加担し、この勢力と近江朝廷とが対立します。これが壬申の乱になります。その結果、大和に残った勢力と近江以外の畿内およびその周辺、たとえば美濃・尾張などの勢力が結束し、大海人皇子を支えて権力奪取に成功します。ここに旧来の天智の勢力をすべて粛正し、天武王朝が生まれます。したがって、天武天皇は圧倒的な権力をもつこととなります。この時代につくられた『万葉集』に「大君は神にしませば」という言葉が出てきますが、これはそうしたことを背景にいわれたものです。

天武がやろうとしたことは、一言でいうと、律令という政治システムをつくることです。そして、天武が死ぬと、子どもたちが幼かったため妃の持統天皇が即位し、天武王朝の継承安定をはかるべく大津皇子らを粛正し、天武・持統の子草壁の系譜を天皇に擁立すべく、中継ぎの女帝がつづきました。やがてこの王朝が聖武天皇の平城京の王朝につながります。

ということで、これまでの王朝の流れを整理すると、崇神王朝→応神王朝→継体王朝→天智王朝→天武王朝となるわけです。その後、この天武の系列が聖武から称徳女帝までつながっていきます。

称徳の次の光仁・桓武は天智の系列から即位しますが、桓武は平城京から平安京へ都を遷します。ようするに、桓武天皇は旧天武系列とは別個の位置に立ち、母が渡来系であるがゆえに、渡来系の秦氏の根拠地で渡来系氏族が基盤としていた山城の地に都平安京を造営し、天皇の権威を確立するために中国王朝にならった新たな祭祀を営んだのです。新しい平安朝の時代を切り開いていくわけです。

仏教の受容

天武王朝は律と令に基づく政治システムをつくりますが、これは唐文化を徹底的に受容することによって社会システムをつくろうとすることでもありました。

なぜ天武が「神にしませば」といわれるまでの強力な王権をつくろうとしたのかは、東アジアにける新羅や唐帝国の動き、さらにヨーロッパにまで及ぶイスラム勢力のアッバス朝の動きなどとの連動でみる必要がありますが、日本列島においては天武から聖武に至る過程で、大陸法に基づいた巨大な権力が生まれ、その支配を貫徹しようとするなかで古代国家が強力に出現するわけです。

そのとき権力がやったことで特筆されるのは、遣唐使を通じて当時最先端の文明・知識とされた仏教を仕入れたことです。当時の僧は単に宗教的な祈願者・奉仕者であるだけではなくて、最先端の知識をもった技術者でもありました。ようするに、王朝は仏教によって国家をひとつにする精神世界をつくろうとしたわけです。

国家というのは、目に見える世界での支配をささえるために、何らかの精神的な統一性がいります。その精神的な統一性をつくり出す大きな力として、天武王朝以来、仏教に期待したわけで、それが聖武天皇の大仏開眼をはじめとして、国分寺・国分尼寺をつくる政策になっていきます。したがって、この時期の僧はすべて官僧です。彼らは国からさまざまなものを支給されており、国家のために祈るのが仕事のすべてであって、けっして庶民の個人的救済を祈ることはない。また、東大寺をはじめとする大官大寺、すなわち官立の寺はいわば大学です。僧や貴族が勉強する場所であり、そこにある経蔵は図書館です。

仏教の受容は、一方においてはそうした意味合いのものでしたが、当然その教えが人びとの間に入ってくると、貴族と庶民の間に受け止め方に落差が出てくる。やがて、救済の教えを庶民にも布教する行基のような人物も登場してきます。ただし、この仏教も日本に広まるなかで、日本古来の文化に呑み込まれていきます。すなわち、仏教本来の救済の観念が流布するのではなくて、きわめて日本人的な世界観のなかに仏教が入りこんでいくわけです。

天皇即国家観

大きな政治の枠組みでいえば、律令的な動きは中国大陸との関係のなかで最も強く出てきます。そうした動きのなかで、やがて平城京が生まれます。この間、天武天皇以来出現したのが、天皇は絶対的な君主ではあるが、現実の政治は皇太子たちによって行われる皇親政治といわれる政治スタイルです。こうしたやり方がしばらくつづきます。

そこで、天皇たちが強く身につけたのは、天皇＝国家という観念です。『日本書紀』以下の六国史をみると、天皇はスメラミコトとともにアメノシタともルビがふられるようになりますが、アメノシタというのはある空間的な広がりを指す「宇宙」「国家」「天下」というような言葉です。その空間的な広がりが宇宙であったり、国家であったり、天下であったりするわけですが、ようするに天皇と国家とはひとつという観念がこの時代の人びとのなかにあったからこそ、天皇がアメノシタといわれたのです。

奈良時代の貴族たちには天皇＝国家という観念が強くあり、そのことが天皇権を支えていたといえます。それが一方で「大君は神にしませば」という言い方にもなります。天皇自身も自分が国家だという思いがあるから、たとえば元正天皇の宣旨のなかの「その年飢饉があった。飢饉があったのは私が不徳だからではないか。もし民を飢えさせるならば、私にもっと厳しい制裁を与えてくれ」という詞になります。

為政者たちのそういう感覚が、この時代を支えたひとつの世界といえます。一方では律令的な官人制度をつくりながら、もう一方では天皇即国家という思いがあり、それが律令貴族たちを天皇に収斂させていくものになっていた。そういう流れのなかで、五世紀から七世紀にかけての政治システムがつくられていくわけです。

こうした政治のシステムが確立していく過程で何が具体的に問われてきたのでしょうか。大和の王権が六六三年に白村江で唐・新羅連合軍に敗北し、六六八年に高句麗が滅亡して新羅が朝鮮半島を統一する。そうした状況のなかで、律令の法体制を作ることによって後の公民制度と官司制度をつくっていきます。この公民制度と官司制度をつくっていくことは、大化改新から平城京の時代へと進むなかで、戸籍をつくり、租税を統一し、さらに各地にいた首長たちを国造《くにのみやつこ》というかたちで王権のもとに吸収していく作業につながっていきます。

第三章　開かれた時代、閉ざされた時代

遣唐使船

中華帝国と衛星国日本

これまで書かれた日本史は、多くが日本列島における日本一国史的な発想でとらえていて、世界史との関連性はきわめて稀薄でした。それは、日本は一民族一言語であり、天皇のもとでずっと統率されていたという、大和王権的な歴史観に彩られていたこととかかわります。ですが実際には、世界史との同時性のなかで似たようなことが世界の各地で起こっているわけで、そのあたりをみつつ日本という国の形成をとらえなければなりません。

もうひとつ注意しなければならないことは、世界史といったときの「世界」が、時代によって認識が違うということです。現在でこそ、世界＝地球上のすべての地域と考えられていますが、「世界」を意識した最初のころの日本列島の住人たちにとっては、それは本朝・唐・天竺の三国（現在の日本と中国とインド）にすぎませんでした。

（中国というのは本来「中華帝国」のことで、中華とは自分たちが世界の中心だという意味だから、地域の呼称としては中国よりシナというほうが適切なのである。ただし日本では江戸時代までずっと、シナではなく唐《から》という呼び名を用いてきた）

幕末から明治にかけて日本の女性が売春婦として多数大陸に渡っており、なかにはアフリカのケープタウンにまでいってますが、そういう女の人たちのことを一般的に「からゆきさん」といっていました。これは唐の国に行く人という意味です。だから一般に広く日本人の頭のなかには、「唐」というのはものすごく大きな外国としてとらえられていたわけです。西洋人のことを「毛唐」ともいいます。この呼称は、はじめ中国人を卑しめていう語で、毛深い唐人（外国人）ということからきた蔑称でもあります。そして、「から」に唐という字をあてはめているのは、日本の古代において唐文明が圧倒的な影響力をもっていたことの痕跡と考えられます。一説には、「から」という言い方は朝鮮半島の国であった加羅ともかかわっているといわれます。

ようするに、日本はつい近年まで圧倒的に中華文明の影響下にありました。その中華帝国とは、皇帝が支配する礼と法の秩序をととのえた文明国家で、世界の中心です。そのため、中華の文明に添わない国家は野蛮な国家とみなされ、それが華夷思想を生み出します。この華夷思想により、周りの東西南北は東夷・南蛮・西戎・北狄という四つの野蛮な民族に支配された地ということとなります。

中国がもっていた中華観はやがて日本にも伝わり、日本が中華だという発想が戦国時代ごろから強く出てきます。たとえばキリシタンが日本に来たとき、ザビエルたちのことを南蛮人といいますが、これはようするに日本が中華であれば、ヨーロッパから来た者でも南蛮人だったわけです。さらに江戸時代になってイギリス人やオランダ人が来ると、これは紅毛人と呼ぶ。江戸時代には日本が世界の中心であるとする日本中華観が確立するわけです。その日本中華観の中心に万世一系の天皇をすえて、日本には天皇がいるから世界の中華なのだという発想のなかで新しい国家をつくるのが、明治維新以後の近代の日本です。

日本の歴史が天皇をめぐる物語、天皇への奉仕の歴史としてしか描かれてこなかった原点はここにあります。古代日本は、中華帝国から礼と法を学ぶことを通して、はじめて国家を形成していきます。

中華帝国の皇帝は「四夷の国王に封冊（国王に即位させる辞令）を授け、君臣の関係をむすぶ」、これが「冊封体制」といわれるものです。中華帝国は宗主国で、あとはそこに従属した蕃属国です。そこで、讃・珍・済・興・武という倭の五王は中国の皇帝にたいして、自分を日本の支配者たる王と認めてくれということで、貢ぎ物を納めるわけです。王の使者が中国にいったときに中国皇帝に行ったのが「三跪九叩頭《さんききゅうこうとう》」という礼です。これは、臣下が皇帝にむかって、一度ひざまずき三回頭を下げるという挨拶を三度繰り返すものです。そして貢ぎ物を捧げる。この貢ぎ物を納めるのを朝貢といいます。それに応えて皇帝が下賜品として、貢ぎ物に数倍する品々をくれる。こういう朝貢のかたちで下賜品をもらうやり方を、朝貢貿易といいます。

この朝貢貿易は、小さな贈り物をしたらその数倍のものが返ってくるわけですから、朝貢するほうにとってはきわめて利益を得られるものでした。日本の大王はその下賜品のなかの鏡などを、さらに自分に服属した各地の王、すなわち国造たちに下賜するわけです。

自立への胎動

倭は、大和の大王家を中心とした連合から大和・河内を合わせる大勢力になっていくなかで、国家の制度を整え統一国家を形成するために隋や唐のシステムを学びます。中国のシステムを学ぶなかで出てくるのが、七世紀の聖徳太子の改革や中大兄皇子と中臣（藤原）鎌足を首謀者とする大化改新です。それとともに、自分たちを倭ではなく「日本」と称するようになります。それらは「日出づる処の天子、書を日没する処の天子に致す、恙《つつが》なきや」という聖徳太子の書簡にみられるような自負心と結びついていったと考えられます。「倭国」を「日本」とし、「天子」という称号を独自の「天皇」という称号に変えるなかで、華夷秩序からの離脱を表明したともいえます。

それでは、日本が華夷秩序からの離脱をはかる状況にあって、当時の中国はどうであったか。まず、陸路では西域から中央アジア・西アジアを経て、ヨーロッパのローマ帝国まで交易路がつながります。これがいわゆるシルクロードです。漢帝国とローマ帝国は、それぞれが東西に結びついた大帝国となるわけです。

西域の遊牧民族は穀物を得るために農耕民族が支配する地と交易を行いますが、時には生活の安定のため武力をもって農耕民族の世界に進出することもあり、それがやがて中華帝国に万里の長城をつ

馬と日本人

騎馬民族征服説では騎馬遊牧民が日本に征服王朝を建てたことになっているが、日本では遊牧的な馬に関する感覚は歴史的に鈍いようだ。今日でこそサラブレッドの競走馬が日本でも生産されるが、古来の日本の馬は木曽馬はじめ背が低く足の太い、いわゆる駄馬で、輸送力としては欧米の馬にひけをとらないが、乗馬用としては足も遅いし格好もよくない。

近代になって日本の軍隊もヨーロッパにならって騎兵をつくったが、北清事変で中国に出兵した折りにヨーロッパの騎兵と一緒に並ぶと、いかにも格好が悪くて見劣りがする。それ以降、大日本帝国は懸命に馬の改良をはかることとなる。馬を改良するためにはヨーロッパからいいアラビア駒を仕入れなければないのだが、それにはかなり金がかかる。そこで政府は馬についての国民の関心を高めるねらいもあって、国営の競馬をはじめたのである。それ以前にも、現在、靖国神社となっている場所や上野の不忍池の周りで草競馬が行われていたが、これは古来の馬に軽い鞍をつけて走る程度のものだった。だから日本では、明治になって軍馬の養成がはじめられてから今のような馬が出てくるのであって、その前までは足の短い駄馬しかなく、テレビドラマで格好のいい馬に戦国武将たちが乗ったりしている光景は現在のもの。

くらせる要因にもなります。漢の武帝の墓である武帝陵にさまざまなかたちの石人・石馬がありますが、これは武帝のもとにさまざまな民族が朝貢したことを示しており、それが農耕国家である中華帝国と西域の遊牧国家の平和時の関係です。

両者の間では農耕生産物と遊牧生産物との交換が行われますが、中華帝国は当初より良馬を求めていますから、しばしば西域の馬とシナの絹が交換され、これを「絹馬交易」といいます。

中国では漢帝国が没落した後、分裂を重ね、七世紀には隋の統一の後をうけて唐帝国が誕生します。ついで、八世紀に西アジアではアッバス朝が成立し、その力がヨーロッパにまで及ぶようになります。八〜十一世紀という時期は、世界史的にいうとイスラムの時代で、イスラムの文明は、医学をはじめとする科学など、圧倒的にヨーロッパよりも進んだ文明でした。

このイスラムの商人たちがインド洋、マラッカ海峡、さらに南シナ海にまできて、広州をはじめ中国沿岸の都市で交易を行います。日本では八九四年に菅原道真が遣唐使の派遣を中止しますが、これはこうした動きと関連したものです。

というのは、イスラム商人が南シナ海から中国沿岸にまで来るようになると、それに刺激されて唐の商人たちも海へ出ていく。その唐の商人たちが最も大きなターゲットにしたのが日本でした。彼らは当時の日本の公的な玄関であった大宰府に来て、さまざまな貿易をはじめます。そうなると、日本としては危険を冒してまで遣唐使をやって唐王朝に貢物を納め、皇帝から回賜（返礼）をもらうような貿易をやらなくてもよくなるわけで、それが遣唐使の中止の原因となります。

遣唐使の中止は日本の独立性を示し国威を輝かせるためといった政治的な理由によってなされたものではなく、たんなる経済上の問題にすぎないわけです。

海禁―鎖国への道

遣唐使が中止される以前、京都の貴族たちは船に乗っていく連中に金を託し、香とかお茶とか墨といった品々を買ってきてくれるよう頼んでいましたが、大宰府に唐の商人が来るようになると、そんなことをしなくてもよくなります。必要なものを事前に大宰府に頼んでおいて、唐商人が来たときに買えばいいからです。これを「大宰府交易」といいます。いずれにせよ京都の貴族にとって、中国の文化は必要不可欠のものだったのです。

たとえば清少納言が『枕草子』のなかで、簾をあけて雪はどうだろうかと聞かれたとき「香炉峰の雪いかならん」と答えているような場面をみても、当時の貴族に重要なのは漢文的素養だったわけで、彼らにとっては、何といっても中国の文物が最高のものでした。「仮名」はあくまで仮の字であるからこそこう呼ばれるのであり、最初にできた詩歌集はあくまでも漢詩を集めた『懐風藻』です。さらに『古今集』を勅撰で初めてつくったときには、「真名序」と「仮名序」がつけられています。

ところが教科書には、しばしば平安時代は国風文化であり、この時代の日本は中国の文化をつくりかえて独自の文化を生み出したかのように書かれます。しかしいくら国風の文化といっても、その本質はあくまで唐風文化なのです。

九一一（延喜十一）年、日本の朝廷は唐船の来航に対して三年に一回という制限を設け、中国の文物の流入と日本人の海外渡航を規制しながら、王朝国家としての自立性をつくっていこうとします。中国から来る船を三年に一回にしたということは、圧倒的に中国風の文物が入り、それとの交換で金銀ほか日本の物資がどんどん海外へ流出していったことを物語るといえます。

これは、後に徳川幕府のもとで行われる貿易の制限とよく似ていますが、鎖国はあの時期に初めて行われたわけではなくて、平安王朝が王朝国家としての自立性を保持しようとしたとき、圧倒的な影響力下にあった唐帝国と距離をおかねばならなかったことにその淵源をみることができます。九世紀から十世紀にかけて平安王朝の貴族たちは、王朝を中心とした国家を強化していくわけですが、大宰府に来る唐の商人たちが、もしそれ以外のさまざまな港にやってきたなら、それら唐の商人たちを通して大陸の文物を受け入れた各地の豪族が、王朝とは別個なかたちで富み、力をつけていき、やがて王朝から自立した国家を形成するかもしれない。したがって、貿易を王朝が一元的に取り締まることによってそうした動きが起こるのをおさえ、畿内から九州にかけてより強大な支配権をもとうとしたのだと考えることができます。

平安時代の末期、政権を握った平氏は福原（現在の神戸）に遷都しますが、彼らは大宰府にかえて福原に港を開き、宋との貿易を独占することによって力を蓄えようとしたわけです。このことからも、対外関係の独占が権力の掌握にいかに大きく関わるかをみてとることができます。

それから、中国からは仏教ももたらされましたが、当時の日本にとって仏教は救済を旨とした宗教ではなくて最新の文明ですから、その文明を受け入れるために僧を唐に送り込みます。それらの僧のなかには平城天皇の皇子の高岳《たかおか》親王（法名真如）のように、さらに広州から海路をその文明の源であるインドに行こうとした人物もいました。こういう国が閉ざされた時代には、より国外のことを知りたいと行動する人間も出てくるわけです。

母系支配と父系支配

壬申の乱以降、天智の系列が王朝から排除され、天武の系譜がずっとつづきます。持統・文武・元明・元正・聖武から女帝の孝謙になり、称徳女帝（孝謙の重祚）のときに道鏡の事件が起こります。女帝は道鏡に

つくられた「国風文化」

国風文化ということばを使い出したのは明治の末年のことである。日本はそれまで圧倒的に中華文明の影響下にあった。日本が国家として世界に自己主張することに熱中したこの時代、日本の国家としての自立が歴史的にいかに早かったかを示すためには、平安文化を国風と読み直す必要があったのである。

さらに、一九三〇年代になって日本が大東亜共栄圏を喧伝するようになると、皇国の古さを説く歴史家たちがさかんに国風文化といい出すが、それは大東亜の雄たる日本には国ぶりの文化がすでに平安時代にあったと強調するためだった。また、敗戦後、マルクス主義歴史学者が国風文化を強調するが、これはアメリカ軍の占領統治にたいして民族の文化を主張するためだった。

位を譲ろうとしたとして、貴族たちの反発によって失敗するわけです。称徳が亡くなった後は、天智の系譜を継ぐ光仁・桓武が皇位につきます。桓武は長岡京に都を造営しようとしますが、貴族の反発によってうまくいかず、山城の地に力をもつ渡来系氏族秦一族の支援をうけ、平安京を都としました。平安京に都を遷した桓武は都城の大造営をやっただけでなく、蝦夷征討をするなどいわば独裁君主として政治を行い桓武王朝をつくります。そのとき桓武は中国の皇帝礼拝に倣うようなかたちの天の祭典を営むことによってその権威を高めます。

それとともに桓武のもとで、藤原摂関家の四家のうち三家がしだいに排除され、やがて北家を中心とした家が摂政・関白を独占して摂関政治がはじまります。政治は摂関家の家政機関である政所で営まれるようになります。

摂関家は自分の娘を天皇の妃に入れ、そこで生まれた子供を天皇にして、幼少時には摂政、成人すると関白というかたちで政治の実権を握りますが、これは妃の実父が支配するかたちですから、女系の支配といえます。

こうした動きの次に、白河上皇から後白河上皇までつづく院政の時代になります。院というのは治天の君、天下をも治める君という意味ですが、太上天皇《だいじょうてんのう》ともいって、天皇譲位後の称号で、多くが父親です。ですから、摂関家が娘を媒介とする女系による支配であるのにたいして、これは父系による支配です。院はその家政機関としての政所に自分の乳母たちにつながる人間を集めます。当時の貴族の家では子どもが生まれると必ず乳母をつけましたが、乳母というのは乳が出なければならないから、同時期に子どもを生んでるわけで、だから乳母をつけられた子どもには必ず乳兄弟がいる。そして、乳母は受領層から出ることが多かったので、彼らが院をかためていくわけです。ようするに、こちらは男のやり方です。

次いで平清盛が太政大臣となり武家政治の端をひらきますが、この平氏政権は政治形態は摂関政治に似せています。彼らはその基盤を固めるために国々の守護職、つまり国司の地位を一門が徐々に独占していきます。

平氏政権を中世に入れる考えと、鎌倉幕府から中世がはじまるという考えがありますが、これは古代の貴族政治の枠組みのなかで平氏政権をとらえるか、平氏によって武家政権が登場するととらえるかの違いです。平氏政権を院政の最後につける考えは、平氏政権は萌芽的ではあるけれどもまだ武家政権ではないという発想。一方、平氏政権は、平氏知行国といわれる平氏一族がもっていた知行国、ようするに国司としての取り分をもっていたのだから、これは後の頼朝時代の守護と似たようなものであり、すでに武家政権だと解釈すれば、ここをもって中世のはじまりととらえられるわけです。

開かれた時代

この平氏政権の財力を支えたひとつが宋帝国との交易です。これは宋の陶磁器の生産の問題でもあります。陶磁器の大量輸送は、東西の交通を陸路から海路に変える大きな契機となり、海路にあたる東南アジアの発展を大きくうながしました。たとえば、日本に送られる途次に朝鮮半島沖で沈んだと思われる船から、日本の寺名を書いた荷札のついた荷物が出てきています。いわば宋の商人は、陶磁器を日本にもち込み、日本の金銀、漆器などの工芸品と交換し、東南アジアの香料や木材をもち帰る、こういう交易が展開していきます。さらに、これが黄海・ペルシア湾から、東アフリカにまで結ぶ動きになってきます。

華僑という、漢民族でありつづけながら海外の各地に移り住む人たちが登場してくるのはこの時期からです。さらにインド商人がアフリカなどに移り住む例も多く出てきます。やがてこれが十二世紀の南宋を経て、十三世紀にモンゴル帝国の商人に受け継がれます。モンゴル帝国の成立は、「漢―パルチアー―ローマ時代」さらに「唐―アッバス時代」に次ぐ新しい時代の現出であり、これらをひとつにまとめたものといえます。そのモンゴル帝国は、帝国のなかに「站赤《ジャムチ》」という駅伝の制を定めます。ハンバリクといわれた大都北京から中央アジアを通ってペルシア湾にいたる、あるいは福建省から海上を行くといった伝達網を組織するわけです。

そのルートを伝わって一二七五年、ベネチアの商人マルコ・ポーロは中華帝国を訪れます。来るのにかなり苦労はしたでしょうが、来られるだけのルートはすでにできていたわけです。これは、それまでの唐―ローマをつなぐものであり、モンゴル帝国はそれらをひとつにまとめ組織化したのですから、モンゴル帝国がやがてその網の目のなかに朝鮮半島から日本をとりこもうとしても、彼らの意図からみれば不思議はないわけです。その動きがモンゴル軍の日本への侵攻、つまり文永・弘安の役になります。

一方、日本の船も大陸に行きますが、そういうなかで貿易がさかんになり、その利を求めて為政者の統制下にない商人たちの活動が出てきて、それが後の倭寇の活動につながっていきます。

倭寇には第一次と第二次があって、第一次の倭寇は主として瀬戸内の水軍や九州の松浦党がその母体です。やがて明によって公的な貿易がなされ、同時に倭寇が禁圧されると、第二次倭寇が出てきます。第二次倭寇は、日本人もいますが、むしろ東南アジアなどの人びとが日本から大量に流出した日本刀を武器として、倭寇を騙って行ったものがほとんどです。これは、国家がある種の貿易統制をやり出した結果産み出された、非合法形態の貿易といえます。

日本では足利幕府の時代になると、三代将軍義満のときに幕府が勘合符を発行するかたちで公的な貿易をはじめますが、日本の貿易は鎖国もしくは半鎖国の時期も、あるいは開国の時期も、いずれも特殊なパターンを示しており、日本が金銀（貴金属）を輸出して奢侈品（絹織物・陶磁器など）を輸入するという形をとります。マルコ・ポーロがジパンクはいたるところ黄金がある云々と書いているのも無理はないほど、十七世紀の初めごろまで日本は世界最大の産金国なのです。佐渡金山をはじめ、甲斐もあり、日本の金の産出が世界の金相場を揺るがすほどでした。

金銀を輸出して絹織物・陶磁器などの奢侈品を輸入するという貿易構造は、輸入の対価として提供する工業生産物をもっていなかったということでもあります。これは現在、アフリカの国がダイヤモンド原石を輸出して工業製品を輸入するのと同じで、いわゆる後進国型の貿易です。やがて日本にも輸出できるような工業製品ができますが、ほとんどは美術工芸品の類で、とくに漆器は重要な輸出品でした。

（英語でチャイナは陶磁器のことだが、ジャパンは漆器を指す。日本の天皇は海外に行くとき土産に漆器をもっていくが、その原点はここにある）

そのほかには刀剣が特筆されます。とくに備前・備後・美濃の刀剣は切れ味のよさが評価されて、宋・元・明とつづけて多くなっていきます。これらの刀剣は倭寇の武器として恐れられ、中国の人びとは倭寇に対抗するために日本の刀を求めたといわれます。

中国が大量に輸出する工業生産物と日本の限られた手工業製品の交換では、つまるところ日本は金銀での支払いを余儀なくされるわけですが、それを補完するものとして刀が大量に輸出されるようになれば、やがて粗製濫造されるようになる。そのため刀剣製作を基盤にしてつくられていた農具の生産も停滞します。

一方、未熟だった日本の工業生産力も輸入品を媒介にして活性化します。たとえば、陶磁器などは、豊臣秀吉が朝鮮に出兵したとき、朝鮮から陶工を連れてくるなかで大量生産が行われるようになるわけです。

教科書に書かれた日本の歴史は、ときどき飛び石的に海外との交流があるにすぎない、きわめて自己完結型の閉鎖的な歴史といえます。しかし本当はそうではなくて、日本列島は四方が海に開かれていますから、その時その時の世界の波動をさまざまに受けているわけです。

（自己閉鎖的な日本歴史を語りつづけてきたのは、日本が天皇の国であるということのみを語りつづけてきたことでもある）

たとえば青森県の十三湊《とさみなと》は、かつては日本海側の大きな交易の拠点であり、そこには琉球や東南アジア、あるいは沿海州との間を往来する船が出入りしていました。また臨済宗をひらいた栄西は博多に滞在して宋国から天竺に入る機会を待ちますが、博多には大陸との貿易に関わる博多商人がいました。あるいは堺にもそうした商人がいました。

貴重品だった鉄針

室町時代の勘合貿易では、寺が許可書をもらってその寺の船を出したが、その船が出るとき金持ちの貴族や商人がお金を託してさまざまな品の購入を依頼した。また留学したい僧侶もいっしょに行った。彼らは留学を終えて帰国するとき資金を出してくれた貴族にさまざまな土産をもってかえったが、蘇州の鉄の針はその代表的なもので、それも数本もっていくだけで足りるような品だった。室町時代になっても庶民が使う針は骨針で、戦国期には日本でも鉄の針がつくられて行商人が売るようになるが、それでも客は一度に一本か二本しか買わないほど貴重品だったという。

やがて東南アジアと日本の接触という構図のなかで、モンゴル帝国の勃興というアジアの政治地図の変化はモンゴルの日本侵寇になり、さらに東南アジア地域のイスラム化にもつながっていきます。すなわち、それぞれの民族の出入りを通してそれぞれの地域に国家形成がなされるわけで、たとえばタイ族による王国の建設などもそのひとつです。

こうした流れのなかで、やがてヨーロッパの大航海の流れをうけて南蛮船が日本にも来航し、あるいはシャムの商船が日本と東南アジアを結びます。そして日本列島のなかで、この東南アジアの交易に乗り出していくのが琉球です。

かくて日本は平氏政権→鎌倉幕府→南北朝→室町幕府という時代にあって、海外との交易の流れに深く巻き込まれながら、その力を築いていきます。日本の輸出品は美術工芸品以外には独自の工業生産品のない状況がしばらくつづきますが、鎌倉から室町へ移っていく過程で徐々に国内的な開発が行われていきます。

鎌倉幕府のはじめ

平氏が院の反撃を受けて源頼朝に滅ぼされ鎌倉政権が出てきますが、鎌倉幕府の政治機関も摂関家同様、家の政治機関である政所です。ただし鎌倉幕府は従来の京都の政治システムを支えた律令によるのではなく、自分たちの支配下にのみ通用する慣習法をまとめて、関東御成敗式目（貞永式目）をつくり出します。彼らはそもそも東国における仕置（裁判を行うこと）の法としてこの法令を定めたのです。

鎌倉幕府初期の頼朝政権は、東国の政権として出発したことにひとつの特徴があります。東国の政権として出発したときに頼朝が得た役職は近衛大将でしたが、同時に征夷大将軍に任ぜられます。この征夷大将軍とは律令下ではいわゆる令外の官で、本来、夷を征する前線の総指揮官という意味のものです。

（この官職を最初に与えられたのは桓武天皇のとき蝦夷征討の役を担わされた坂

中継貿易と琉球の繁栄

十四世紀の琉球は山北・中山《ちゅうざん》・山南の三山時代だったのが、一四二九年に中山王尚巴志が全島を統一し、琉球王国の建国となる。明はこれを琉球国中山王として冊封し、琉球は一年一貢というかたちで明と交易する。琉球が朝貢のさいに献ずるのは馬・硫黄・刀剣・香料などで、明が琉球に与えたのは絹織物・陶磁器・鉄器・銭などであったが、琉球はなかでも陶磁器や鉄を望んだ。

やがて琉球は、中国との結びつきのなかで東南アジアとも交易をするようになり、日本・中国・朝鮮・東南アジアを結ぶ中継貿易国として栄える。同時に、日本の倭寇が海外に進出しなくなった後は、琉球を媒介にして東南アジア・南アジアの物資が日本に入ってくるようになり、琉球は日本にとってかけがえのない存在となるのである。

この中継貿易の拠点琉球という発想は、今日また沖縄県の振興策のなかでさかんに主張されていることでもある。

上田村麻呂である。青森県の「ねぶた」は、七夕行事の一つであり、坂上田村麻呂や三国志などの英雄物語を題材とした山車灯籠が、町を練り歩く。）

当時、奥州では藤原氏が京都に対抗する独自の勢力を形成していました。彼らは宋に大量の金を送って奈良の寺にもないような金で書かれた百巻のお経をつくらせ、氏寺の中尊寺に蔵経するくらいに財力と権力をもっていましたが、それを支えたのは奥州に豊富に産する砂金であり、さらに十三湊をはじめとする港を通じての大陸との交易だったと考えられます。

藤原秀衡が金売り吉次に手引きさせて源義経を京都から連れてくるという話がありますが、秀衡は王朝国家に対抗するひとつの政治的な場をそこにつくろうと考えたのかもしれません。この奥州一円を支配する一独立国家は、やがて鎌倉に幕府ができると大きな政治問題となり、頼朝は藤原を滅ぼして奥州の賑わいに火をかけ、これを支配下において東国の基盤を固めます。

鎌倉幕府はまた、義経追討の名のもとに各地に守護・地頭の任命を行います。守護は全国に派遣しますが、当初、地頭は関東を軸にしていました。頼朝は自分の配下にあった者たちを御家人として認め、安堵―恩賞というかたちで地頭に任命するわけです。

やがて頼朝から実朝にいたる過程で、実朝暗殺を契機に後鳥羽上皇は兵を挙げ、逆に潰されます（承久の乱）。この乱の後に鎌倉幕府は西国にも地頭を派遣しますが、このとき西国に派遣された島津をはじめとする人たちを新補地頭といいます。

こうして承久の乱を平定することによって、それまでの京都の院を中心とした政治勢力と鎌倉の勢力が東西を分け合う状況に代わって、鎌倉幕府が全国政権になります。そして、幕府自体は、源家にかえて天皇の皇子を将軍にむかえる親王将軍になり、北条氏が執権として政治を執るスタイルになるわけです。北条の執権政治について京都側の立場に立つ北畠親房の『神皇正統記』は、承久の乱を勝った北条泰時は立派な政治を行ったと書いています。

前述のように貞永式目は律令の法体系とは別個な、関東で行われていた慣習法をもとにした法律ですが、

貞永式目と徳川吉宗

貞永式目は、以後、室町幕府から江戸幕府にいたるまで日本の武家法の原点になる。建武政権や室町幕府が出した法、あるいは武田信玄をはじめとして戦国大名のつくった家法は、すべて貞永式目をもとにしている。その後、江戸時代になると、それだけではおさまらなくなり、八代将軍吉宗のときに公事方御定書百箇条がつくられる。

吉宗には家康以来の幕府と自分の幕府は違うという発想があった。古代の王朝が崇神王朝とか継体王朝、天智王朝と変わったように、徳川幕府でも家康以来の系譜が、八代将軍吉宗が紀州から入ることによって変わるのであり、これ以降は吉宗幕府といってもよいだろう。また家康が御三家をつくったように、吉宗は自らが幕府を開いていくなかで自分の子や孫の家を御三卿とし、将軍の後継者に問題が生じれば御三卿で解決するようにしたが、これは一見家康以来つながった流れのようでいて、政治意識としては変化しているのである。吉宗は、家康に倣いながら独自な幕府を開こうとしたわけで、そのため法体系の整備などを行ったのである。

そこでは相続は男女平等とされ、女の地頭もあるなど、女の力が認められています。これは北条政子がいたためだという解釈があります。たしかに政子は大きな力をふるいますが、こうした解釈は間違いです。この時代には、夫が死ぬと女が息子たちに命じて戦場に行かせたり、自らが一族をまとめて戦場に行ったりします。これは当時の村の慣行で、当時の村では男も女もそれなりに同等の権利をもっていました。それが貞永式目のなかに反映したのであり、その名残りは江戸時代になってもみられます。

そうしたなかで、鎌倉幕府は北条氏が執権として政治を行うかたちで展開し、北条はそれに対抗する和田、三浦、畠山などを次々潰していきます。そして、北条一族のなかでも執権となる得宗家が専制体制をとります。かつて奈良から平安にかけて天武天皇の皇子たちが政治を執る皇親政治が行われるなかで、皇族ではない藤原氏から出た光明子が聖武天皇の后になると、その光明子に対抗する皇子の家柄である長屋王が潰され、そしてつぎに藤原氏が力をもつと、藤原一門のなかでおたがいに潰し合いをしながら北家が最終的に力をもって摂関政治を行うようになりました。それと同じように北条一族が他の有力武家を潰し、さらに北条一族が実権をにぎると、藤原摂関家に相当するような得宗家を軸とした政治を行うという形になるわけです。

鎌倉から室町へ

北条氏の政治は、やがて十四代執権の高時の段階になると行き詰まります。行き詰まった要因のひとつは、地頭職の分散という問題です。

貞永式目によれば当時の相続は分割相続です。地頭職を得た人たちは、各地に職をもち自分の子どもたちを現地へ行かせますが、それが分割相続の結果、細分化されて所領はしだいに小さくなります。やがて一族が各地に散らばると、それぞれ一族の惣領のもとに奉公と御恩の関係で結ばれるようになります。彼らは「一所懸命」すなわち一つの土地に命を懸けて戦います。

（当時の戦場では必ず名乗りを上げるのは、戦場には戦目付と称する監督役がいてそれを記録し将軍に報告するようになっており、もし戦死してもその名前が書き残されていれば奉公として評価されて御恩として土地がもらえるからである）

惣領は一族を率いて「いざ鎌倉」と戦場に赴くわけですが、全国に地頭が散在してくると、たとえば宇都宮のあたりに所領のある惣領と、安芸に土地をもらった地頭との関係はしだいに希薄になってきます。そしてその所領は分割相続でさらに分かれていきます。

そこで問題となるのが元寇です。幕府はこの未曾有の難事にあたって全国の御家人を動員します。

さらに御家人以外の武士の参加も求めました。この非御家人たちのなかには御家人のいうことを聞かない連中がおり、とくに畿内には多くいました。畿内には荘園領主の私兵としての武士がいたからです。彼らは地頭に対抗する力をもっており、鎌倉幕府に抵抗する勢力として悪党といわれました（河内国にいた楠木正成の一族などもそのひとつ）。そして、文永・弘安の役、とくに弘安の役のときには、幕府はこの悪党たちにまで動員令を出します。

しかし、この戦争は外敵との防衛戦ですから、敵から奪って得られる所領はないわけです。だから戦争が終わっても恩賞としてやれる土地がないので、借金の棒引きといった政策（徳政）をやりますが、所領問題はさらに深刻になります。そして、所領の分割がしだいに御家人の家を苦しくしていく状況を打破するために、惣領単独相続制が出てきます。

当初惣領になるのは末子が普通でした。というのは、早く生まれた子には父親が存命中にそれぞれに所領を分け与え、最後に残るのは末子だからです。ところが惣領が単独で相続するようになると、相続権をもつ子どもの周りにそれぞれ郎党などという家来がいるわけですから、誰が惣領になるかが

惣領単独相続と御家騒動

江戸時代になって長子の単独相続になるが、これは御家騒動の発生をふせぐためであった。初めのころは将軍家自体が相続で内紛し、三代将軍をめぐって長子の家光派と弟の忠長派が争い、春日局が家光を家康に認めてもらうために奮闘したりする。江戸時代初期に御家騒動が多くみられるのは、惣領単独相続制がまだ固まっていなかったためである。

大問題になってきます。そこに御家騒動がおこってきます。御家騒動の萌芽は鎌倉後期にあるわけです。

その後、後醍醐天皇が鎌倉幕府を倒し、関西の悪党たちに支援されながら新田義貞らを中心に、いわゆる建武政権がつくられますが、この政権が崩壊した後、南朝と北朝が長く対立するのは惣領一円相続制がまだ未確実だからです。いわば御家騒動を大きくしたような争いが南北朝の争乱で、そうした争いは室町幕府の義満の時代になって一応収まったかにみえますが、実際にはまだ続いており、やがてそれが応仁の乱から戦国時代へとつづくわけです。

ようするに、一円知行、すなわち地域全体の直接支配と相続の問題、さらにそこにおける職の取り分の問題、それが鎌倉から室町・戦国にかけての歴史的ダイナミズムの原動力だということです。

社会の動き

鎌倉～室町期の歴史を動かしたもう一つの要因は、鉄製農具の普及とそれにともなう生産力の向上です。さらに、その生産力の増強を背景にして市が栄え、貨幣流通がさかんになる（ただしその貨幣は中国から輸入されたもの）。貨幣経済の流通のなかで、貨幣を扱う商人たちが力をもつようになります。

貴族たちは、従来からの荘園の年貢とともに、商工業者の座の特権を保護することによって、その座からの上納で生活を支えます。したがって、古代以来の特権貴族の経済システムと、武家たちの経済システムが競い合いながら存在したのがこの時代です。それだけに対外的な交易の利を誰が独占するかが大きな問題になります。源実朝は宋への渡航を企てて大船をつくり実現せずに終わりますが、鎌倉時代には日宋貿易をはじめさまざまな交易が幕府を中心に行われています。

そうした動きがこの時代の背景としてあり、さらに貞永式目の一方で、この時代にはそれぞれの家が家法をつくります。家法は戦国時代になってできるわけではなくて、それぞれの家ごとの約束事はこの当時から出てき

側室という発想

武家社会がしだいに村的な秩序から切り離され、平安貴族的、律令的秩序のなかに入っていった結果、誰が跡を継ぐかが重要な問題になり、それが江戸時代になると家を潰されないために何人も側女をおき、いずれの女にも子どもを生ませろ、という発想になったといえる。

この考えは明治になってもつづく。明治の社会システムは徳川の下級武士社会の慣行をもとにつくられたため男尊女卑だった。また正妻と妾のあいだはおたがいに領域が分かれており、妾が生んだ子は正妻が育てるというかたちがとられた。男子をもうけるために側室（局）をもつべきだという上申書が明治天皇に出されたことがあるが、天皇はヨーロッパの一夫一婦制を意識してこれを受け入れようとしなかった。しかし、実際には大正天皇は明治天皇の第一夫人の子ではなく柳原二位局の子であるから、まだ王朝的な感覚の世界にあったといえよう。

ています。それらの家法の内容は、これまで一般にもたれていた武家社会のイメージとはかなり違います。たとえば、北条重時の家訓（九八頁参照）をみると、女房は心持ちのいいのをもらえ、そして、一度もらった女房は生涯大事にすべきであり、他の女に色目を使うべきでないなどとある。

これは、おそらく当時の村のなかに一夫一婦制ともいうべきものがあって、それが鎌倉期の家法のなかに顕在化したのだろうと思われます。女の腹は借り腹であり、跡継ぎを確保するためにたくさん生ませるといった江戸時代的イメージで中世の武家社会もみがちですが、おそらく当時の村の生業においては男も女も共同して労働する関係があって、そのため女も財産についての発言権をもち、ひいては家についての発言権ももっている、というのがこの時代の村のあり方だっただろうと思います。武家法では、夫婦の関係とか相手の選び方など、かなり今日のモラルに近い発想があります。だから、今の人間がいだいている男尊女卑といった武家社会のイメージは、後からつくられたものといえます。

地頭・守護のこと

荘園は律令の公地公民制のなかに生まれた私の領地です。すなわち、大化改新後、土地と人民はすべて朝廷に帰属するとした公地公民制となり、戸籍によって田畑が分けられますが、やがてこれは行き詰まります。というのは、生産量増大のため耕地の開墾が奨励されますが、その実効性を高めるために開墾した土地は私有にしてよいという墾田永世私財法が出されると、大きな寺院などは逃亡農民たちを使って墾田をつくり、寺領を増やします。さらに、そうしたなかで不輸不入権、すなわち納税（輸租）を免れる特権、および検田使の査察を免れる特権（不入権）を国家に求め、獲得した結果、それが荘園となります。

やがて、開発領主（＝在地領主）たちも自分の田畑を誰か貴族、あるいは院や有力寺院に名目的に寄進して自分がそこの管理者（荘官）になることにより不輸不入の特権を得ようとします。同時に彼らは他所から入ってくる敵を防ぐために武装集団化しますが、これが武士の発生です。

古代の土地体制のひとつとして発生した荘園は、戦国の争乱のなかから新しい社会秩序が生み出されるまでつづきます。そして、荘園には預所などと呼ばれる荘園領主に属する荘官がいますが、鎌倉幕府はそうした荘園を管理するという名目で地頭を任命しますから、荘官と地頭が対立する状況となり、やがて地頭が武力でその荘園を侵略していきます。その結果、鎌倉時代には地頭が力をもつわけです。

ところが、元寇のような事態が起きると、各地に散らばった地頭たちは、たとえば西にいる地頭が東の惣領のもとにおもむいて戦場に行くわけにいかないから、それぞれの地の守護のもとで戦場に行くかたちをとります。そうすると一国の軍事検断権をもっている守護が地頭をおさえるようになり、やがて室町期になるとそのなかから守護大名といわれるほどに力をもったものが登場してきます。

一方、北条氏は各国の守護を一族で独占することによって軍事力を掌握しようとしますが、守護職を奪われた人間の反発をかい、反北条勢力を生み出すことになるわけです。時代は在地支配の枠組をどう創るかで大きく転換していきます。

第四章　転換期の人心

地獄草紙

慈円がみた世界

平安期の王朝国家から鎌倉幕府へと展開していく過程は、古代社会から中世社会へと転換する時期ですが、そうした時代の転換期にはいずれの時代であっても、人間の在り方、生き方が大きく変わります。ここではそうした時期を同時代の人間が歴史のなかにどう位置づけていたかを、慈円の『愚管抄』と北畠親房の『神皇正統記』にみたいと思います。

(『愚管抄』『神皇正統記』および新井白石の『読史余論』は日本の三大歴史哲学書ともいわれている)

『愚管抄』は、慈円が平安時代から鎌倉時代にかけての時期のことを書いた同時代の記録ですが、彼がこの中でその時代をどのようにみているのかを端的に示すのが以下の箇所です。

サテ大治ノ、チ久寿マデハ、又鳥羽院、白河院ノ御アトニ世ヲシロシメシテ、保元元年七月二日、鳥羽院ウセサセ給《たまひ》テ後、日本国ノ乱逆《らんげき》ト云《いふ》コトハヲコリテ後ムサノ世ニナリニケルナリ。コノ次第ノコトハリヲ、コレハセンニ思《おもひ》テカキヲキ侍《はべる》ナリ。城外ノ乱逆合戦ハヲホカリ。日本国ハ大友王子、安康天王ナンドノ世ノコトハ、日記モナニモ人サタセズ。大宝以後トイ、テソノ、チノコト、又コノ平《たひら》ノ京ニナリテノ、チヲコソサタスルコトニテアルニ、天慶ニ朱雀院ノ将門ガ合戦モ、頼義ガ貞任ヲセムル十二年ノタ、カイナドイフモ、又隆家ノ帥《そつ》ノトウイコクウチシタガフルモ、関東・鎮西《ちんぜい》ニコソキコユレ。マサシク王・臣ミヤコノ内ニテカ、ル乱ハ鳥羽院ノ御トキマデハナシ。カタジケナクアハレナルコトナリ。コノ事ノヲコリハ、後三条院ノ宇治殿ヲ心ヱズヲボシメシケルヨリネハサシソメタルナリ。サレドソレハ王・臣トモニハナレタルコトハナシ。

慈円はここでまず、白河院の後に鳥羽院が「世ヲシロシメシテ」（世を治めて）、さらに没したのちに日本国に乱れが起こってきて、これより後「ムサ」（武者）すなわち武士の時代になってきた。そして何でそうなったかの理由が大事だと思うからこれから書く、といっているわけです。

白河院・鳥羽院の同時代の人にとって、鳥羽院の後に起こってきた大きな事件は保元・平治の乱です。この保元・平治の乱によって武士の世になってきたということは、同時代の人たちにとって保元・平治の乱はひとつの大きな転換点だったわけです。「城外ノ乱逆合戦ハヲホカリ」とありますが、城外とは城の外、要するに都の外での合戦は多かったが、日本国では大友皇子（壬申の乱）だとか安康天皇などの世のことは日記＝記録には書かれていない。「大宝以後トイ、テソノ、チノコト」（大宝律令が出た後）「コノ平ノ京ニナリテ」（平安京になって）後のことをみたとしても、「天慶ニ朱雀院ノ将門ガ合戦モ」（天慶年間の平将門の乱。将門は常陸の国衙を襲った）、それから「頼義ガ貞任ヲセムル十二年」（前九年・後三年の役を合わせて十二年）の戦い、一〇一九年に刀伊が対馬、壱岐、筑前に来寇した事件など、いずれも「関東」や「鎮西」（九州）では起こっていたが、「ミヤコノ内ニテカ、ル乱ハ鳥羽院ノ御トキ」が初めてだというわけです。

保元の乱は、院政の主導権をめぐる後白河天皇と崇徳上皇の対立に摂関家の後継問題がからんだ争いですが、その解決が源氏と平氏という侍集団の力で決します。侍（武士）とは、もともと「さぶらう人」（仕える人）の意で、いわば貴族の用心棒です。それら公家の従者だった連中の武力によって政治的な事件が解決したわけです。そのため乱が収まった後は、平清盛とか源義朝といった有力な武士は、自分たちがいなければ事件は解決できなかったのだと思いはじめます。

さらに源氏と平氏は、いずれもが分かれて両勢力に加担したわけですが、そのなかで力を温存した平氏がしだいに勢力を伸ばします。その結果、次の段階で起こるのが平治の乱です。これは平氏とその反対勢力との争いですが、前の保元の乱では天皇家と摂関家を中心とする貴族の争いに源氏と平氏という武士の集団が巻き込まれたのにたいし、平治の乱では平清盛の勢力と源氏の集団という武家同士の主導権争いに公家たちが巻き込まれたわけです。ようするに主客が転倒したのです。この事件以降、清盛の力が強くなっていく。そういう意味で、この保元・平治の乱が公家の時代から武家の時代に替わっていく、いい換えれば古代から中世へ移る転換点だといえます。慈円は、都の中でこんな殺し合いや戦争が起こるようなことは、かつてはあり得なかったといっているわけです。

北畠親房がみた世界

こうした状況において、平氏政権、さらに鎌倉幕府が登場してきますが、鎌倉幕府は当初あくまでも東国の政権でした。その東国の政権である鎌倉幕府が全国的な政権になるのは、打倒鎌倉で後鳥羽院が決起した承久の乱を幕府勢力が鎮圧し、新たに西国はじめ全国的に守護や地頭を任命してからです。それまでの地頭は東国を軸として存在したから、古くからその地にあった武士たちの慣習にもとづいて領地の取り分が決まっていたけれども、この後はそれまで地頭として東国の武士がまったく関知していなかった土地に地頭として任命されていくわけですから、その地頭の取り分を新たに決めなければならない。これを、新たに任命された地頭という意味で新補地頭といいます。そうした状況のなかで、鎌倉の武士が全国に展開していくわけです。

それでは、そのような事柄を後世の人はどのようにみたのでしょうか。

当時、源氏の家は頼朝から頼家・実朝に至る過程ですでに滅び、北条執権家が力をもっています。なぜ北条家が承久の乱において京都の勢力をつぶすだけの力があったのか、そのことについて北畠親房は『神皇正統記』のなかで次のように書いています。

大方《おほかた》泰時心タヾシク政《まつりこと》スナヲ(ホ)ニシテ、人ヲハグクミ物ニオゴラズ、公家《くげ》ノ御コトヲオモクシ、本所《ほんじょ》ノワヅラヒヲトヾメシカバ、風ノ前ニ塵ナクシテ、天ノ下スナハチシヅマリキ。カクテ年代ヲカサネシコト、ヒトヘニ泰時ガ力トゾ申伝ヌル。陪臣《ばいしん》トシテ久シク権ヲトルコトハ和漢両朝ニ先例ナシ。其主《しゅ》タリシ頼朝スラ二世ヲバスギズ。義時イカナル果報ニカ、ハカラザル家業ヲハジメテ、兵馬ノ権ヲトレリシ、タメシマレナルコトニヤ。サレドコトナル才徳ハキコエズ。又大名《たいめい》ノ下ニホコル心ヤ有ケン、中二トセバカリゾアリシ、身マカリシカド、彼泰時アヒツギテ徳政ヲサキトシ、法式ヲカタクス。己《おのれ》ガ分ヲハカルノミナラズ、親族ナラビニアラユル武士マデモイマシメテ、高《たかき》官位ヲノゾム者ナカリキ。其政《まつりこと》次第ノママニオトロヘ、ツヰ（ヒ）ニ滅ヌルハ天命ノヲハルスガタナリ。七代マデタモテルコソ彼ガ余薫《よくん》ナレバ、恨《うらむる》トコロナシト云ツベシ。

凡《およそ》保元・平治ヨリコノカタノミダリガハシサニ、頼朝ト云人モナク、泰時ト云者ナカラマシカバ、日本国ノ人民イカヾナリナマシ。此イハレヲヨクシラヌ人ハ、ユヘ（エ）モナク、皇威ノオトロヘ、武備ノカチニケルトオモヘルハアヤマリナリ。所々ニ申ハベルコトナレド、天日嗣《あまつひつぎ》ハ御譲《ゆづり》ニマカセ、正統ニカヘラセ給ニトリテ、用意アルベキコトノ侍也。神ハ人ヲヤスクスルヲ本誓《ほんぜい》トス。天下ノ万民ハ皆神物《じんもつ》ナリ。君ハ尊クマシマセド、一人《いちにん》ヲタノシマシメ万民ヲクルシムル事ハ、天モユルサズ神モサイハイ（ヒ）セヌイハレナレバ、政《まつりこと》ノ可否ニシタガイ（ヒ）テ御運ノ通塞《トウソク》アルベシトゾオボエ侍ル。マシテ人臣トシテハ、君ヲタウト（フ）ビ民ヲアハレミ、天ニセクグマリ地ニヌキアシシ、日《ひ》月《つき》ノテラスヲアフギテモ心ノ黒《キタナク》シテ光ニアタラザランコトヲヲヂ（オ）、雨露《あめつゆ》ノホドコスヲミテモ身ノタダシカラズシテメグミニモレンコトヲカヘリミルベシ。

親房は、鎌倉末期に鎌倉幕府を倒して天皇親政に戻そうと決起した後醍醐天皇の側についていたにも関わらず、後鳥羽院が決起して武家政権を倒そうとしたことを正しいとはみていません。彼は「大方泰時心タヾシク政スナヲニシテ、人ヲハグクミ物ニオゴラズ、公家ノ御コトヲオモクシ、本所ノワヅラヒヲトヾメシカバ、風ノ前ニ塵ナクシテ、天ノ下スナハチシズマリキ。カクテ年代ヲカサネシコト、ヒトヘニ泰時ガ力トゾ申伝ヌル」といっています。すなわち、北条泰時は正しい政《まつりごと》を行い人を大事にした。公家のこともそれなりに重んじていた。そして、本所・領家（荘園の領主とそれを預かる人のこと）のトラブルなども解決していた。だから事件も起こらず天下は治まっていたが、それは泰時が立派な人物だったからだ、というわけです。次の「陪臣トシテ久シク権ヲトルコトハ和漢両朝ニ先例ナシ」ですが、陪臣とは臣下の臣、天皇から任命された将軍の家来という意味で、ようするに北条は本来、源氏なり親王がなった将軍に仕える家来であるわけです。その陪臣が長い間権力を取ることは日本や中国にも前例がないといっているのです。泰時は執権だから将軍の代わりに政治を執っているわけで、「其主タリシ頼朝スラ二世ヲバスギズ」つまり、主人の頼朝一族ですら頼家・実朝と二代でつぶれてしまい、「義時イカナル果報ニカ、ハカラザル家業ヲハジメテ、兵馬ノ権ヲトレリシ、タメシマレナルコトニヤ。サレドコトナル才徳ハキコエズ。又大名ノ下ニホコル心ヤ有ケン、中二トセバカリゾアリシ、身マカリシカド、彼泰時アヒツギテ徳政ヲサキトシ、法式ヲカタクス」、ようするに、北条義時はどういうわけかたまたま兵馬の権力を握ったが、あまり才能もなく二年ほどで死に、後を継いだ泰時は次々と「徳政」を行って「法式」を固くしたというのです。

「徳政」とは徳のある政治の意味で、後の徳政令、すなわちモンゴルの襲来の後に御家人たちの借金がかさんだため北条執権家が金貸したちに不良債権（借金）を破棄させる法令を出しますが、本来はそういう意味ではありません。そして「法式」（法律）に則った政治を確立したというわけです。さらに泰時は自分の分をわきまえて親族ならびにあらゆる武士に高い位を望むようなことをさせなかった。だからその政治は立派だった。その結果として今の時代がつづいてきているのだ、といっているわけです。

ここで注意しなければいけないのは、北畠親房にとって権力がつづくか否かは、己の分をわきまえ、徳のある政治を行うかどうかによるということなのです。こういう考えを名分論的考え方といいますが、政治とは、武力で押さえつけるのではなく、徳のある良い政治をやればつづくのだというわけです。

つぎに「凡保元・平治ヨリコノカタノミダリガハシサニ、頼朝ト云人モナク、泰時ト云者ナカラマシカバ、日本国ノ人民イカガナリナマシ」とありますが、やはり彼も、保元・平治の乱以降の乱れた世を平和にしたのは頼朝であり泰時であって、これらの人物がいなかったら日本はどうなっていたかわからないといっているわけです。「此イハレヲヨクシラヌ人ハ」（その理由をよく知らない人は）

「ユヘモナク」（理由もなく）「皇威ノオトロヘ、武備ノカチニケルトオモヘルハアヤマリナリ」。この部分が重要です。というのは、乱れた世を頼朝や泰時が治めて平和な時代をつくってきたが、その理を知らない今の人のなかには、「皇威」すなわち天皇の力が衰えて武家の力が強くなったのが世の乱れの原因だなどとばかりいうのがいるが、それは誤った見方なのだと彼はいっているわけです。

「所々ニ申ハベルコトナレド」（いろいろな所でいわれていることだが）「天日嗣ハ御譲ニマカセ、正統ニカヘラセ給ニトリテ、用意アルベキコトノ侍也」（天から授けられた天皇の位は正統の人たちに代々嗣がせるのがいいのだ）「神ハ人ヲヤスクスルヲ本誓トス」（人が安心して住めるようにするのがもともとの神の意志なのだ）「天下ノ万民ハ皆神物ナリ」（天下の万民は皆神様の物なのだ）といい、「君ハ尊クマシマセド、一人ヲタノシマシメ万民ヲクルシムル事ハ、天モユルサズ神モサイハイセヌイハレナレバ、政ノ可否ニシタガイテ御運ノ通塞アルベシトゾオボエ侍ル」すなわち、政をする者はそれだけで尊いというのではなく、自分一人が楽しんで万民を苦しめることは、天も許さないし神も許さない、といっているわけです。ようするに、天皇の位は正しい血筋に伝わるべきだということを第一にいってはいるけれども、第二にそういう位にいる者は民を安んずることが大事なのであって、民を安んじない者は天も神も許しはしないというのが、彼の主張のテーマなのです。

「マシテ人臣トシテハ」（まして臣下として仕える者は）「君ヲタウ《フ》トビ民ヲアハレミ、天ニセクグマリ地ニヌキアシシ、日月ノテラスヲアフギテモ心ノ黒シテ光ニアタラザランコトヲヲ《オ》ヂ、雨露ノホドコスヲミテモ身ノタダシカラズシテメグミニモレンコトヲカヘリミルベシ」（主君を尊び、民を哀れに思って、天と地に仕えなければならない。そして日や月というものを常に仰いで、心が汚くて光に当たらなくなることを恐れなさい。そして雨露ほどにも身を汚してはならない）というのです。

親房のこうした考え方は中国の朱子学の考え方を踏まえたもので、皇帝あるいは王は天に認められた者がなるという考えです。だから中国ではしばしば王朝が交替しますが、その交替は、自分こそが民を飢えさせた現王朝に代わって天命を受けた者だと主張する人間の出現によって行われるわけです。こうした考えを「易姓革命」といいますが、中国ではこうした革命が起こるのは当然のことだと考えられています。それはこの本にも書いてあるように、「万民ヲクルシムル事ハ、天モユルサズ神モサイ《ヒ》ハイセヌ」（万民を苦しめることは天も許さない、神も認めない）という考えがあるからです。

こういう親房の考えは、彼自身を苦しめることでもありました。というのは、彼は後醍醐天皇の末裔たちを支えているわけですけれども、後醍醐天皇が尊氏に倒され追放されたのはなぜなのかを彼の考え方に沿っていえば（彼はそういうことをいってはいないけれども）、後醍醐の政治が「一人ヲタノシマシメ万民ヲクルシムル事」になったにほかならないことになるし、秘かにそう思っているところがあったからです。にも関わらず彼はやはり天日嗣の後醍醐の血筋である南朝を助けなければならない。彼はそういう矛盾を抱えながらこの本を書いているわけです。

いずれにせよ、『神皇正統記』は日本の歴史書のなかで易姓革命的な考え方がきわめて強く反映されている稀な例といえます。というのは、後に日本が受け入れた儒学（朱子学）の考え方では易姓革命が否定されているのです。逆にいうと、易姓革命的な考えが江戸時代の初頭まではあった。天下は天下の回りものといった考え方があって、だからこそ家康は、自分の獲得した権力を代々徳川家に伝えるために、将軍職を秀忠に譲る一方で、自らが「東照大権現」という神になることによって東照神君の力で徳川家の権威を守護しようとしたわけです。そこでは易姓革命的な考えを否定しなければならない。日本では以後、中国から受け入れた儒教のなかで易姓革命的な考え方が捨てられるのです。さらに大義名分論は易姓革命と一体になって存在するものですが、日本ではこれが捨てられているので、大義は天皇を護ることだという妙なかたちになってしまうわけです。

時代とモラル

以上二つの史書からいえることは、保元・平治の乱を境に武者の世になったとみる点は慈円にも親房にも共通しています。その武者の世になったことを慈円は公家の場からみており、それが一方では末法の世という意識につながっています。他方、その後の歴史をみている親房は、武者の世になったのはなるべくしてなったのであり、そこに出来した乱逆の世を頼朝や泰時が統治することによって民が平和に暮せる世にしたのは立派なことだといって、幕府の政治を肯定しています。逆にいうと、承久の乱を起こした後鳥羽院は間違っていると暗に批判しているわけです。

それでは、こうしたかたちで出てきた武者の世のモラルとは何か。その一端を知る材料として『北条重時家訓』があります。重時は義時の三男（泰時の弟）ですが、この家訓につぎのような一項があります。

> 一　人の妻をば心をよく〳〵見て、一人をさだむべし。かりそめにも其外に妻にさだめて、かたらふ事なかれ。ねたましき思ひ積もりて、あさましくあるべし。されば其罪にひかれて、必《かならず》地獄にもおちぬべき也。聖などの一生不犯なるはいかゞし給ふ。一人をおかすだにも仏性をたつ事うたがひなし。ましていかばかり罪ふかゝるべき。六歳日十歳日に女に近づくべからず。此日子生ずれば、その身かたわにあるべし。又親の怨敵となる也。

これまでの一般的な歴史の見方では、日本に一夫一婦制が入るのはキリスト教の道徳が伝わってからで、明治になってからそれが一般化したとされています。しかし、この家訓を見ると、北条重時は、妻を娶るときはその女の心をよくみて心映えのいいのをみつけ、一人に定めろといっている。そして「かりそめにも其外に妻にさだめて、かたらふ事なかれ」といい、二人以上の妻をもてば妬ましい思いが積もって浅ましくなり、必ず地獄に落ちるというのです。さらに六の日、十の日に女とまぐわいをした場合には、その産まれた子供が障碍者になるといっていますが、これは当時そういう言い伝えがあったのです。この家訓には当時の武士のモラルがよく表れているといえますが、武士のモラルはそもそも農村から出てきたものであり、したがって農村社会の考え方がそこにはよく出ているといえます。村の営みにはきわめて古くから一夫一婦的な慣行があったからです。

逆に公家的な社会においては、妻問いにみられるように、一人の男が数人の女をもつことはあたり前のことだし、女の方も数人の男をもつことは別に不思議なことではありませんでした。普通、妻問いは男が女を訪ねるのですが、女が主導権をもっている場合もあるわけです。和泉式部などは男よりも強くて「浮かれ女」ともいわれたほどで、『和泉式部日記』をみると前の男が死んだのに牛車のなかで違う男と抱き合っていたりします。そうかと思えば『蜻蛉日記』の作者である道綱の母みたいに、待ち焦がれている男が別の女の所へ行く牛車の音が聞こえると嫉妬心に燃え上がっちゃうみたいなのもいるし、『更級日記』の孝標の女のような男が全然訪ねてくれなくて、本を読むだけであこがれちゃっているような女もいます。だから一律に現在のモラルでもって量ることはしないほうがいいのです。

しかし、農村社会から出てきた武士たちの考えからすると「人の妻をば心をよくよく見て、一人をさだむべし」が当然でした。というのは、農村社会では妻も夫も農業労働においては同じ世界を生きているわけですし、したがってそのなかではどちらが重くてどちらが軽いということはないのです。だから、農村においては女の発言権もきわめて強いわけです。

江戸時代に多く存在した夜這いの習慣は、明治になると蛮風とされるようになりますが、本来はそんなものではないのです。夜這いというのは夜に男が女をそっと訪ねていくわけで、大きな農家には夜這い口というのがあって、男が忍んでこられるような家の構造になっています。この場合、男がやみくもに女の所に押しかけていくのじゃなくて、女のほうから来てもいいというサインがあらかじめ出されるのです。たとえば男が落としていった手拭いを女が拾えばＯＫの合図だとかです。田植えのときに歌う田植え歌などにはそういったことを歌ったものがたくさん残っています。ただし、そういう合意制が形式的になり形骸化した明治時代になると、男が押しかけていって女の肉体を奪うようなことも出てくるわけで、そのため蛮風として排除されることになります。ですが、本来は、あくまでも男女の合意のもとになりたった習慣で、武士のなかにもそうしたモラルがあります。

ところが、江戸時代になると武士たちは側室をもちます。それは自分の跡継ぎを残さない限り家が断絶されるというシステムのなかから出てきたものです。そういう大奥的なやり方は明治になっても残るわけで、華族の家には第一夫人以外何人も女性がいて子どもを産み、その産んだ子どもを自分の家の子として育てます。その育てた娘や息子をいろいろな家に嫁がせたり養子にやったりして家の枠を広げていく。だからこれは、妻妾同居主義だとか女性蔑視といった単純な話ではありません。しかし、そういうものはヨーロッパの一夫一婦的な近代モラルのなかでしだいに失われていき現代的な考え方に移ってくわけで、歴史的な事象を今の感覚で判断すると見間違う一例といえます。

ここで重要なことは、平安末・鎌倉初という転換期に、それまでに貴族世界にあった妻問い的な感覚ではない一つのモラルが、為政者である武家社会のなかから強く登場してきたということです。

末法の世における救済

こうした状況のなかで登場してきたのが、この世はまもなく終わりだという末世の意識です。さらにその末世の意識のなかで、個人の救済への思いが強く出てきます。

仏教的な末法観がとくに現実的に感じられたのは、飢饉とか天災とか戦乱といった事象が生ずることにおいてであり、そうした状況にあってこの世は六道輪廻の世界だという思いが出てきます。六道とは、餓鬼道、畜生道、地獄道、修羅道、人間道、天道の六つで、人間は一般には「人間道」にあり、その下のランクが荒れ果てた「修羅道」、さらには「地獄道」に堕ちるわけです。

地獄の観念はそれまでも存在してはいましたが、それが一般民衆に実感をもって受け止められたのは、保元・平治の乱の前後からです。巷に戦争はある、飢饉はある、疫病がある。そういう社会状況下で苦しむ人間の心をどうやって救うかという救いの問題が出てきたわけです。

それ以前の奈良仏教は個人の救済が主眼ではなく、国家の鎮護救済が主眼でした。だから僧侶はすべて官僧、すなわち国家に仕える存在でした。国家を安泰にするためにさまざまな経典を勉強し、国家に養われた。だから仏教の僧侶は当時は最高の科学技術・知識をもった人びとでした。なかには、そうしたあり方に疑問を抱いて庶民のなかに入っていった行基のような僧もいましたが、そうやって

地獄の思想

地獄観、地獄の思想は中国にもヨーロッパにも洋の東西を問わずある。ダンテの『神曲』には煉獄があり地獄があり、その一方で天国が登場する。そこで描かれた地獄は、上の方には地球の表面に玄関があり、それから黒い森を通って地獄の門に至り、そこを通ると自制を消失した愛欲者、淫色者、けちんぼ、浪費家、憤怒家らが行く場所、さらに下の方には自殺の森とか、熱砂の森とか、欺瞞と悪意に満ちた人間が行くところがある。こうした姿は日本の地獄でも同じで、そこには灼熱・焦熱地獄とか、血の池などが出てくる。

こうした考えのルーツは、おそらく西アジアのメソポタミヤであろうといわれている。この地に成立したアッシリアやバビロニアなど専制国家の刑罰観が「地獄」が生み出された背景にあるのではないだろうか。そういう専制国家のなかで生まれてきた世界観が、キリスト教的な世界にも、仏教的な世界にも入りこみ、それが潤色され具現化されてその時代の刑罰観となる。

また、地獄の思想は哲学的にきわめて実存的である。たとえば焦熱地獄に入ると熱でトロけてすべてなくなるわけだが、それで終わりかというと、さらっと冷たい風が吹いてきてまた人間に戻る。あるいは黒縄地獄で黒い縄で縛られて身がバラバラに解きほぐされても、また一陣の風が吹いてきて元の姿に戻る。すなわち永遠に苦しみがつづくわけで、そうした永劫の罪のかたちで示されている。そこにはカミュが『シジフォスの神話』のなかでとらえたテーマと同じ考えがある。だから地獄の思想というのは、地獄に行って針の山に行ってそこで死んで終わりにならない。餓鬼道に陥った人間はいくら腹一杯に食べても腹が減り、そのうち腹がパンクしてしまう。すると元につながってまた食べたがる。永遠の業苦という形である。

民衆を救おうなどという行為は官からは許されなかった。そのため行基は当初、「小僧」といわれ、監視されていたのです。

仏教の救いを個人の救いにもっていく発想は、最澄と空海によってもたらされたものです。ここで天台宗と真言宗という宗派が初めて出てきます。それは空海が伝えた秘密の手法、すなわち密教というかたちで人びとに救いをもたらします。その救いとは、この世で救いにあずかれるという感覚にまでもっていかれます。そのためにもち込まれたのが曼陀羅です。曼陀羅には金剛界と胎蔵界の二つのものがありますが、平安時代の文学に出てくる加持祈祷は、この曼陀羅に向かって祈りを捧げるものです。

密教の仏像は不動明王をはじめいずれも怖い顔をしています。また、われわれが眼にする仏像のほとんどがすすだらけで黒くなっているのは、その前で護摩を焚いて修法をするからです。なぜそれら仏像が憤怒の相をしているかといえば、魔を調伏するためです。一方、浄瑠璃寺などの浄土教の仏像は、阿弥陀如来像にしても観音像にしてもいずれも優しい顔をしていますが、それは人間に手をさしのべてくれる仏だからです。

このように平安時代に入ると、密教的な加持祈祷という形で国家守護のみならず、病魔調伏というような個人に関わる祈願が仏教に求められてきますが、それらはあくまで貴族の世界のものでした。

そういうなかで地獄の考え方が出てくると、一方には極楽の考え方が当然あります。そして、極楽に来世往生するにはどうしたらいいかということで、さまざまなものが出てくる。たとえば功徳を積むためにお寺に何回詣でるとか、写経をするといった行為になります。また浄瑠璃寺などにみられる浄土庭園には池をはさんで彼岸と此岸が設けられており、そこに架けられた橋を此岸から彼岸に渡ると、そこには上品上生・中品中生・下品下生などという九体の仏像が安置されています。その仏様がそれぞれの罪業に応じて導いてくれるというわけです。そういう庭園様式も浄土思想のなかから出てきます。貴族は、たとえば平等院の鳳凰堂（藤原頼通が建てた）のな

インドの古典医学と曼陀羅絵

曼陀羅はおそらく当初、五臓六腑に似せて描かれたと思われる。たとえば腹が痛いときにはそれにあたる箇所を拝むといった感覚でとらえられていたのではないだろうか。中国では仏像のなかにさらに小さな仏像を置く胎内仏が多いが、日本では非常に少ない。それを心臓だとか胃だとかそういうところにしばしば置いてあるのが中国にはあるという。どこに心臓がありどこに何があるかは、解剖しなければわからないわけだ。

最も早く解剖をしたのはインドだといわれる。インドでは死んだ人をインダス川など川に入れて腑分け（解剖）をしたという。すると川の水で血は流れていく。そうやってここに何があるとかがわかるなかで、インドの古典医学に人体に対する知識が出てくる。それが中国に伝わり、中国ではそれを仏像のなかに胎内仏的に安置したが、同時にそれが一方で曼陀羅絵になったのではないか。それが日本にやってくると曼陀羅絵だけになり、安産だとか何かのときに、僧侶が加持祈祷し声明する。それがやがて全体を拝む行為になっていったのではないかと考えられる。

かで、死ぬときには死者の周囲で美しい音楽を奏で、天井を飛んでる鳳凰や仏像と死者の指に金糸・銀糸の両端を結びつけ、浄土に導かれようとしたりします。そして、鳳凰堂の仏像が安置された場所に太陽の光があたるように窓を開けて、それを宇治川の対岸から拝むこともできるようにしたりしています。

念仏による救い

しかし、そうしたことは庶民の手にはとうてい及ばない業で、そのため庶民をどう救うかという問題が出てきます。そこで出てくるのが、罪の穢れがないから極楽へ行けるのではなく、罪の穢れをもっていても念仏を唱えて祈願する心さえあれば極楽往生できるという思想です。そのことを人びとに説いた人たちを「聖」といいます。その先導者空也は、「一たひも南無阿弥陀仏といふ人の蓮《はちす》のうへにのほらぬはなし」（『拾遺和歌集』）とうたい、囚徒のような極悪人でも阿弥陀仏の名号を称えれば極楽往生できると易行往生の世界を説きました。

この易行往生を説く聖のなかには、たとえば仏教では動物を殺すことは許されないのに、その殺した動物の皮を着た「皮聖」などというのも出てきます。これは、自分はこの皮を着ているように罪深い者だけど、それでも今こうやって救いに預かることができるまでになっている。その自分が救われるのだからあなたも救われる、というような説教をするわけです。

そういう救いの問題を考えた人が多くいたのが、比叡山の延暦寺を中心とした天台宗でした。空海が中国から密教を日本にもち込み、最澄は空海にその密教の威力を教わって天台宗を開くわけですが、最澄の功績でそれ以上に重要なのは、彼が仏典を学ぶなかで到達した「山川草木悉皆成仏」、すなわちすべてに仏種（仏となる種）があり、すべてのものはその仏の種によって救いに預かれるという中国仏教にはない考えを、人びとに説いたところにあります。それまでは、観音詣でをしなければいけないとか、寺をつくらなければいけないとか、写経をしなければいけないとされたわけですが、そんなことは庶民にはできない。それにたいして最澄は、この仏種に目をつけることによって、あらゆるものが仏になれると説いたわけです。

さらに、そういう考え方に惹かれ、それを時代の人びとに時代の言葉で伝えていこうとしたのが、比叡山の横川を中心にして修行したグループでした。それが源信とか法然といった人びとです。

ところで、平安時代末期の人びとはどんな気持ちで生きていたのかをうかがえるのが『梁塵秘抄』です。『梁塵秘抄』には今様（今でいう流行歌）が多く書かれていますが、そのなかにつぎのようなものがあります。


はかなきこの世を過ぐすとて、海山稼ぐとせし程に、万の仏に疎まれて、後生我が身を如何にせん海や山で稼ぐとは魚を捕ったり猟をしたりすることですが、自分ははかないこの世に過ごしているけれども、魚や獣を殺しているから、さまざまな仏さんに疎まれて救いにあずかれない。後生の自分の身をどうしたらいいだろうという歌です。

遊びをせんとや生まれけむ、戯れせんとや生まれけん、遊ぶ子供の声聞けば、我が身さへこそ
動《ゆ》るがるれ

これは遊女に売られた女が、自分は遊女に身を落とし罪穢れた体になってしまっているけども、こんな身でも救ってもらえるのだろうか、と嘆く歌です。

我等は何して老ひぬらん、思へばいとこそあはれなれ、今は西方極楽の、弥陀の誓ひを念ずべし

ここには、自分はどうやって老いてきたのかと考えればひどく哀れだが、今はもう西方極楽の阿弥陀の誓いを信じて生きていくしかないと詠嘆する老人がいます。

こういうのが当時の人びとの気持ちだったわけです。自分たちはこんなにいろんな男を取って地獄に落ちているけれども、それでもどうやったら救われるのか、という気持ちが歌われているわけです。

（この『梁塵秘抄』の流れが後に隆達節になり、さらに江戸期の小唄や長唄の原型となる）

これにたいし法然の教えを記した『一百四十五箇条問答』をみると、法然はたとえば「にら・き・ひる・ししを食ひて、こをがうせ候はずとも、つねに念仏は申候べきやらん」といいます。にら（ニラ）、き（ネギ）、ひる（蒜　ニンニク、ノビル）、しし（獣の肉）などを食べなければ生きていけない

人びとにそういう臭いのあるものを食べた臭い口で念仏していいのだろうかと訊かれて、「念仏はなににもさはらぬ事にて候」と答えているわけです。奈良仏教や平安時代の密教では、口を清浄にし身を清めて仏に仕え、経を読むのがあたり前だったのです。

あるいは「妻、おとこに経ならふこと、いかが候べき」（妻が男に経を習うことはどうしたらいいでしょうか）と訊くのにたいして、「くるしからず」と答えている。かつては女が男に経を習うだけでも、身をもち崩した、何かひどいことをやっているのじゃないかと思われていました。だから御所の女たちが僧侶を呼んで祈祷してもらっても処罰されたのです。さらに「月のはばかりの時、経よみ候はいかが候」（月経の時に経を読むのはどうか）という問いに、「くるしみあるべしとも見へず候」（別に悪いことじゃない）といっている。当時、女の障りは穢れだと思われており、そのときに経を読むことも穢れになると思われていた。それを苦しくないと答えているわけです。

ようするに、猟師とか百姓とか女とか、いろいろなかたちで穢れたとされる行為に関わらざるをえない人びとの悩みに一つ一つ答えているわけです。

また「ひる・ししくひて、三年がうちに死候へば、往生せずと申候は、ま事にて候やらむ」（ひるやししを食べて三年のうちに死んだ人は〈その体に穢れたニンニクや獣の肉などの匂いが残っているから〉往生できないというけどほんとうか）という問いにたいして、そんなことは「ひが事」（間違い）だといっています。もっともその後に、「臨終に五辛（にんにく、らっきょう、ねぎ、ひる、にら）くひたる物をばよせずと申たる事は候へども、三年までいむ事はおほかた候はぬ也」、すなわち臨終にそんなものを食べるのはあまりいいとはいえないといっていますが、その後の親鸞になると食べてもかまわないとなりますから、ここにはまだ法然の旧い仏教への妥協があるといえます。

あるいは「産のいみいくかにて候ぞ」（お産の忌み穢れというのは何日ぐらいでしょうか）という問いにたいし「仏教には、いみといふ事候はず。世間には産は七日、又三十日と申げに候。いみも五十日と申す、御心に候」といいます。仏教ではお産のタブーだとか、死の穢れなどはないのだというわけです。

ここには、法然が当時の人びとの思い悩んでいたことに一つ一つ答えた内容が記されており、同時に法然のもとにどういう人びとが集まったかが知られるわけです。この法然には、後に明治のキリスト教界を代表する内村鑑三や植村正久が強くひかれています。内村は、『羅馬書の研究』としてまとめられることとなるロマ書を講義していくうえで、『法然全集』を読み、法然の言説とロマ書を重ねて読み説こうとしています。法然が説いた世界には信心・信仰の原点があるのです。

第五章　鎌倉仏教の顚末

一遍と念仏踊り

鎌倉新仏教という世界

古代から中世への転換期に現れた法然らが説いた世界は、いってみれば二十世紀から二十一世紀への転換期である現在の社会に起きている現象、たとえば昨今世間をにぎわしているオウム真理教のような連中と見なされ、旧仏教の考えからするとまったく承認しがたい、とんでもない話だったといえます。だから彼らは皆捕えられて佐渡に流されたりするわけです。現在でこそそれぞれ風雪に耐えて立派な宗派になっていますけれども、当時においては今のオウムのようにうさんくさい邪教の類とみられていた。しかし、彼らはオウムなどと本質的に違います。その違いの根本は信仰とか信心というものをどうとらえるかにあります。

「宗教」というのは明治期にreligionの訳語としてつくられた語で、それ以前は「宗旨」とか「信心」といった言葉でいい表されていましたが、その信心とか信仰というものを考えるときにいちばん問題にしなくてはならないのは、信心とか信仰は本来、自分の弱さをきちんとみつめ、その弱さのなかでどう生きるかを考えるところに意味があるということです。しかしオウムにはそれがないのです。弱さを弱さとして受け入れることによって、弱さのなかからどうやって弱い自分が生きる道をみつけようか、というものがない。信心・信仰は負を一身に引き受けることで生きる心です。

法然や親鸞の説くところが、長い間風雪に耐えるなかで人びとの心を魅了していったのは、弱さをみつめるなかで己を発見しようとしているからなのです。たとえば法然は、己の弱さをみつめて苦しんでいる人たちに、あなたの弱さはそれはそれでいいのだという。しかし、その弱さのなかに溺れるのではなく、弱さのなかからどうにかして新たに生きていく力をみつけようとする、そこに法然のすごさがあるわけです。

釈迦にしてもマホメットにしても、あるいはイエスにしても、その弱さの部分をもっている。逆にいえば、偉大な宗教者・信仰者とはマイナスを自分が一身に担うことによって、そのマイナスを新しい生き方につくり替えた人たちなのです。だから、強さを誇張するかたちで生きるのは信仰者の生き方じゃない。そうしたことが時代の転換期にはいろんなかたちで出てくるわけです。

今日、鎌倉仏教といわれる諸宗派は、鎌倉時代にはいずれも弾圧の対象です。旧来の考え方からすればこれらはとんでもない話なわけです。法然は女の障りなんてないといいましたが、江戸時代になっても月経時の女には障りがあると考えられており、「血梵経」という女の血の汚れを浄めるお経まであったのですから。

鎌倉仏教は、明治の中頃以降にヨーロッパの宗教改革になぞらえて仏教史の読み直しがされるなかで、個人の信仰・信心を評価しようとする眼が生まれ、そういうかたちでとらえ直されて高く評価されるようになったのです。

（すこし後の時代の一向一揆は、昭和になってドイツ農民戦争にダブらせて評価されるようになる）

法然とイエス

評価されたのは、庶民を救いの対象にしたときの教理の説き方です。たとえば法然の周りに集まった人の一人が「さけのむは、つみにて候か」（酒を飲むのは罪でしょうか）と聞くと、「ま事にはのむべくもなけれども、この世のならひ」（本当は飲まない方がいいけども、この世のならいでしょうがない）と法然は答えます。彼らは猟師とか漁師とか百姓、あるいは血の障りの忌み穢れがあるようなときでも働かなければならない女、飲んだくれとか遊女といった、みんな自分たちのような者でも救われるのかと苦しんでいる人びとなのです。前章で述べた『梁塵秘抄』の世界でいうならば「遊びをせんとや生まれけむ　戯れせんとや生まれけん」と嘆きながら生きているのが遊女であり、人間なのです。そういう彼らにたいして法然は、おまえたちだって救われるよといって問答をし説いてやった。しかしそれは、国家からみればとんでもない話です。だから法然は弾圧されるわけですが、それはユダヤでイエスが弾圧され十字架にかけられたのと似ています。

新約聖書には「姦淫した女」の話があります（ヨハネによる福音書・八章一―一一節）。神殿の境内で説教しているイエスのもとへ、パリサイ派というユダヤの律法をきびしく守って生活することを信条とする人びとが、姦通をしているときに捕まった女を連れてきて、裁きを問います。モーセの律法ではこういう女は石で打ち殺せと命じていました。イエスは、律法にどういう態度をとるか試されたわけです。かがみこんで地面に字を書きはじめたイエスは、あまりにしつこく問われるので、身を起こし、「あなたたちのなかで罪を犯したことのない者が、まず、この女に石を投げなさい」と言い、書きつづけます。周りの者は、年長者から、一人また一人と立ち去り、イエスと女が残ります。イエスは身を起こし、「だれもあなたに罪を定めなかったのか」と確かめたのち、「私もあなたを罪に定めない。行きなさい。これからは、もう罪を犯してはならない」と言います。イエスは、みだらな心で他人の妻を見るのは姦淫したのと同じだと説いていますが、誠実な心を求め、人に罪は裁けないとの思いが強くありました。人の子は罪を犯さざるをえない者とともに泣いてやることしかできないのです。このイエスの物語は、ちょうど法然が遊女らの嘆きを全身で受けとめ、救いへの道を説き聞かせたのにつうじる思いがあります。この法然の世界こそは、「内村鑑三と浄土門」（『日本宗教の複合的構造』）で紹介しましたように、内村鑑三がロマ書の講義をするときに、法然の著作にふれ、『往生要集』などに心ひかれたものにほかなりません。

あるいは、金貸しとか取税人などは、当時のユダヤの社会では地獄に堕ちるといわれていましたが、ザーカイという徴税人がイエスの一行の来るのが人垣でみえないので木に登ってみていると、イエスはザーカイに木から降りてこい、今日はあなたの家に泊まりたいという（ルカ一九章一～一〇節）。

ユダヤの連中は、彼らを穢れた人間だというけれど、そういう人たちこそ本当に救いに預かりたいと思っている。だからこそ救いに預かれるんだとイエスはいいます。イエスの教えは、ユダヤの社会で最も貶められ、虐げられた人びとへの福音であり、そのため弾圧を受けるわけです。イエスは、神の選民というイスラエル民族の神話にもとづく、ユダヤの民が支配するという政治的メシア運動をもたらした「政治神話」を否定し、神との契約による罪の贖いの信仰を提示したのではないでしょうか。

鎌倉仏教の担い手

鎌倉新仏教の担い手として一般に知られるのは、法然・栄西・親鸞・道元・日蓮・一遍ですが、それにたいして奈良時代以来の戒律を重んじる旧仏教の側にも、貞慶・明恵・叡尊・忍性といった人物が現れて、王権に封じこめられてきた仏教の覚醒をめざします。

法然は、保元の乱が起きた一一五六（保元元）年には二十三歳ですが、青年期にあって戦乱のなかで都の人びとが苦しむのを実感していた一人です。また栄西は、壇ノ浦で平家が滅びて頼朝が征夷大将軍になった一一九二年に五十一歳です。院政から平氏政権になる過程での動乱の時代を一身に受けとめたのが法然・栄西、そして、平氏政権から鎌倉政権への移行期に登場するのが貞慶・明恵・親鸞というわけです。さらに、次の段階、北条執権体制が固まるなかで登場してくるのが道元・叡尊、そ

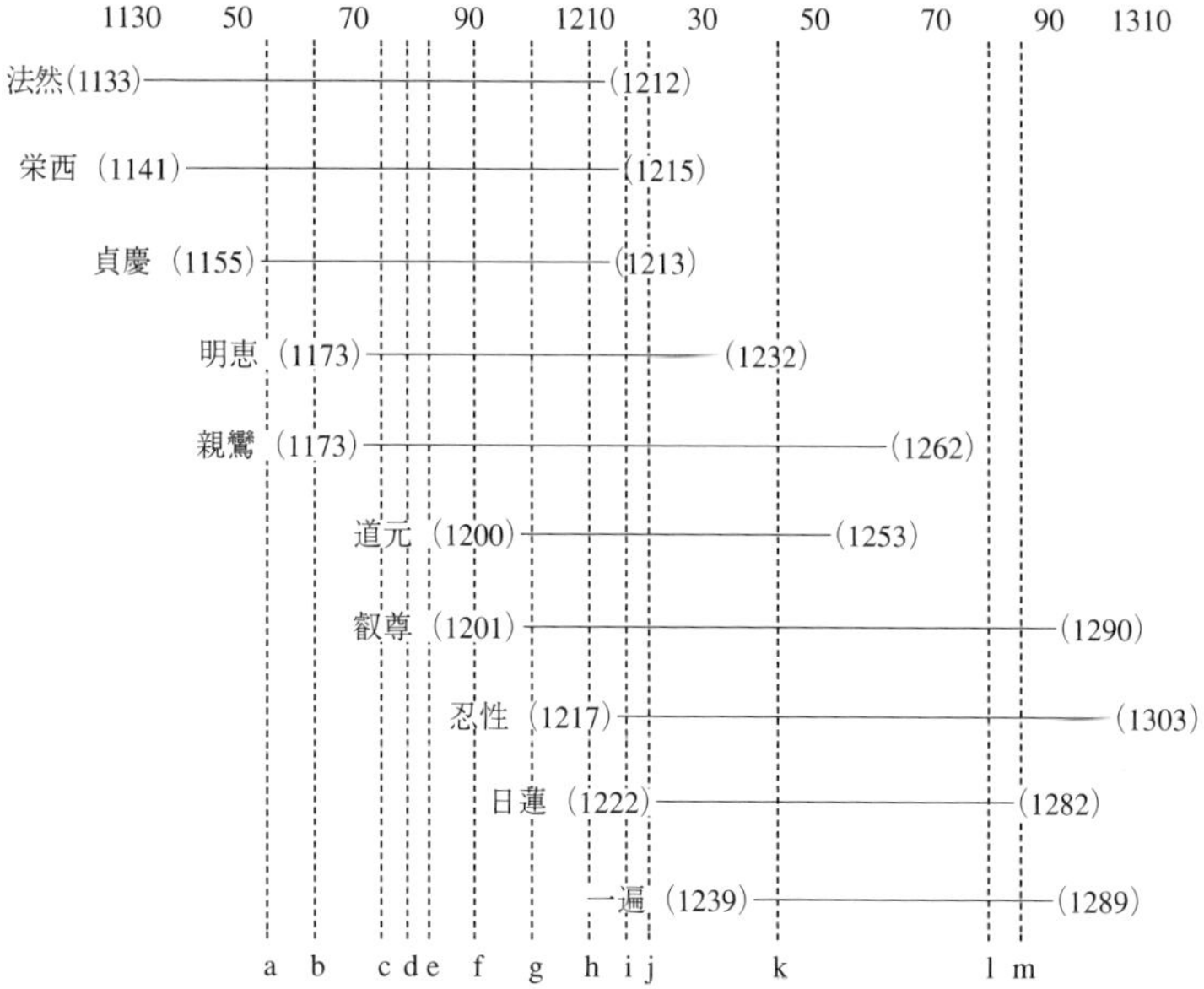

a：保元・平治の乱（1156・59）
b：平清盛が太政大臣になる（1167）
c：鹿ヶ谷の陰謀（1177）
d：平清盛が後白河法皇を幽閉（1179）
以仁王・源頼政の挙兵、源頼朝・義仲の挙兵（1180）
e：壇ノ浦の戦い（1185）
f：源頼朝が征夷大将軍となる（1192）
g：源頼家が修禅寺に幽閉される（1203）
h：和田合戦（1213）
i：源実朝暗殺（1219）
j：承久の乱（1221）
k：三浦泰村の乱（1247）
l：文永・弘安の役（1274・81）
m：霜月騒動（1285）

図 7　鎌倉仏教の諸相

の後の文永・弘安の役のなかで新しい時代の大きな移り目を過ごすのが忍性・日蓮・一遍です。

法然・栄西・親鸞・道元・日蓮・一遍という鎌倉の新しい仏教を興した人びとは、旧仏教を批判することによって、戒律から自由になっています。逆に貞慶・明恵・叡尊・忍性らは、こういうような新仏教の動きのなかで、逆に戒律をきびしく守るべきだと説き、あるいは忍性のように民衆のための慈善救済に励むなかで貧者を救おうとする。新しい仏教運動が起こることによって、国家権力と結びついた旧来の仏教の側にも、いかにして仏教教団を覚醒しようかという動きが出てくるわけです。

そういうなかで、鎌倉新仏教の第一世代は法然と栄西、次の世代は親鸞と道元ですが、ここにはまったく逆の二つの流れがあります。ひとつは法然が説いた浄土教の信仰が親鸞により徹底されていくもので、あくまでも「他力」による救いです。もうひとつは禅系の信仰で、この流れは栄西から道元へと徹底していきますが、こちらは「自力」による救済の道です。現在の宗派でいえば法然が浄土宗、親鸞が浄土真宗、そして、栄西が臨済宗で、道元が曹洞宗です。

法然から親鸞にかけて「弥陀一仏」というかたちの徹底がなされ、唱名念仏が徹底していきます。法然の場合は念仏は唱えれば唱えるほどいいということだったのが、親鸞になると心の底から一ぺん「南無阿弥陀仏」と唱えれば救われるというかたちになる。その行き着くところがやがて親鸞の「悪人正機説」になります。ようするに自分は本当に罪深き者でそれしか救われる道がないと思って心の底から唱えた念仏のほうが、なまじ自分はお経を学び貧しい人に施しもやっているので、そういった行為で救いに預かれるだろう、などと思っている人間の唱える念仏よりもいいというわけです。そこには「自力」の心があるから駄目だというのです。

栄西は座禅を組むときに公案（問題）を出し、その問題を解くことを考えながら座禅を組みますが、それが道元になると「只管打坐《しかんたざ》」といってひたすら座禅を組むかたちになります。というのは、題を出されて考えるというのは教養のない人間にはつらいわけで、だから道元はただひたすら座禅をやれば救われるとするのです。そういう意味で道元の周りにはとくに豪族クラスの百姓たちが集まってきます。

（道元の教えはやがて百姓禅ともいわれるようになる）

それまでの仏教はすべて現世肯定的で、現世利益が大きな意味をもっていたのにたいして、法然・親鸞は現世を否定し来世に生きることの意味を説きます。しかし来世に生きるということは、今をいいかげんに生きてもいいということではなくて、来世を生きるためには今をひたすら「弥陀一仏」で正しく生きなければならないと説いたところに、親鸞の教えの積極性があります。

また道元は、「念仏だとか何とかうるさくいっているけど、あれは田んぼの蛙が鳴いているようなもので、蛙がいくら鳴いたからといって救いには預かれない」といって唱名念仏を批判しますが、親鸞と道元は、いずれも政治にたいして一定の距離感をもって自己の主張をしているところが共通しています。

日蓮と一遍

親鸞・道元の徹底性が行き着くところまでいって出てくるのが日蓮と一遍です。

日蓮は政治に対して距離をもちはしますけれど、現世の権力より自分たちが上だということで政治を指導しようとする動きになります。日蓮は遅れて出てきたので、自分の説くところが最もいいということを主張しなければならないわけで、そのためには前からあったものをすべて否定しなければならない。念仏も禅も「念仏無間、禅天魔」として全否定します。古いものに毒された日本は乱れており、それゆえに外国が攻めてくるぞといって、モンゴルの襲来とおぼしきことを予言します。ようするに徹底した他者攻撃をやるのです。ただしやること自体は、法然らが「南無阿弥陀仏」と念仏を唱えろというのにたいして、日蓮は「南無妙法蓮華経」と題目を唱えれば救われるということで、きわめて似ています。また日蓮の教えは中心に題目があると同時に、それまでの仏教にあったさまざまな要素をすべて吸収しているともいえます。

日蓮の時代は執権政治の転換点であり、御家人層の相続制の行き詰まりといった問題があって社会は混乱状態にある。そうしたなかで国家の政治を正すには正しい信仰心がなければ駄目だと鋭く説きます。その正しい信仰心とは、飢えた貧しい人びとにどれほど目配りするかにかかっているのだという。さらにモンゴル襲来の情報をつかむと、国家の乱れによって外患がもたらされるといって権力批判をします。そうした予見性をもって権力批判をすることによって、けっして権力には取り込まれなかった。その点はそれ以前の創唱者とは違っており、仏教による国家の覚醒をうながすものをもっていたところが、彼のひとつの特徴でもあります。

さらに日蓮は、仏法と国法（宗教権力と国家権力、今風にいうなら信仰と権力）のいずれかをとるとするならば、信仰を選べといいます。そうした信仰によって権力を覚醒しようとする新しい考えは下級武士たちの支持を得ますが、その政治批判によって佐渡に流されることになります。

一方、一遍は念仏を勧めて高野山から熊野に登り、熊野権現が夢想で衆生の往生は名号で定まるという口伝を受け、「遊行念仏」として諸国を廻り、念仏踊りを専らとする信仰を創唱します。これはただ念仏を唱えるのではなく、念仏を心の底から楽しく踊りながらやろうというものです。彼は神社の拝殿であろうとどこでも踊る。念仏踊りをさまざまな人びとと踊り、「南無阿弥陀仏決定往生六十万人」、つまり往生極楽間違いなしという文字を書いた賦算という紙を皆に配ります。それをもらった人はそれだけで極楽に行けるというわけです。一遍の信仰には神仏習合的なところがあり、踊り念仏といわれます。

当初、「真宗」とは親鸞の浄土真宗ではなく一遍の宗派のことをいい、親鸞のほうはひたすら念仏するという意味で一向宗といいました。それが、浄土宗より自分たちが本家なのだという主張から一向宗が浄土真宗と称するようになり、一遍のほうは門下の僧尼を唐の善導にならって、時衆と称したことにならい、踊躍念仏の時に極楽往生を感得した喜びをふまえて、時宗となるわけです。

これらの宗派はいずれも鎌倉時代に大教団になったわけではなく、十四世紀ごろから多くの人びとの帰依を受けて徐々に大きくなっていきます。さらにそれらが宗派として教団をつくっていくのは十六世紀からで、宗派としてのまとまりが強くなるのは江戸時代のことです。

一向宗の隆盛

後醍醐親政から南北朝の争乱へとつづく時代、守護大名たちの国が独立割拠的な状況になる動きのなかで荘園的な枠組みは崩れ、郷村的な秩序をもとにした社会システムが生まれてきます。百姓が大きな力をもつようになり、彼らは氏神を中心に氏人として結集し、地縁的結合を強めます。（氏神と氏子の関係は絶対的なもので、それはちょうどユダヤにおけるヤーベの神と民の間の絶対的な関係に近いものだったと思われる。氏子たちが氏神の前で神水を飲んで行った誓約はきわめて強い拘束力をもち、裏切ることは許されなかった）

そうした地縁的な結合のなかでさまざまな信仰活動が生まれてきますが、とくに力をもったのが親鸞の教えのみが救いに結びつくという本願寺の運動です。その本願寺の運動を支えた人物が蓮如でした。蓮如はキリスト教におけるパウロのような存在だったといえます。

村人たちのなかには、かつての仏教では救われない人たちが多くいました。動物を殺す、魚を獲るといった殺生を生活の基盤とした人たち、あるいは自分の身を持ち崩して遊女になった人たち、そうした人びとを救うための信仰運動が、ひたすら念仏を唱えることによって救われるという専修念仏です。この専修念仏は法然・親鸞の時代にはさほど大きな力をもちませんでしたが、地下《じげ》、すなわち在地の人たちが土地を支配する動きが強くなる、南北朝の内乱から応仁の大乱にかけての時代に動きを強めます。蓮如はそうしたなかで登場してきます。

本願寺が現在の大教団になるうえで最も大きな功績があったのは蓮如です。親鸞が死んだ後しばらくは、京都の大谷に親鸞の骨を納めた墓と小さな寺があるだけで、そこに集まる者たちも食うや食わずという状態でした。その寺に八代目の相承者として生まれたのが蓮如で、彼は貧しい生活のなかで、ひたすら門徒、すなわち信者のあいだを歩いて親鸞の教えを説き、彼らを本山に呼びます。

蓮如は「世間の物語などある座敷にては結句法義の事をいう事もあり、左様の段は人並たるべし、心には油断あるべからず」（世間話をしているような座敷で仏法の話をすることがあるが、それは人並の事だけれども、心に油断があってはならない）、「あるいは講演や仏法の讃嘆などゆくこうに、一向ものを言わざる事、大いなる違いなる」（一方、講演とか仏法を褒め称えるような会があったときに、ひとことも口をきかないのはよくない）といい、ものをいわないのは自分の信仰がないからであり、そうした集まりでは自分はこう信じているということを積極的にいいなさい。信者がたがいに仏法の話をすることで信仰が深まっていくのだと語ります。

連如上人つねづね仰られ候、三人まづ法義になしたきものがある、と仰られ候、その三人とは坊主と年寄と長と、此三人さへ在所在所にして仏法に本付候はゞ、余のすえずえの人はみな法義になり、仏法繁昌であらうずるよ、と仰られ候。

仏法談合のとき物を申さぬは、信のなきゆへなり、わが心にたくみ案じて申べきやうに思へり、よそなるものをたづねいだすやうなり。心にうれしきことはそのまゝなるものなり、寒ければ寒熱ければ熱、とそのまゝ心の通りいふなり。仏法の座敷にて物を申さぬことは不信のいろなり。又由断と云ことも信のなきゆへなり。細々同行によりあひ讃嘆申さば、由断はあるまじき由に候。

（『実悟記』）

ようするに、物の百姓たちを集めてそれぞれの信仰心について熱く語らせ、そこにある方向づけを与えることによって信仰者の集団につくり上げていくわけです。

（蓮如が説くこうした信仰の基本的なかたちは、現在でもさまざまな宗教教団に取り入れられている。たとば立正佼成会の法座とは、リーダーを中心に信者が集まり自分の信仰についての考えを述べ合う場だが、その発言が間違っている場合にはリーダーがそれを直すことで信仰を強化しようとする）

蓮如は、一村全部を門徒の村にすることはたやすいことだといいます。布教に際して、その村の寺の坊主か村の長である乙名《おとな》百姓を門徒にすれば、一村の百姓すべてが門徒になるからです。浄土真宗の寺は旧仏教の天台宗の寺が変わった場合が多いのですが、それはその寺の坊主が蓮如の教えに惹かれて門徒になった結果です。あるいはその村の総代である乙名が門徒になったため寺ごと門徒の寺になる場合や、その乙名の家が寺になる場合もあります。そして、もし一国の領主と坊主が門徒になれば、一国は門徒持ちの国になります。しかし蓮如は、最も重要なことはそこにいる門徒たちが自分の信仰を固くすることだといいます。

（それが現在も北陸地方や滋賀県、三重県、広島県、山口県などで門徒が大きな力をもっている理由である。彼らは弥陀一仏という信仰をもちつづけた）

蓮如は親鸞の墓に参ってくれといって門徒のあいだを歩き、彼らが京都に来るようにします。そして、門徒たちが京都に来ると、来てくれた彼らを大事にし、どんなに夜遅く来ても足を洗ってやり、湯茶の接待をしてやれといいます。その一方で、門徒らは出てきたさまざまな疑問について本願寺の蓮如に手紙を出します。それにたいして蓮如は法然が問答で答えたようなかたちで答えた手紙を送ります。その手紙が来ると門徒たちは村の中心となる乙名のところに集まり、手紙を読みながら信仰を確かめ合います。蓮如が書いたそういう手紙が、今も残っている「御文《おふみ》」といわれるもので、これはキリスト教の『新約聖書』にあるパウロの書簡とよく似ています。

その御文はやがて、乙名百姓で表向きの政治からリタイヤしたような人が自分の家の奥まった部屋を仏間にし、そこで読み聞かせるようになります。さらに村の人びとはその人のことを坊主みたいに思って、葬式があると頼んだりするようになる。そういう人は、頭は剃ってないけれども坊主みたいな役割を果たしているから「毛坊主」と呼ばれました。彼らがやがて専業になって、本願寺からも認められます。そして、その人が住んでいた家が寺に替わっていくわけです。北陸には、旧仏教の天台宗系の寺と、こういうような仏間的な家から発した寺と二つのタイプがあります。

やがてこういう門徒持ちの村が周り近所に出てくると、一向宗の者たちによる合議制の国支配が起こります。こ

パウロの伝道

イエスの弟子になったのは魚捕りのような連中ばかりで、後に十二使徒と呼ばれる主立った弟子のなかに学者はいない。その十二使徒以外で、当時一流の知識人でありローマの市民権をもつような人物でありながらイエスの教えにとらわれたのがパウロである。パウロははじめイエスの弟子をつかまえて殺そうと思いダマスカスに行くが、途中で光に眼を打たれ、何で自分の弟子たちを殺すのかとイエスにいわれて、そこで改心してイエスの弟子になる。やがてパウロは地中海世界に伝道し、それによってイエスの十字架を信ずる教団は大きくなるのである。

キリスト教の『新約聖書』には各地の教会や信者に宛てた書簡があるが、その多くを書いたのはパウロである。パウロは、その地の状況をふまえ、コリントの人、ガラテヤの人と、それぞれの信仰集団の課題を説いている。「ローマ人への手紙」はローマの皇帝ネロのもとで弾圧されて地下墓地のなかで集会を開いている人たちに宛てたもので、彼らが弾圧に耐えるなかでいかに信仰によって生きるかを説き、励ますために書かれている。これらの書簡による信仰の指導は蓮如の御文を想起させる。

れが一向宗の国になるわけです。越前守護の富樫を追い出したのは国人層といわれる地侍たちですが、そうした力のある人びとが門徒になり、そして「本願寺大事」になるわけです。

講と宮座

乙名が村人たちを集めて「御文」を読む集まりはやがて「講」として組織されます。「講」は、もともと平安時代の公家のあいだにあったもので、法華八講などといわれるように「法華経」を講義してもらう場でした。それがやがて同じ信心をもった者が集まる組織が講となり、信心結集の場として地下《じげ》の世界にひろがっていきます。一向宗では親鸞の忌日に報恩のために行う法会を報恩講と呼び、お講ともいいます。とくに北陸の門徒のあいだでは報恩講がさかんになります。

こうした組織は鎌倉時代にはつくられません。しかし、南北朝の争乱を経て室町時代になると、神社や寺を中心にして民衆が集まることが可能になる。それは、荘園という枠組みが崩れて荘園領主の力が弱まったためで、そこに住む荘の人びとは「惣」というかたちでひとつにまとまります。そのとき神社を中心にしたり寺を中心にしてまとまりますが、まとめの中心人物は村の乙名百姓といわれた人びとです。

乙名百姓はいわば村の長として村全体にたいして影響力をもつ者ですが、系譜的にはかつて荘園の荘官をつとめていた人たちで、地侍的な性格をもっています。彼らは鎌倉幕府とのつながりよりもその土地とのつながりが強く、かつては荘園領主とつながってたのが、その関係が切れると自分たちのところは自分たちでやろうということになってきます。年貢にしても守護請けではなくて地下、つまり自分たち在地の人間で、一定量を納めるから勝手にやらせてくれという契約を結ぶわけです。それが「地下請」と呼ばれるものです。

あるいは神社の祭事などを中心にして村がまとまるときがあります。そのとき祭の中心である神主となる家を頭屋番といいますが、頭屋番は持ち回りです。そして神社には彼らに祀られる氏神がおり、村の者すべてがその氏子です。氏子たちはその氏神しか信じない。だから氏子と氏神は絶対的な関係でつながっており、それゆえ村は強固にまとまります。逆によそ者が入ってきてもなかなか氏子にしてもらえないし、土地の権利の分配などの問題がありますから、よそ者は排除されるわけです。

この祭りをするときの氏神祭祀の組織が宮座といわれるもので、祭だけでなく用水番をどうするとか、入会地の山をどうするかといった村のさまざまなことを取り決めます。悪いことやった者の罰則も決めます。「お宮」での席順はその家の家格に応じて決まりますから、席順に応じて負担金も出すし、村の取り決めに関する発言権も異なります。いわば氏神を祭ることが政《まつりごと》であり、この氏神は氏子にとり絶対的ともいえる神でした。

「一揆」というのもこのころから出てきます。一揆とは本来まとまるという意味で、暴動を意味するものではありません。まとまって交渉し、相手がどうしてもいうことを聞かない場合に行動に走るわけです。

荘園体制の崩壊から「惣」が出てきて惣一揆になりますが、惣が一つにまとまるときの要として、蓮如が主張する親鸞の教えでしか救われないという本願寺の信仰が据えられたとき、一向一揆になる。したがって熊野の山伏が中心となった、神社を軸とした一揆もあるわけです。

一向宗はそういう惣に入り込んで親鸞の教えを説き、やがて座に代わって講が惣の中心となることによって門徒持ちの村になっていくわけです。蓮如は、親鸞は神祇不拝、他宗排除を説いていると教えますが、それは逆にいえば、神社と寺がある村に地侍たちを取り込み寺を拠点に入っていったとき、そこに依然として旧来の

氏神の絶対性

日本は多神教の国であり、八百万どんな神様も信じるというが、それは誤りではなかろうか。なぜならば、ある村の氏子にとってはその村の氏神しかないのであり、それはいわば一神教的な最高神に相当したのである。本来、ある神社の氏子が他の氏神を信じることはありえないのである。

たとえば茨城県には鹿島神社が多いが、それらはいずれも鹿島神宮の末社で、この地の人びとはほとんどが鹿島神宮の氏子だったのである。そのため明治になって、伊勢神宮を祀ることが強要されたのに反発し、神棚に伊勢の御札を祀ると火事になるという風聞がひろがり、県当局が苦慮したほどである。氏神と氏子の関係が絶対的な関係であったことをものがたる逸話であろう。その意味では、日本の神観念にあるのは至高神ともいうべきもの、ユダヤ教的な世界に通ずる世界が日本の神観の根にあるとみるのは間違いだろうか。

氏神関係が存在するならば、いつそちらに替わられるかわからない。だから、それらを徹底的に排除したのです。

宗派の形成

鎌倉時代にはいわゆる新仏教の支持者はまだ限られていました。

たとえば親鸞は東国に行って常陸の辺に布教します。茨城県を中心に関東地方には二十四輩という親鸞の高弟二十四人が開基したという寺がありますが、一方では旧仏教の天台宗系が当時から強いところです。あるいは四国は八十八ケ所の霊場に象徴されるように弘法大師の流れである高野山の真言宗系が強い、というように全国に旧仏教の地盤がある。そういうところで、浄土宗や浄土真宗が徐々に広がり、本願寺系列の浄土真宗はつぎの時代には信長に対抗するだけの大きな力をもつようになります。またこの世に極楽浄土を現出するという考え方の日蓮宗系が、足利将軍の時代には京都では町衆のなかに勢力を強めています。

これらの宗派は、偉大な指導者がおり、そこに人びとが集まるというかたちで大きくなったわけではありません。偉大な指導者の考え方が、時代のなかで新しい意味をもって説かれることによって大教団が形成されたのです。そういう意味でこの時代、十五世紀末から十六世紀にそれぞれが教団として組織を固めていったわけです。

道元の教えは俗に百姓禅といわれるように、広く檀家をもつことによって力をもちます。それは葬祭を営むかたちで出てきますが、とくに江戸時代の幕府の仏教政策のなかで有効にはたらきます。その点では臨済宗以上に多くの支持者を得ます。

一方、日蓮宗は日蓮が死んだ後、日蓮の五人の弟子による内部抗争があります。そのため日蓮宗は拠点となるべき宗派が形成できず、大きな檀家をもつ寺々にはなりえませんでした。そこで日蓮宗は現世利益のための加持祈祷を行うかたちで力を伸ばしていきます。同時に彼らは、王法（政治権力）に仕えず仏法に仕えるということで、王法からは施しも受けないし施しも与えないと主張します。こういったグループがやがて不受不施と呼ばれるようになります。

かつて仏法は奈良仏教をはじめとして、すべて王法に仕えるものでした。そして、法然から親鸞にいたるなかで王法と仏法のあいだに緊張関係が生じます。道元も仏法は仏法であり、王法とは別だといいます。さらに後の日蓮は仏法が王法を指導するのだ、というようになります。

その日蓮の考え方が貫かれることで、室町時代から織田信長の段階で、政治権力と緊張関係をもつようになります。政治権力のために祈ることなどしない不受不施のグループは、さらに江戸時代になるとキリスト教とともに禁圧されます。このグループが強かったのは岡山県や千葉県のあたりで、千葉県の成田周辺には今でも不受不施の村があります。関東では千葉一族の庇護下に下総中山の法華経寺が名をはせ、鬼子母神を主尊とする祈祷をひろめていく。やがて日蓮宗は祈祷寺院として繁盛するようになります。

親鸞の宗派が他の宗派と違っているところは、前にも述べたように親鸞の教え以外では救われないと思っているところです。そのために異宗を徹底的に排除します。それらがやがて伊勢とか近江、北陸、長門、安芸などで大きな力をもちますが、その門徒たちは「門徒もの知らず」といわれるように、自分の宗派の教えは知っているが他についてはまったく知りません。だからたとえば伊勢門徒の家は、伊勢神宮のお膝元ではあるけれども門松は飾りません。門松は異宗のものなのです。それくらい徹底した他宗否定をやります。

（そのため明治以降、この宗派をヨーロッパのプロテスタンティズムに近いものと解釈する宗教学者もいる）

やがて江戸時代には宗門人別帳によってすべての日本人が仏教徒になります。ようするに江戸時代は仏教が国教の時代だったわけです。そうしたなかで檀家の多い寺は葬祭を営むことを中心とした寺となり（学者はこれを葬祭寺院という）、一方、檀家の少ない寺はもっぱら現世利益の加持祈祷を行う寺（祈祷寺院という）となります。檀家を数多くもった大きい寺は多くが浄土真宗と曹洞宗で、後に浄土宗も力をもちます。日蓮宗は檀家の大きい寺はあまりありません。その違いは、ようするに組織力の差です。

もっとも、曹洞宗は道元の教えからしだいに離れて加持祈祷をやるようになります。そうした祈祷はいずれも社会問題に合わせてやられるものですから、今でも水子供養などは日蓮宗や曹洞宗の寺でみられます。

教団として組織を固めたのは、いわゆる鎌倉新仏教だけではありません。十五～十六世紀の世界は大航海の時代といわれ、日明貿易をはじめ海外との交易がさかんになるなかで、中国から禅宗の僧が多く来日しますが、彼らは中国文化のいちばんの体現者であり、彼らが文化的に大きな役割を果たします。やがて室町幕府の弱体化とともに守護大名同士の争いが激化し戦国時代へと移っていくなかで、キリスト教の伝来によってキリシタンの隆盛する時代が現出します。

第六章　キリシタンの世紀

南蛮図屏風

下克上の世界

中世的世界が展開するなかで登場してくるのが、室町時代の守護大名です。彼らは、守護がその国の地頭や地侍・国侍たちへの一円的支配を強化していくなかで大きな力をもち大名になっていった者です。室町将軍家は山城を中心とした地域を直接的に支配してはいますが、幕府自体は守護大名たちの連合によって支えられていました。また守護大名はそれぞれの領地の地侍や国侍のなかの有力者を守護代に任命し、その守護代たちが国侍・地下人らを支配する。つまり守護大名たちは守護代によって支えられていたわけです。

これら守護代が守護大名の家臣になると、彼らが大名家の相続争いに介入することによって国内が乱れます。さらに室町将軍家の相続争いに守護大名の相続争いが絡み、そうした争いで力を弱めた大名家を守護代が乗っ取るということも起こります。さらには守護代の家臣が主家の相続争いに関与し、守護代の家をつぶすといった事態が起こることもあります。

かくて、旧来の守護大名に代わって新しい大名、いわゆる戦国大名が登場し、それぞれの地域にたいする支配権を強固にします。この大名の多くは守護代や守護代の家臣のなかから出てくるわけで、たとえば小田原の北条氏は、いわば守護代の居候であった伊勢新九郎なる者が北条早雲となってできた家です。また、織田信長の一族は尾張守護の斯波氏の守護代の家から出てきます。あるいは毛利氏はもとは安芸の山中にいた小さな豪族で、それが近隣と合従連衡しながら一帯を支配していき、その一方で大大名の大内氏に臣下の礼をとり、また山陰の尼子氏とも結ぶ。やがて力を蓄えると尼子を滅ぼし、大内を滅ぼして長門から安芸にかけての一国を自分のものにするわけです。

彼らは国侍たちを家臣団として支配し、一円知行、すなわちその地域全体を自分が直接支配するかたちを目指します。さらに江戸時代のいわゆる近世大名の時代になると、大名は家臣団を城下町に集住させ、それぞれの知行地には代官を派遣する形になりますが、この段階ではまだ知行地にかつての国侍がいる場合もあったわけです。

（もっとも江戸時代になってもまだ全部がそうしたかたちになったわけではなく、薩摩の島津藩領とか東北の伊達藩領などには、家臣や別家でかなりの領地をもった分家がそれぞれ自立していた）

こうした時代の動きを下克上（下が上に克つ）といいます。

門徒と大名の対立

十五世紀から十六世紀にかけて本願寺は強大な教団になります。守護大名、さらに戦国大名たちが自分の勢力を伸ばして一国支配を行う時代にあって、本願寺も一国の領主のような形で力を伸ばし、各地で門徒持ちの国をつくっていきます。それは村から本願寺にいたるまでの組織が重層的に重なるなかで、一元的なシステムができていたために可能だったといえます。村の寺には毛坊主といわれる在俗の僧がおり、宗門の教えを説くなかで大名との対決を強めます。

たとえば三河では、一国を一元支配しようとする徳川家康と門徒が対立しますが、家康の家臣のなかには門徒の側につく者もいるため、家康は徹底して門徒たちを弾圧する一方で、ときには妥協しながら支配を確立していきます。

また、信長は門徒たちにたいして、抵抗すれば容赦なく殺戮し弾圧します。一方、門徒側は仏法に敵対する信長との対決を煽り、一味同心していきます。信長は伊勢門徒の長島一揆を徹底的につぶし、越前の一揆もつぶし、そして最後に残った大坂石山の本願寺と対決し、長い戦争になります。根来衆をはじめとする旧仏教勢力も、信長に対抗するために本願寺を支援します。あるいは本願寺が食糧の補給路を断たれると、毛利の水軍が大坂湾から食糧を運び入れようとし、一大決戦となります。

信長は、旧仏教による荘園領主的な古代以来の力、さらに一方では新しく惣を中心として成立した領国、その両者に対抗していくわけですが、その信長が旧来のものとは異なる価値観として肩入れしたのが、ザビエルによって布教されたキリスト教、イエズス会です。十六世紀はキリシタンの世紀といわれるほどに、キリスト教の勢力が拡大します。

ザビエルの布教

ザビエルは一五四九（天文十八）年にインド、マラッカを経てやってきて、鹿児島に上陸します。

ザビエルが鹿児島に上陸したとき、大名の島津は彼を仏教の源である天竺から来た新しい仏法を伝える人間と思い、会って話を聞きます。しかし聞いていると、男色はいけないとかうるさいことばかりいうので、おかしいと思ったりしている。ザビエルも日本に案内してくれたヤジローという人物の助言により、デウスのことを大日と翻訳したので、聞く方はこれを大日如来と思ったといいます。

ザビエルは鹿児島に着いてまもなくイエズス会本部宛てに手紙を出していますが、それには「この国民は私が遭遇した国民の中ではいちばん傑出している。私にはどの不信者国民も日本人よりも優れているものはないと考えられる。日本人は総体的によい素質を有し、悪意がなく、交わってすこぶる感じがよい。彼らの名誉心は特別に強烈で、彼らにとっては名誉がすべてである。日本人はたいてい貧乏である。しかし、武士たると平民たるとを問わず、貧乏を恥辱だと思っている者は一人もいない」とあり、日本人を高く評価しています。そして、日本に布教することは、インドなどよりよほど意味があると述べています。

しかし、ザビエルは島津氏に歓迎されるけれど、ここにずっといたのではだめだと考え、都の学者と論争し、論争に勝ってこの国の王から布教権をもらおうとして、平戸を経て山口から都に行きます。しかし布教権をもらえずに山口に戻り、中国布教をめざして大陸に行く途中で死にます。

ザビエルはその過程でデウスを大日と翻訳したのは間違いだと気づきます。それ以来イエズス会では布教にあたり、言葉を可能な限り日本語訳しながらも、キリスト教の信仰的用語については原音主義をとります。たとえば神のことはデウス、天国のことはパライソ、殉教のことはマルチルとしました。天国を極楽と訳せば仏教と同一視されるからです。これが日本キリシタンのひとつの特徴です。

膨張するキリシタン

一五六〇年には一万人ぐらいでしかいなかったキリシタンは、三十年後の一五九〇年には二十四万人にもなります。こうしたキリシタンの増加は荘園が解体し、郷村的世界がもたらしたものです。

キリスト教においては初期の時代、ローマ皇帝のもとで圧迫されたクリスチャンたちが集まるキリスト者信仰共同体としての教会を形成します。これは、地上に建物を建てるようなものではなく、密かにグループをつくっての集会にすぎませんでした。日本のキリシタンもそれと同じで、彼らはコンフラリアという組織をつくります。これは本来、事業とか職業とか信仰を同じくする団体のことをいいますが、カトリックではこれを信心会といっています。イエズス会は信仰を同じくする人たちを、各地にコンフラリアとして組織していきます。これは信者の信仰とか慈善・布教のための組織でした。それらはサンタマリアの組とかさまざまな名前をつけ、各地にできます。そういうかたちで信者たちの組織が拡大していったわけです。前に述べたように、惣には宗門の教えを聞く小さな講があって、これがやがて大きな集団に発展していきましたが、これと同じようなことが行われたわけです。

一五八三（天正十一）年には、日本全土に二百の教会と十五万人の信者がいたといいます。当時、日本の布教は下と豊後と都の三つに布教区が分かれています。下は長崎、豊後は豊前・豊後・佐賀一帯、都は京都を中心とした地域ですが、圧倒的に多いのは長崎を中心とした下の布教区です。各地域には、それぞれコンフラリアが組織されます。たとえば長崎にあったミゼルコルジャ（慈悲）の組は病院を経営し、長崎のキリシタンだけでなく、一般人の病人や孤児・寡婦たちの面倒をみています。

この組は、たとえば豊後の国全体が組となった親組があり、それがいくつかの大組に分かれていて、その下に最小単位の小組がある。一つの小組は五十人くらいですが、各組に親がおり、貧しい信者たちの慈善・救済にかかわり、あるいは慈悲役といってそういう人たちの世話をする者、歳をとった女性で専ら女性の世話をする者、そういった組織がありました。

明治維新後にパリ宣教会の神父らがやって来たとき、江戸初期以来のキリシタンの末裔がいることを知って驚き、世界宣教史上の奇蹟だと称えます。彼らのことを復活キリシタンといいますが、彼らはコンフラリアがあったからこそ二百五十年の禁教時代を経て明治にいたるまで生き延びることができたといえます。江戸時代にはこのような組が、表は五人組、裏はコンフラリアというかたちで生きつづけたわけです。

現在でも、長崎県にはそうした人たちの末裔がいて、その人たちを古キリシタンあるいは隠れキリシタンといいます。彼らは今でも隠れるように密かに信仰を守り、カトリックに戻ろうとしない。カトリックは自分たちの信仰と違うというのです。それくらい彼らは村ごとの一つのキリスト教集団になってしまったのです。これらの人びとが伝えた「天地始之事」という物語は、長崎県外海地方を舞台にした聖書の物語が展開しており、禁教下を生きたキリシタンが信仰の確信を郷土を舞台に語り伝えた背景にはこうした歴史があるわけです。

蓮如の集団が徹底的につぶされ、本願寺が屈服しても、親鸞・蓮如の布教した信仰が人びとのあいだに残り、いまだに大きな力をもつのは、講という形で信仰が守られつづけてきたからであり、隠れキリシタンもまったく同様に生きつづけたわけです。ようするに十五〜十六世紀に郷村制という惣をもとにした百姓、つまり地下《じげ》の世界が展開していきますが、その地下の世界に団結の精神的な軸を与えたのが蓮如であり、イエズス会のコンフラリアだったということです。あるいは他の地域においては、氏神・氏子という関係を中心とする強い結集ができてきます。

古代的な世界が解体し、新しい中世的な世界が展開していくなかで、地下の者たちが惣を中心として自分たちの固有の世界をつくっていくわけですが、やがて戦国大名たちはそういうものを直接的に支配することで、天下を押さえていこうとするわけです。

天下布武

守護大名、さらに戦国大名が一国支配を進めていく流れのなかで、一方ではイエズズ会の宣教が展開し、蓮如が布教し、その教会や寺が地下・百姓たちを直接支配しようとします。また大名たちも教会や寺の所領を認めることによって、それらの力を借りて領国支配を行おうとします。それにたいして、信長を典型とする「天下布武」、すなわち武力による全国統一の動きが出てきます。この頃、天下とか天という概念がさかんに使われますが、当時、日本に来ていたイエズス会の宣教師がつくった『日葡辞書』（日本語とポルトガル語の辞書）をみると、この言葉がどういう意味で使われていたかがわかります。

イエズス会の宣教師たちは、布教するにはその土地の言葉を知らなければならないので日本語を学びますが、彼らはそのために日本語のシステムを研究します。それを文法書にしたのがロドリゲスの『日本語大文典』と『日本語小文典』です。さらに、日本に来たイエズス会士はポルトガル出身者が多かったので、会話のための辞書として『日葡辞書』を一六〇三年に刊行したのです。

この辞書をみると、**Ten**（天）の項目には「天、天空、天の空」とあり、「天道と同じ」となっています。さらに、Tento（天道）の項目を見ると、「Tenno michi 天の道、あるいは秩序、または摂理。一般にわれわれはデウス（キリスト教の神のこと）をこの名で呼んでいる。然しながらゼンチョス（異教徒ら）は最初の意味以外を感得しているとは思われぬ」と記してあります。

しかし当時、大名たちは天下布武とか、天下を獲るとか、天が我を支えるとか、天という言葉をさかんに使います。それは単に運よく支配者となるのではなく、「天」が自分を天下人にしてくれるのだということを意味しています。つまり、自分が支配者となることを「天」が認めているというのであり、天下を獲ることの正当性をいっているわけです。

それまでの日本では、天下とか天道という言葉をせいぜい天の道だとか、春夏秋冬という四季の巡り合わせぐらいとしか捉えていませんでした。しかし十五世紀から十六世紀にかけての時代の転換期に、新しい時代は「天」がもたらすとか、天道とか天命によるという観念が生まれ、この時代を支えるものとして存在したわけです。そのため当時キリスト教の宣教師たちが唯一絶対の創造者である神デウスを伝えたとき、キリシタンとなった人たちは、それが天道と似ているということで受け入れることができたと考えられます。

また、この時代、民衆が組織されていく背景としてコンフラリアと同様、講など信心を共有する世界が形成されますが、それらを支えるものとして、キリシタン宣教師たちが説くデウス＝天という観念が、天道の概念に近いものとして受け入れられたと思われます。彼らはそれを受け入れることによって、自らが生きていく主体であることを確認したわけです。

神になろうとした信長

そうした社会状況を背景に、織田信長は全国支配を完成させようとします。彼ほど宣教師たちの考え方に敏感に反応できる人間もいませんでした。だからこそ彼は、本願寺や旧仏教勢力を打ち倒すための精神的な武器たりうるものとして、キリシタンの布教を援護するわけです。信長は安土に神学校コレジオをつくってキリシタン宣教師を擁護すると同時に、彼らからさまざまな話を聞き、それを自分のなかに取り込んでいきます。いわば大神殿としての安土城の大城郭が完成すれば、大きな石を運び込ませ、それを人びとに参拝させます。彼は自らが神、天道になろうとしたのです。

信長が明智光秀に本能寺で殺されたとき、宣教師たちは信長にあれほどまでに支援され厚遇されたにも関わらず、バビ

「ニホン」か「ニッポン」か？

日本に来た宣教師たちは『平家物語』をポルトガル語に翻訳したり、『イソップ物語』を日本語で出したりしているが、天草の宣教師の学校でつくられた『イソップ物語』では「日本」は「ニッポン」とルビがふってあり、十六世紀末にローマ字で出された『平家物語』では「ニホン」となっている。いずれも彼らの耳に聞こえた音をアルファベットで表記したもので、当時は、「ニホン」とも「ニッポン」ともいわれていたようである。

なお、一九三四年に文部省国語調査会が国号を「ニッポン」と称する案を政府に提出したが、決定されなかった。

ロンのネブカドネザルのような王が滅んだと国元に書き送っています。彼らは自分が神になろうとした者の末路はこんなものだというのであり、信長という人物を新バビロニア帝国をつくったネブカドネザルに重ねてみていたわけです。

一方、信長は都の人たちからは第六天の魔王といわれました。それは寺や神社を焼き払ったりしたからで、その王自らが安土城にあって天下人として号令しようとし、自らが神になろうとしたのです。しかしその信長も、自分の政治的権威を高めるために天皇を利用しています。天皇の権威を巧みに利用しながら、彼の政治的覇権を確立していくわけです。

信長の後をうけて豊臣秀吉が出、さらにその後に徳川家康が出ますが、秀吉は死んだ後に豊太閤として神聖化され、ついで家康は死んだ後に徳川家を見守るというかたちで、東照大権現という神になります。彼らはいずれも政治的為政者が自ら神になることによって、その王国を支える論理を構築するわけです。そうしたことが可能だったのは、当時一般化していた天道という概念と一体化することによって、天を支配するもの

ユダヤのバビロン捕囚

新バビロニア帝国のネブカドネザル王によってユダヤ王国は亡ぼされ、多くのユダヤの民が首都バビロンに連れていかれた。そのとき預言者エレミアもバビロンに行く。エレミアはこれらの出来事はユダヤの民の堕落に怒った神の審きであり、今はバビロンの捕囚に耐えて神の許しを得なければならないと説く。『旧約聖書』の「エレミア記」は、国の滅亡に苦しむ民たちに慰めと神のメッセージを伝える悲哀の預言書である。

になろうとしたからです。

秀吉の統一

十六世紀の後半、信長および秀吉のいわゆる織豊政権の時代になって統一への道が生まれますが、フロイスは『日本史』のなかで信長は尾張の絶対君主だといっています。絶対君主とは十五世紀後半から十六世紀にかけてヨーロッパに誕生した絶対王政の王たちのことで、この時代、ヨーロッパの君主は絶対的な力をもちました。すなわちイギリスでは一四八五年にヘンリー七世がテューダー王朝を建て、ポルトガルでは一四八一年から九五年にかけてジョアン二世により王国の最盛期がもたらされ、スペインでは一五一六年から五六年にかけて、カルロス一世（神聖ローマ皇帝カール五世と同一人物）がポルトガル・スペインの両国を、それぞれイベリア半島に絶対的な王国としてまとめようとします。さらにフランスでは、一五八九年にアンリ四世がブルボン王朝を建てフランス最盛期の端緒を開きます。これらの王権が極度に強まるなかで、その下に家臣団が形成されます。

尾張の絶対君主である信長の日本王国を引き継ぐのが秀吉ですが、信長から秀吉、さらに家康にかけての動きは、いわば絶対的な力をもった王が新しい日本の王国をつくろうとしたものといえます。一五八二（天正十）年、秀吉が国内的に権力を確立したことを証するものとして、山城の検地が行われます（山城検地）。その十年後に秀吉は明の征討を企図し、一五九二（天正二〇）年、明に宣戦します。それが朝鮮征討になります（文禄・慶長の役）。この二つはきわめて強い関連があります。

というのは、俗に太閤検地と言われる山城検地以後、中世的な惣の名主である乙名百姓と平百姓の間の下作関係（今流にいえば小作的関係）が否定されます。つまり平百姓が乙名百姓から土地を借りて耕作（下作という）し、領主への年貢は乙名百姓が納めるというかたちを否定し、「今まで作り仕り候百姓」すなわち耕地を耕す本来の生産者である平百姓とか名子・下人といわれる人びとが、大名に直接租税を納めるようにしました。その結果、平百姓は自立して農業経営をすることとなります（彼らは江戸時代には本百姓といわれるようになる）。大名に直接年貢を納めるということは、大名に直接支配されることとなるわけで、ようするに秀吉は土地を直接支配する権力を得ようとしたのです。

秀吉はさらに検地に基づいて大名に国分けをします。戦国大名のもとには国侍・地侍である乙名百姓、さらにそのもとに平百姓あるいは下作といわれる者がいましたが、秀吉の権力掌握以後、大名が彼らを直接支配することによって、乙名百姓は百姓になるか大名の家臣団に入るかの選択をせまられることとなります。

守護大名あるいは戦国大名の時代は、百姓を直接支配していたわけではないので、土地に結びついている地侍連中は大名の力が弱くなると反乱を起こします。そこで彼らと土地を切り離すことによって、土地支配のシステムをつくっていった。そして、その土地、すなわち国を自由に分け与えることによって、秀吉や家康は自分の臣下となる大名をつくっていったわけです。つまり国分けを通して、大名にたいする直接支配を貫徹していったのです。

秀吉は、国分けを自在に行うために検地を断行し、恩賞として大名らに土地を分けるシステムをつくったといえます。こうしたシステムづくりは、戦国時代にあったさまざまなことを秀吉のもとに一元的に集めることになり、その結果として征明戦争が可能となったわけです。

キリシタン禁圧への契機

鉄砲が伝来し、ザビエルがやって来た後、イエズス会の宣教師たちはひたすらに日本布教を行います。宗教的情熱に燃える宣教師たちの活躍により、日本のイエズス会は二十数万もの信者を得ます。彼らの活動資金はスペインやポルトガルの王たちから出たものです。

一方、スペイン・ポルトガルはその頃インド、フィリピン、さらにメキシコにかけて八千人から一万人の軍勢を派遣します。そして日本布教長となったカブラルは、それと結びつくかたちで中国を支配しようという発想をもち、中国征服計画を立てます。さらには日本の支配を考える発想ももちます。イベリア半島の王たちが宣教師たちのラテンアメリカやアジアでの活動を熱心に支えたのは、福音を世界にあまねく伝えるために天の兵隊を派遣するなどという話ではなくて、ようするに黄金なのです。

また、都に来たとき堺を見たザビエルは、堺の湊には全国からさまざまなものが集まって来ているから、それら集まって来るものを軸に堺の人たちと交易をすれば多大な利益を得ることが可能だと、ゴアの総督に宛てた手紙に書いています。宣教師たちは、一方ではその国の貿易の仲立ちをする役割も果たし、貿易の利を提示することによって布教のための資金を得、力を借りたわけです。

やがて日本の国内で布教するための費用をイエズス会が独自に捻出しなければならなくなると、宣教師たちはポルトガル商船の船長たちにお金を託して中国から生糸を買ってもらい、それを日本で売った利益を日本布教の資金にしようとします。さらに武器の仲買もやります。大村氏をはじめ少なからぬ大名がキリシタンになった理由のひとつには、宣教師たちがもたらすヨーロッパ最先端の武器を手に入れようとしたことがありました。さらに自領の港を教会に寄進してポルトガル船を迎え入れ、その貿易の利をもって領国を豊かにし、周りの国に対抗しようとします。

大村氏は長崎を教会領として寄進しますが、これは長崎がローマ法王領になったわけですから、秀吉からみれば本願寺の領国と同じようなものが新しく出現したことになる。そこにローマの介入の恐れをもつことになります。また宣教師のなかには長崎教会領を守るために軍艦などで武装し、本願寺同様にイエスズ会領国としようと考える者もありました。

巡察使ヴァリニャーノは、そうした政治には関わらず宣教だけをすべきと考え、宣教師会議のなかで武装グループは退けられます。さらに日本人奴隷を海外に売ることもやめようと決めます。しかし、これらキリシタンたちの動きが、当時、日本を統一しようとする者にとって本願寺と同じ姿にみえたとしても不思議ではありません。これはポルトガルからローマに結びついていますから、本願寺以上にやっかいな存在であり、それがやがてキリシタン禁教令を生み出す背景となります。

秀吉の段階では信仰と貿易とは別の問題ととらえていますから、キリシタンの信仰について禁圧はするけれど、貿易については手をつけないでおこうとしています。しかしながら宣教と貿易とは一体で入ってきていますから、時とともに貿易も制限され、やがては全面的な禁止となっていくわけです。

宣教師の記録にみる日本

イエスズ会の宣教師たちは、彼らが滞在した日本の社会について多くの記録を残しており、それらは当時の日本社会を知るための貴重な記録です。

宣教師の一人ルイス・フロイスの著した『日本史』は、彼の生きた同時代、すなわち信長などのことを書いた記録で、歴史資料として貴重です。フロイスはこの本を、本国にあってこれから日本布教に来ようとする宣教師たちのために書きました。

イエスズ会の宣教師らは、自分たちの使命感から世界中にキリストの福音を伝えようとしますが、彼らは神の兵士であり、したがって戦闘集団といえるものでした。彼らが世界各地にいって戦うためには、その国の言葉を知らなければならないし、またその国の政治状況、あるいは生活習慣などさまざまな事情も知らなければならない。そのため各地に散った宣教師らは、それぞれの国の様子を本国に知らせましたが、そのひとつが同時代史としての日本を記したルイス・フロイスの『日本史』だったのです。

もうひとつ、当時の日本に来る宣教師たちの予備教育の場所は中国のマカオです。そのマカオの神学校で日本に関する予備的な知識を教えるためにつくられた日欧文化の比較についてのテキストが、同じくルイス・フロイスの『日欧文化比較』（岩波文庫では『ヨーロッパ文化と日本文化』）です。そこには次のようなことが書いてあります。

たとえば「我らは処女を何よりも大事にするが、日本では処女などというものにはまったく関心を示さない」。キリスト教世界では処女崇拝があるが、日本にはそうした処女の貞操を大事に思うような観念はほとんどないというわけです。あるいは「我らは決して食べない悪魔の食べ物だと思うようなもの、魚の臓物だとかそうゆうものを、日本人は珍味として食べる」。これは塩辛のようなものをいっているわけです。それから「我々の中では小さい子供というものをまったく無能力で力のないものとみるけれども、日本では小さな子供にも大人としての期待と役割を担わせる」。これは子どもに大人の名代をさせることをいうものです。当時のヨーロッパでは、子どもはあくまで未熟で不完全な存在であり、だからちゃんと育たない子どもは捨てられてしまいました。しかし日本では子どもを一個の人間としてとらえ、ときには親の名代をも務めさせる。そのことに彼らはびっくりしているわけです。あるいは「日本では悪魔の形相をしたものをあがめるけれども、われらの国では聖なるマリアを大事にする」。これは不動明王のような悪鬼の形相をしたものをあがめることを指します。宣教師たちはこうした知識を得て日本にやって来ました。

日本伝道の方策については、ザビエルは日本に順応した伝道方策をとるべきだといい、日本語での布教や日本人信者の伝道師としての活用を主張しました。ところがカブラルは、日本人は傲慢極まりなく、日本人に本当の教義を教えたらいつのまにか自分たちは放擲されてしまう。だから日本の風俗に同化するべきではないと主張します。そのためヴァリニャーノが日本にやって来たとき、日本の教会は布教方針をめぐって混乱している状況にありました。

ヴァリニャーノは順応策をとるとともに、日本をよく知り彼らの礼儀作法などを身につけない限り布教はうまくいかないと考えます。そして『日本礼法指針』を書きます。これには十六世紀の日本の礼儀作法について細かく書いてあります。日本人にはあたり前のことであっても彼らにとっては異文化ですから、詳細に記録したのです。

この本のなかでヴァリニャーノは、たとえば大名の従者の小者が使いにきたときは、けっして門からなかに入れてはいけない。門の所で応対し、それを取り次ぐようにしろと書いています。このクラスの者が来たら玄関まで入れろ、このクラスの者は廊下に上げろ、といったことを細かく書き、あるいはこの人たちにはお茶を出してよろしい、しかしこの人たちには出す必要はない、といったことまで書いていています。そうしたことを知らないでみんな同じように待遇したら馬鹿にされるというのです。このような生活上の細かな作法まで教えて、布教のやり方を指導しているわけです。

またイエズス会の宣教師たちは日本が貧しいと本国に書き送っていますが、彼らは日本の工業生産の少なさをみて貧しいと感じたのです

戦国大名は、戦力を蓄えるために国内の食糧生産力を高めようと努力します。たとえば武田信玄は国内を流れる河川の改修を行いますが、山梨県に今も残る信玄堤はその名残りです。ところがイギリスは十七世紀の中頃以降、食糧自給率が低下したため、バルティック海沿岸の国から食糧を輸入します。そして輸入した食糧の代価を確保するために工業生産の発展に手を染めます。それがやがて産業革命につながっていきます。それにたいして日本は、戦国大名の領内自給の必要から食糧の自給率が高かったために、貿易によって食糧を輸入する必要がなく、イギリスのように産業を発展させる必然性がなかった。また絹や良質の陶磁器が欲しければ、銀や黄金を多く産出する日本は中国から絹を買えばいいので、絹の自給性も必要ない。ようするに米とか麦など食糧の自給率の高さゆえに工業製品に乏しい日本は、ヴァリニャーノらに貧しく思われたわけです。

ちなみに当時の日本人の食生活は一日二食で、午前八時頃に朝飯を、さらに午後の二時から四時頃に晩飯を食べたといいます。食べる量は当時の枡で一日五合くらいで（今の枡でいえば四合）、その

間には間食が若干あるくらいです。

（これは江戸時代になってもだいたい同じで、たとえば奥州白河藩が飢饉になったとき、藩主の松平定信が百姓たちに配る米を、一日に男は五合、女は三合で計算している）

茶道の誕生

京都帝国大学教授で東洋史学者の内藤湖南は、日本の歴史は応仁の乱以降をみさえすればいいといっていますが、たしかに現在の日本文化につながる歴史はこの時期にはじまったといえましょう。

南北朝から応仁の乱にかけての時期に、現在につながるさまざまな生活様式が生み育てられます。それは、ひとつは広く地下人たち惣の人びとの生活慣習が、都を中心とした社会慣習に同化してきているからです。現在の家屋のなかにある床の間とか違い棚は、室町時代に生まれた書院造に発するものですし、現在日本の伝統文化とされる茶の湯とか生け花、あるいは小唄のようなものも、この時期に出てきたものです。また連歌の発句を独立させる形で俳句も生まれます。そういう意味で、この時期に出てきたさまざまな文化が、後の時代に大きな影響力をもたらすわけです。

お茶とかお花は今日隆盛をきわめていて、アメリカにまで流派の支部ができていますが、茶道も華道も明治まではそれほど広く行われていたわけではありません。明治になって女学校が礼法として教えようと、学校茶道・学校華道として取り入れたのが今の流行の源になっているのです。江戸時代にはお茶とかお花の宗匠はほとんど男だし、女でお花とかお茶を嗜みとしてやるのは廓の女といってもいいくらいなものでした。

お茶は応仁の乱の頃にさかんになりますが、これは賭け茶です。今でも静岡あたりでは新茶の季節になると、新茶を飲んでこれはどこのお茶かを当て比べる闘茶の光景が放映されますが、闘茶は南北朝時代にはじまったもので、これは栂尾のお茶、これは宇治の茶などと当てて競う。そして評定をした人が当たった者に賞金を出してやるという、一種の賭事です。

連歌も当時は賭け連歌でした。『徒然草』のなかに、連歌の賭けに勝って賞品をもらった人を、妬んだ連中が帰り道に魔物の声で脅かし、びっくりして賞品を置いていったのを盗んじゃうっていう話がありますが、南北朝時代は戦乱の世だから、それだけ賭け事がさかんな時代でもあったわけです。

お茶自体は十二世紀に栄西が中国からもってきたとされますが、そのころはいわば二日酔いの薬みたいなものでした。三代将軍実朝が二日酔いになったとき、栄西が一服の茶と喫茶の効能と製法を述べた「喫茶養生記」を献上、気分が良くなったというような話もあります。それがだんだん広まってきて庶民たちが飲むようになると、氏子が神社に集まって寄合をやるときにお茶を飲んで銘柄の当て比べをやる。それが闘茶のはじまりで、やがて賞金を賭けるようになります。

また風呂茶というのもありました。風呂とは本来サウナ的なもので、簀の子を張った下で石を焼いて、そこに水をかけて蒸気がもうもうと出るのにあたるわけです（浴槽があるのは湯屋で風呂とは違う）。その風呂に朝から入って、のぼせると外へ出てお茶を点てて飲んだりしたのが風呂茶です。あるいはのぼせにいいといって桃を食べたりしながら一日中遊ぶ。今の茶道のような、しかめ面してお茶を飲むのもひとつのかたちですが、もう一方にはそういう遊びの世界もあったわけです。そうしたものがスタイルをととのえてくるのが応仁の乱の頃です。

闘茶はやがて、ひたすら書院などで嗜むようなかたちのものになります。当時の書院はまだ椅子席です。禅宗の坊さんの肖像画を見るとみな椅子に座っていますが、あれです。そうした場で、みんなでお茶を飲み合って、語らうようになってきます。

こういうお茶がやがて千利休によって侘び草庵の茶にされていきます。戦国の世にあって周りがほとんど信用できないような世界のなかで、お茶を共にするときだけはおたがいの心を通わせあうことができる。四畳半とか二畳の茶室に入ったときだけは、身分・階層を隔てずに心を一つにしてお茶を飲む、そういう侘び草庵の茶になっていきます。千利休が普通の飲茶を茶道に高めたわけです。言い換えると、戦乱の世の気風にふさわしく賭け茶のような荒々しいものだったのが、それであるがゆえに、心を一つにし、小さな二畳、あるいは三畳に全宇宙があるということで、その主催者になることによって、ある意味では象徴化することによって、自分の世界、自分の心の落ち着き・ゆとりをもとうとする。これが茶道になっていったといえます。

華道、能狂言

花も当初は立花です。立花というのは、植木などを木の根元から取ってくる、あるいは大振りの枝をただ一本持ってきて書院にぼーんと置くだけのものでした。しかし利休と池坊専応のような人物が同心するなかで、一本の枝振り自体に花全体があるという発想からその枝を生けるようになり、立花から華道になっていきます。そしてその華道が侘び草庵を飾るものとして取り入れられ、花と茶が一体になった茶道・華道の世界がみられるようになります。

また風流舞などさまざまな踊りが都や全国に流行っていくなかで、出雲の阿国がはじめた歌舞伎も流行にのって全国に広まります。当時、国々の踊りや歌舞が都で上演され交流し合うなかで、そうしたものが出てくるわけです。またキリシタンの土地では、復活祭やクリスマスを祝うときに、国ごとの歌が披露され、キリスト降誕の物語や復活の物語が国ごとの言葉で歌われます。そのようななかで、狂言・能的なものも行われていました。これが十六世紀のひとつの世界です。

そのような世界のなかで、狂言から出てきた能は将軍家の能になっていきます。さらにそれを武士たちが嗜みとして身につけたことにより、能は彼らの教養のシンボルとなり、やがて秀吉から家康にかけて武家の式楽（公的な楽）になります。能を舞えることが大名の必須の素養となるわけです。

第七章　徳川の王国

菱川師宣・見返り美人

幕府における王朝交代

ヨーロッパの国々でブルボン王朝などいわゆる絶対王朝が成立した時期、日本においても信長から秀吉さらに家康にかけて、絶対王政とでもいうべき君主権の強大な王国が登場します。

そのような王国のなかで、信長から秀吉へ受け継がれた流れを確立し、それを社会システムにしていったのが家康です。家康は一六〇三（慶長八）年に征夷大将軍になり、秀吉の行った百姓の直接支配、あるいは国分けをより徹底させます。また各大名に出城をつぶさせ、武士を城下町に集中させます。さらに秀忠に宗家である将軍家を継がせ、他の息子たちを尾張・紀伊・水戸に封じて御三家をつくり、宗家に将軍の世継ぎがないときにはこの三家から立てるようにして、将軍家の永続をはかります。

かくて征夷大将軍としての権力が確立するなかで、生まれながらにしての将軍たる家光の段階で将軍権力は極度に強化されます。さらにその二代後の五代将軍綱吉は法による支配を初めて考えた将軍です。彼は、悪法として名高い生類憐みの令のため犬公方などといわれて評判が良くありませんが、江戸城に大名を集めて儒教経典の講義をしたりするなど、礼と徳による政治を目ざします。

綱吉の後は二代短命の将軍があって、八代の吉宗になります。吉宗は紀州藩から入った将軍であり、以後、江戸幕府は同じ徳川家ではあっても、それまでとは異なる系譜の幕府となります。

吉宗は幕府の新しい体制をつくるためにさまざまなことを行います。いわゆる享保の改革です。まず、それまでは武家の法は慣習法である貞永式目を基本に、それぞれの時代ごとに修正を加えてつくられていましたが、吉宗は古文書を集めるなどして公事方御定書百箇条という新しい法律をつくります。さらに家康と同じように、引退して将軍職を子の家重に譲り、また他の息子たちに田安・一橋という二家を立てさせます。その後、家重の子の重好が清水家を立て、この三家は御三卿とよばれ、以後将軍家に世継ぎがないときは御三家に代わってこの御三卿から将軍が出ることとなります。

ようするに家康の子の系譜のなかで、紀州家が本流になる流れがここからはじまるわけです。しばしば徳川幕府は一貫したひとつの王朝のように考えられていますが、実際には家康→秀忠→家光という系譜の血縁が途絶えるがゆえに、紀州幕府ともいうべき新しい王朝に変わったのです。そしてその流れを保つために、吉宗は公事方御定書百箇条をつくって新しい固有の法による支配を行い、御三家に倣って御三卿を設け、幕府を支えさせる体制をつくったのだといえます。

（最後の将軍慶喜は水戸家だが、彼は水戸から一橋に養子に行ったので系譜としては紀州である）

パックス・トクガワーナ

江戸時代の特徴といえるべきものを列挙するとすれば、士農工商という身分制が強くなった、強い政治体制ができた、あるいは庶民が文化の担い手に大きく育っていった、といったところが一般的といえましょう。それぞれある一面をとらえてはいますが、それだけではなぜ二百六十年余もあのような時代がつづいたのかは説明できません。

前章で述べたように、応仁の乱時代に現在の日本文化の祖型ができ上がりますが、それを実らせたのは江戸時代です。歌舞伎にしても江戸時代に定着するし、佐渡の能とか黒川の能は百姓たちがやっているわけですが、なぜ百姓たちが能を江戸時代から今日にいたるまで大事にしてるのか。そうした問題をやはり江戸時代で解かなければならないわけです。

信長から秀吉にかけての時代、いわゆる安土・桃山文化は狩野派の障壁画に代表されるような絢爛豪華なものであり、またかなりの数の日本人が海外に出ていって、後に山田長政が出て知られるような日本人町がいくつもできたりします。それが江戸時代になるとしだいに閉ざされていきますが、その背景には前章で述べた切支丹の問題や、新しい統一権力の意思があります。

一方、江戸時代には町人の文化が育ちます。俳句がさかんになり、浮世絵や読本などさまざまなものが出現し、今の歌舞伎の原型である阿国歌舞伎が演劇の一ジャンルとして確立されます。また江戸は最盛期には、ロンドンをもしのぐ世界一の人口を抱える大都市となります。あるいは百姓・町人が伊勢詣をはじめ、各地の霊場巡りなどをさかんに行うようになります。しかし教科書に出てくる江戸時代は、けっしてそうしたイメージでは書かれていません。幕府のもとに各藩がつくられ、高い年貢を取り立てられたため百姓の生活は苦しく、しばしば百姓一揆が起こった、というような暗いイメージで描かれてきました。

そうした江戸時代にたいする否定的評価は、明治になって流布したものです。徳川王国を倒して新しく支配者となった明治新政府にとっては、古い権力をいかに否定するかが重要な課題だったわけです。これはどの時代・地域においても同様で、前の時代とまったく異質の新しい権力の秩序ができると、前の権力がいかに間違っていたかを喧伝することで自己の正統性をはかるようにします。その結果、これまでの江戸時代史には常にそういうイメージがつきまとうこととなったのです。浮世絵などが出てきても、それらを生み出した町人文化に幕府のきびしい眼がいつも光っていた、といういい方がされてきたわけです。

しかし今日、明治という日本の近代を相対化してとらえるようになった状況にあって、江戸時代も相対的に位置づけてみるべきだという議論が出てきています。もし江戸時代の歴史がこれまでいわれてきたようなものだったとするなら、そのような時代がなぜ三百年近くも続いたのか。言い換えると、古代ローマ帝国がパックス・ロマーナ（ローマの平和）といわれる一時期を画したように、パックス・トクガワーナ（徳川の平和）とでもいうべき時代がなぜ存在したのかを考えてみる必要がある、ということです。

世界史のなかの鎖国

家康から家光にかけて出てくるのが外国との交渉の制限です。それを一般に鎖国の徹底という言い方をします。江戸時代はたしかに閉ざされた空間ですが、その閉ざされている実態はしばしば「鎖国」というイメージによってとらえられます。

鎖国という語は、ケンペルが書いた『日本誌』を一八〇一（享和元）年に志筑忠雄が訳したとき、そこに書かれた当時の政治秩序のことを「鎖国」という言葉であてはめたことにはじまります。その実態は海禁政策の徹底、すなわち対外交渉にたいする強い規制ですが、日本で鎖国が可能だったのは、前にも述べたように、食糧の自給率がそれなりに高かったため奢侈品のみ輸入すればよかったからであり、鎖国というかたちのなかで「徳川の平和」が生み出されたといえます。とはいえ、完全に閉ざしたわけではなくて、いくつかの窓口は世界へ開かれていました。

幕府は当初、朱印船貿易の形で貿易の統制を行いますが、やがて切支丹の禁制を契機に、切支丹に関わるという名目でポルトガルとの貿易を規制し、それが一六三九（寛永十六）年の鎖国につながります。しかし、こうした動きは日本だけにみられるものではなく、この時代は世界的にどこにおいても海禁が強く行われているのです。それまでの大航海時代といわれる外に進出する時代から、内に閉じこもる時代になるわけです。

中国では王朝が明から清に代わり、鄭和の大航海のようなものが終わるなかで、海外との交渉を規制するようになります。ヨーロッパにおいてもポルトガルやイスパニアの海外進出が終息し、各国が内に閉じこもる時代となります。同時にオランダをはじめとする地域でそれぞれ新しい国家形成の動きが出てきます。ようするに、アジアでもヨーロッパでも民族を中心とした国家形成の動きがさかんになり、外に向けられたエネルギーが内に向けられるようになるのです。そういうなかで、オランダ独立宣言をはじめ、後の国民国家を形成する前提が生まれてきます。

ようするに、日本の鎖国は、日本独自の動きとしてとらえるべきものではなく、対外的な交渉の窓口をきびしく規制する世界史的な流れにのって出てきたものと考えるべきなのです。大航海時代の後、十七世紀に入ると世界は海禁の時代という動きになり、日本もその動きのなかで海禁政策の徹底が鎖国となって現れたわけです。

鎖国と権力

しばしば鎖国を日本だけのものととらえ、鎖国をやったがゆえに日本は長く平和がつづいたが、しかしそのために島国根性に凝り固まって日本人の対外的な眼が鈍くなった、といった議論が展開されてきました（その典型が和辻哲郎の鎖国論）。しかしそうではなくて、世界史的にみてこの時期はいわば海禁の時代だったわけです。そうした状況下で日本がより徹底した貿易の統制、さらにそれにともなう切支丹の禁制をしたのは、ひとつにはやはり前章で述べたように、キリシタン領国が真宗の本願寺領国のようなかたちで出現する危険性につながることを恐れてのことです。

この問題について、キリスト教の人間をみな平等とする考えが、士農工商という幕府の身分制と相容れないからだという見解があります。しかし神につくられた人間は平等だということと、身分制の可否は別の話で、キリスト教には貴族の政治を容認する歴史もあります。問題は、キリスト教がもつ宗教的な秩序が俗世間の秩序に一体化することで出てくるものであり、それは将軍を唯一の王にしようとする政治システムとぶつかるのです。すなわち地上の王のさらに上に精神の王がいると説くキリスト教的世界観と幕府権力の対立です。さらに、それは長崎教会領をはじめとするローマの出先となる領国が国内に多くできることへの危機感を生み、その結果、キリスト教は厳禁されるわけです。

そのときキリスト教を禁止をするだけですむかというと、ポルトガル貿易と関わって宣教師が来るという事態と重なって、やがてその貿易を規制しなければならなくなります。しかし幕府にとって、ポルトガルとの貿易がなくなることは痛手です。そこでこれに代わるものとして、旧教国ではなく、プロテスタントのイギリスやオランダといった新しい国が貿易を求めてやってくると、これらの国は経済と宗教を分離させているため、ポルトガルに代わる相手国とします。さらにイギリスやオランダが登場することによって、貿易の規制をよりしやすくしたわけです。その貿易統制のための徹底した政策が長崎出島を唯一の取引場所にするかたちでの貿易です。またその時代はイギリスがアジア貿易から手を引いたこともあって、オランダと清国が独占的な窓口になったのです。

鎖国を一口でいうと、政治的な外交権を幕府が独占したということです。さらに将軍が日本全国の頂点にあることによって、対外的な外交権を一元的にもつとともに、海外との交易を長崎を軸にして一元的に独占しようとします。ようするに長崎を支配することによって海外との交渉・交易の利を独占したのです。したがって、海外との交易を薩摩など例外を除いて各藩には認めませんでした。藩が清国など海外の国と交渉することは藩がより自立性をもつことですから、厳しく統制したのです。

いわば、鎖国には禁教というイデオロギー的側面策もありますが、一方では海外市場の独占、国内市場の管理、外交権の掌握という政策のなかから生まれたものであり、それが将軍権力をより強固にしていくことになったといえます。

鎖国の構造

鎖国下において海外との窓口は四つありました。ひとつは長崎口と呼ばれる長崎です。さらにオランダ、清国以外で日本が直接対外的交渉をもった国は朝鮮ですが、対朝鮮の窓口となったのは対馬藩で、これを対馬口といいます。また当時薩摩藩は琉球を支配していましたが、琉球自体は日本と中国の両方に交易もしくは服属をする形をとっており、中国とはもちろんのこと、ベトナムなど東南アジアの国とも交易を行っていました。この琉球を仲介とする貿易は琉球口と呼ばれ、薩摩藩が独占しました。そしてもうひとつが北の方の松前口で、これは松前藩による蝦夷地との交易です。当時、渡島半島にあった松前藩を除く北海道は藩体制の枠外、すなわち支配の領域外ということで蝦夷地とされました。松前藩はしかるべき藩の封土はもっておらず、交易権をもつことで成り立つ藩で、これが蝦夷地やサハリンのアイヌを通して大陸との交易を独占的にやっていたわけです。これらの窓口はすべて幕府の統制下に置かれました。

また、秀吉から家康の時代、日本は世界でも最大の金銀産出国でしたが、佐渡鉱山をはじめ全国の金銀鉱山を独占したのも幕府です。その金銀をもとに、世界各地から中国の生糸（白糸と呼ばれた）をはじめとする贅沢品を輸入したわけです。この貿易構造は、信夫清三郎が『江戸時代』（一九八七年刊）で図8のように示しています。当時の主要な貿易商品であった白糸は、幕府の統制下に同業組合（仲間という）をつくらせることで統制下におき、監視しました。

幕府は海外市場だけではなく、国内市場も統制下に置きました。すなわち、長崎に長崎奉行を置いたように大坂に大坂町奉行を置きます。大坂は「天下の台所」と呼ばれ全国の各藩から送られた多くの産物が集められ、そこでさまざまな交易がなされていましたが（江戸後期には江戸市場も出来る）、

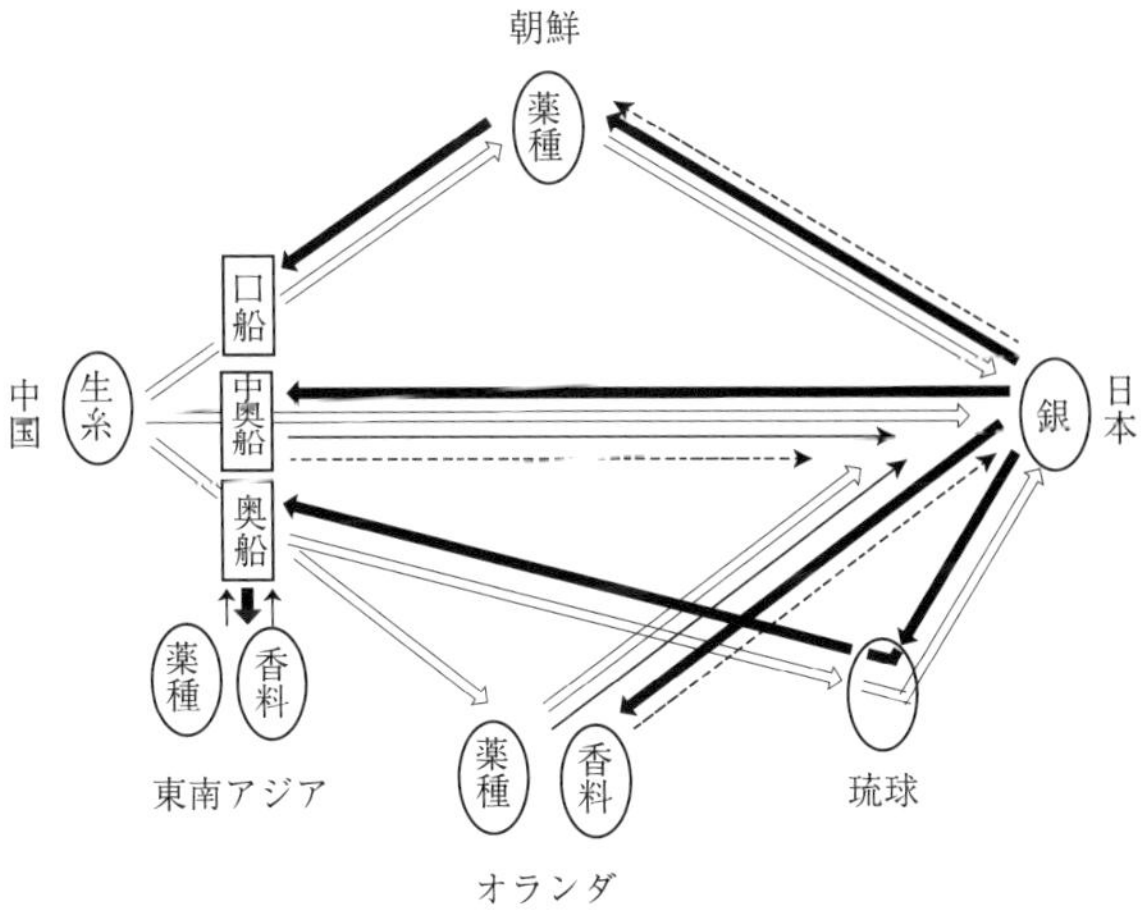

図８　鎖国の貿易構造

そこを幕府の直轄地（天領）とし、幕府の監視下におくことで国内市場を支配したわけです。

ようするに、幕府は単に強い政治権力をもつだけでなく、外交権・海外市場・国内市場を一元的に統制下に置く政策をとることで強大な力を保持しようとしたわけですが、それというのも江戸時代には幕府が直接支配するのは天領のみで、それ以外の各藩の領域は藩独自の政治システムによって支配されていたからです。

教科書に出てくる幕藩体制という言葉は、戦後の歴史教育で使われ出したもので、江戸時代からあったわけではありません。藩という字は「藩家譜」、すなわちこの藩はどのような家柄であるかといったことを記した書物につけられるぐらいで、一般に藩はクニ・国といわれました。ようするに江戸時代には幕府があっても各地域は藩が支配していたわけで、幕府がもっていたのは藩主にたいする統制権だけです。

藩主を統制するために幕府が行ったのが国替えです。幕府は藩の大名を状況に応じて移動することのできる鉢植えの木のように取り扱うことで支配力を確保しました。しかしそれぞれの藩の支配は藩独自の仕方でなされます。それが現在まで残る各県の御国ぶりを生み、藩固有の文化が生まれます。あるいは藩ごとに異なる話し言葉ができて、それが方言として残りました。

藩を幕府の支配下に置くもうひとつの方法が、藩主たちに位を与えることでした。将軍が京都の朝廷に口をきいて官位をもらってやる窓口になったのです。また藩の領土を藩主のものと認めてやるのも将軍の権限で、そういう仕方で支配をしたわけです。

徳治政治と生類憐み

全国支配のシステムが家康から家光にかけての時代につくり上げられると、つぎは将軍が単に武力・権力のみで統治するのではなく、将軍が将軍であるという権威性に基づく支配をめざすようになります。そのためには、支配を支える徳とか礼といったことが必要になります。そうした支配の典型をつくり出したのが綱吉の時代で、綱吉は将軍の徳による政治を行おうとしたのです。

将軍の徳による政治の具体的な現れが生類憐みの令です。この法令は後に悪法の代表のようにいわれますが、もとはといえば仏教の説く生類を憐む心を具体化しようとしたもので、今の動物愛護協会が喜ぶようなことをしようと思ったのにすぎないのです。ところが綱吉が意図したものと、下っ端の役人がやることとではまったく違ってしまって、上のほうではさほどきびしいことを考えていなくても、下の役人はそれを一生懸命守って徹底的に取り締まったため、民衆の顰蹙を買うことになるわけ

お犬さまと『ガリヴァ旅行記』

綱吉の時代、オランダ商館付きの医者で、将軍に拝謁のため長崎から江戸に来るオランダ商館長に同行したケンペルという人物がいる。ケンペルはそのときの見聞をもとに『日本誌』を書き、それがヨーロッパで翻訳されて多くの人に読まれた結果、ヨーロッパにいわば日本研究のブームが起こる。

ケンペルが書いたことのなかに、江戸の町では犬が籠に乗って人間が担いでおり、下々の人間から犬は神さまみたいに扱われているという話があり、それを読んではたと思いあたることのあった人物がいた。自分たちが常識だと思っていることが、他の世界ではまったくそうではないことがあるのだ、ということである。たとえば自分は普通だと思っている人間が小人の国に行って一息吹いたら、それは大風になるのだ。それが『ガリヴァ旅行記』を書いたアイルランド出身の作家スウィフトである。

アイルランドは古くからイギリスの圧政で苦しめられてきた。アイルランドの人びとにとってイギリスのやる政治は、たとえ善意によるものでも悪意となる、ということをスウィフトはいいたかったのである。あなたたちが一息吹けば、アイルランドの人たちはそれで死んでしまうこともある、ということをガリヴァの巨人と小人の物語に託してスウィフトは書いたわけで、そのヒントになったのが、ケンペルの『日本誌』に書かれた江戸の町の話だった。

なおガリヴァは、日本を訪れ、江戸で将軍に踏絵免除を申し入れ、「ナンガサク」（長崎）からオランダ船でアムステルダムに向かい、英国に帰国している。

です。権力の頂点に立つ為政者が発した言葉は、下にいくほど過酷な命令になるという一例です。

もうひとつ、こうしたことをやらせた背景に兵農分離の徹底化があります。秀吉の刀狩りに象徴されるように、この時代すでに百姓は武器を取り上げられていますが、畑に害をなす鳥や猪を撃つために鉄砲などをもつことは許されていました。しかし、たとえ害鳥・害獣であっても生類を殺すことは仏罰があたる行為だからまかりならぬというのは、そうした行為は民百姓からの年貢で食っている武士にまかせればいいという発想になります。ようするに幕府の出先機関である代官が百姓から鉄砲を取り上げるということが、この生類憐みの令に隠された目的だったわけです。

生類憐みの令は、単に犬を大事にするとんでもない政治の現れだったわけではなく、ある意味では儒教的、あるいは仏教的な発想から出てくる徳の政治のひとつの典型として行われたのであり、民衆を武器から切り離すための政策でもあったわけです。綱吉は儒教を大事にし、将軍自らが大名や旗本に儒教教典の講義をしたりしますが、一方では儀礼を重んずるため金がかかり、幕府に財政難をもたらします。またそれは奢侈的な文化にもつながり、いわゆる元禄文化を生むことともなります。

元禄文化の諸相

この頃にはもはや戦さはなくなり、戦国時代の生き残りも大久保彦左衛門のような人物を最後にしていなくなります。そして、武士の存在が自明のものではなくなっている。そのため武士はどういうかたちで生きねばならないかが問題となるわけです。その結果、士道（俗に武士道と呼ばれる）ということがいわれ出します。士道とはもののふの道、すなわち倫理的に武士が武士であることの道を説くものです。それ以前、武士は戦場で相手の首をいくつ取るかで評価が定まったのが、この時代になると精神的な権威性の問題が主張されてくるわけです。こうしたなかで出てきた典型例が佐賀藩で発生した葉隠武士道です。

そのテキストともいうべきものが、もと佐賀藩士の山本常朝が口述した『葉隠聞書』で、これには、たとえばもののふは朝起きたらきちんと化粧しろとある。ようするに身だしなみをととのえて、いつ死んでも乱れた顔はみせないようにしろというわけです。さらに主君にはどうやって仕えろといったことも書いてあります。武士が武士である精神的支えが失われてきたからこそ、理念的・イデオロギー的に武士がどうあるべきかを説いているのです。

その一方では、まだ戦国の余風もあるから、大刀をさして町を闊歩して暴れ回るような男伊達といわれた武士がいます。武士たちは戦争がないので、相手を殺して手柄を立て恩賞にありつくことができないから、欲求不満をつのらせているのです。そういうなかには町人に悪さをするのもいます。そうした連中、今でいうなれば暴走族みたいな旗本を旗本奴などといいましたが、彼らを精神的に修養させるためにも葉隠のような士道が説かれているわけです。それが元禄時代のもうひとつの姿です。

こうした混沌から秩序へ向かう動きを反映して、学問や芸が大事にされるようになります。そのなかで新しい時代を担うかたちで出てきたのが歌舞伎や浄瑠璃、俳句などです。すなわち平和な世になったなかで、人間の生きている姿を知ろうという動きが、演劇はじめさまざまな面で出てくるわけです。たとえば西鶴は『好色一代男』に代表されるような町人の物語を書き、その時代の浮世（＝現世）のようすを描きます。

それと同時に、かつて中世において本願寺などが力をもったのは、人びとが憂いに満ちた現世ではなく来世に望みをかけたからであり、人生に対する否定的な憂世が信仰を生み出したのです。それにたいして、この頃から浮世を浮世として素直に受け止めようという考え方、現世を楽しもうという姿勢が出てきます。その流れが幕府の礼と法による支配として出てきたのであり、浮世の姿をそのまま描こうとする西鶴や近松の文学になって現れたのです。だから西鶴の町人物は町人の繁栄ぶりを描いているわけで、その町人の繁栄ぶりを示すものとして、日本全国に港町が出てきます。たとえば現在の山形県の酒田には西鶴の本に出てくる店（廻船問屋鐙屋）が市の観光名所になっています。

西鶴は俳句にも才能を発揮しました。俳句はもとは中世以来の連歌の頭の部分にあたる発句で、神社で一日に読める歌の数を競うために発句だけを独立させたのが俳句になるわけです。大坂では西鶴らを中心にした俳句ができ、談林と呼ばれます。それにたいし芭蕉は、句のなかに自分の心を託そうとし、江戸に蕉門の俳句ができます。『奥の細道』をみると、当時談林が隆盛を誇っていた土地には芭蕉は寄っていません。そして自分の縄張りを広げられるような所に寄りながら旅をしている。各地の大商人たちがそうしたものを受け入れることによって、元禄文化は全国に広まっていくわけです。

近松の世界

近松門左衛門は、お染・久松に代表されるさまざまな人形浄瑠璃の脚本を書いていますが、彼はその時々に起こった出来事を書き、わずか数日後には舞台にかけました。近松劇が当時もてはやされたのは、今でいえばテレビでレポーターが事件をおもしろおかしく報道すると、それをみんながおもしろがってみるようなニュアンスといっていいでしょう。実際に巷に起こった事件が芝居になって、舞台で二人の男女がこの世では成就しない恋から、道行きそして心中へと行く。その姿に、自由に恋愛を謳歌できない自分たちをみて、自分とダブらせることによって精神を癒していたわけです。

また近松の芝居のなかで主人公は、大坂にいっぱいある橋巡りをしながら心中に行きますが、そこには観光名所案内的なものもあるわけです。最後には西国霊場を巡って、恋は成就しないけどそこで心中することによって極楽往生できるといった、観音霊場巡りの宣伝までやっています。また、近松の芝居がもてはやされると巷に心中がはやります（当時は心中とはいわずに「相対死」といった）。そのため近松の芝居は上演を禁止され、そこで近松は武家物を書くようになります。

二人で一緒に死ぬ行為が「心中」と呼ばれるようになったのは、男女がおたがいの心を確かめ合うのを心中立といったことからきています。その心中立が現象として出てくるのは、たとえば男が女の名前を腕に彫るといったことからです。これは、自分の体は別の人に捧げているけれども操はあなたのもの、ということを証しするためにやられた行為で、しばしば遊女が特定の男の名前を彫りました（ただし遊女はみえない所にその相手の名前を彫った）。それとともに彼女たちは、好きでもない男に体を許すけど心の中はあなたのもの、というのを形であらわすために、遊客には口づけを許さないのです。その心中立がいきつくと男と女が相対死をするわけです。

相対死がはやると、幕府は相対死禁止令を出します。そして相対死禁止令によって生き残った男女は三日間日本橋の袂にさらされ、その後、女は吉原に永久に女郎として置かれ、男は非人に落とされました。「三日目に乞食で通る日本橋」という川柳がありますが、これは心中して生き残った男のことをいっているわけです。

近松は浮世では実現しない恋の成就を多く描きましたが、そこには必ず義理と人情というテーマがあります。義理とは礼に支えられたこの世のモラルです。主人に対する忠節などがそれですが、そうした義理、すなわち規範に縛られているがゆえに自分の心を素直に行動できない、その葛藤が人情です。その両者の相克を近松はドラマに描いているわけですが、それはこの時代にそうした庶民の世界が展開していたということでもあります。こうしたことを支えに出てくるのが元禄文化です。

歌舞伎の隆盛

江戸時代になると各地にさまざまな地芝居が出てきます。百姓たちが浮世を楽しもうとする現れであり、また浮世の苦しさを芝居のなかで解消しようとするものでもありました。そういうなかから諸国芝居といわれるものが出てきて、大坂の道頓堀や千日前で諸国の芝居が一年中上演されるようになります。そうした諸国芝居のひとつが、現在も山形県酒田市に遺る黒森歌舞伎などです。

教科書では、江戸時代の百姓は土地に縛りつけられ、ひたすら労働にあけくれたと書かれてきました。しかし、彼らの演ずる芝居が一年中大坂の芝居小屋にかかっているということは、その人たちにとってみれば芝居のほうがむしろ専業といってもいい。ようするに、各地から百姓が大坂にきて一年中芝居興行をやるような状況がこの元禄頃から出てくるわけです。

そうした諸国芝居にたいして、一方では常打小屋としての人形浄瑠璃があります。この時代には歌舞伎は浄瑠璃にくらべて人気がありませんでした。その歌舞伎の人気を回復するために、評判を呼んだ浄瑠璃芝居を舞台にあげたのが大坂歌舞伎の坂田藤十郎らです。浄瑠璃芝居で人形にやらせたことを舞台で人間が演じたわけで、そこから元禄歌舞伎が徐々にできてきます。今でも歌舞伎役者が形を決めるときに人形的な動きをするのは、そのときの名残りです。

歌舞伎はもともと女がやっていました。しかし女は芸をやるよりも身体を売る面が強く、風紀を乱すというので禁止され、次に若衆歌舞伎が出てきます。ところがこれも役者たちが男色を売るというので禁止され、今日のような野郎歌舞伎になります。そうなると役者が色気を売るわけにいかないので、演技が問題になってくる。そのために浄瑠璃の形を取り入れて固有の芝居をつくったりします。

そうしたことから、大坂歌舞伎ではもっぱら近松流の男女の色恋を主題にした世話物と呼ばれる芝居が演ぜられ、大坂狂言といわれます。それにたいして江戸では市川団十郎をはじめとする役者が、空を飛んだり怪力でもって遊んだりする荒事といわれる芸がさかんになります。その江戸の歌舞伎は、江戸でやるだけでは人気が出ないので、成田山をはじめ有名な寺社の縁日などで興行をはりますが、そうしたときにはその寺社の神仏の霊験があらたかなことを描いた芝居を舞台にのせました。今、市川猿之助たちがやっている空を飛ぶ舞台装置を使ったスーパー歌舞伎というのが人気を呼んでいますが、あれは元来この元禄歌舞伎の荒事のなかから神仏霊験譚として出てきたものです。

そのようにして歌舞伎が徐々に定着していきます。

奢侈経済と百姓の実像

元禄文化はそもそも「天下の台所」といわれた大坂の経済力を背景に、大坂の金持ち商人や地方の大百姓たちのなかから生まれたものです。江戸時代には貯めた金を新たに投機し、それでまた儲けるということはできませんでしたから、金を使うとすれば着物を買うとか芝居をみるといったことしかできない。したがってきわめて奢侈的・消費的な文化でした。そのためあまり贅沢がめだつようになると贅沢禁止令が出され、そこで着物も表のほうは木綿にして裏に絹を使うといったことが行われるようになります。

そうしたなかから、目にみえる所に贅沢をするのではなく見えない所にするのが美しいという感覚が生まれ、それが粋といわれる構造を生みます。ようするに表向きの抑圧にたいして、その抑圧をさけるかたちでみえない世界のなかで自己の美を追究するような世界が、奢侈経済のなかから生まれるわけです。

かくて元禄時代はきわめて消費的な世界になります。この消費的な世界は金が金を生むという経済ではありませんから、当然赤字貿易になり、日本が保持する金はどんどん減ります。さらに金の産出の減少がそれに拍車をかけ、財源の払底をもたらします。そのため金で物を買うのではなく、中国が求める干鮑や煎海鼠《いりこ》などの俵物や昆布などの海産物を売り込むとか、あるいは銅を輸出して何かを買うといった財政再建が考えられるようになります。

家康から家光、さらに綱吉の前後の時代は消費経済があり、奢侈を中心とした資本主義的な経済だともいえます。だから現在では、この安土桃山から家康・家光にかけての時代は、すでに資本主義的な奢侈経済を中心とした貨幣経済の世界に入っていたとみる学者もいます。

一六四九（慶安二）年に出された慶安の御触書には、年貢をきちんと納めろ、酒や煙草を飲むな、麻と綿しか着てはいけないなどとありますが、これは交通違反が多ければ取り締まりがきびしくなるのと同じで、みんな酒や煙草を飲んだり、絹の着物を着たりした状態であったことを意味するといえます。酒飲みや煙草のみの女房は離縁すべしというのは、たばことか酒を朝から飲んでる女がたくさんいたということです。それを農民たちがみんな弾圧されていた証拠だなどという歴史研究者のほうがおかしい。

じつはこの慶安の御触書は本当に出されたものかどうかも定かでないのです。そのような文献は藩領や天領をいくら探してもみあたらないといいます。ですが、そういうことがいわれなければならないぐらい当時の庶民には、酒とか煙草、あるいは衣類を楽しむ気風がいっぱいあったわけで、そういう奢侈経済に百姓も巻き込まれており、百姓たちも金遣いの経済のなかに入っていたということです。金遣いの経済のなかに入るということは、金に換えるために何かを売っているということであり、それだけに幕府はさまざまな形で規制をしていかなければならなかった。しかし、それでも追いつかないくらいに百姓が金遣い経済のなかに入っていたとなると、百姓のイメージはかなり変わってくるわけで、これがもうひとつの江戸時代の姿ということができます。

第八章　国民文化への芽

渓斎英泉・奈良井宿

徳富蘇峰の「国民史」像

江戸時代について最もよく描いた作品が徳富蘇峰の『近世日本国民史』（五〇巻百冊・索引一）です。これは近世史研究者にとっての隠れたベストセラーともいえる本です。江戸時代史を研究する者は、ほとんどがこの本を読んでヒントをつかみ論文を書いているといってもいい。にもかかわらずこの本を参考にしたことを註に書きません。

徳富蘇峰は明治二十年代に二十代で登場してから一九五七（昭和三十二）年に九十四歳で死ぬまで、とくに戦争が終わる時期までは、日本を代表する最大のジャーナリストであり、歴史家でもありました。ところが戦争中、大東亜戦争を肯定して政府に協力し、さまざまな宣伝活動をやったため、敗戦後、民間人として最初に占領軍から戦争犯罪者に指定されます。そのため彼の本を読み参考にしながら、だれもそのことを書かないわけです。

日本の明治以降の歴史家のなかで、蘇峰ぐらい優れた人はいないといってもいいでしょう（もう一人が山路愛山。蘇峰は、国民史を「日本人民史」として構想した愛山が亡くなったがために、愛山に期待した国民史をその手で書くことを己に課したのではなかろうか）。私がいま語っている江戸時代像にしても、蘇峰が描いた江戸時代像が基本になっています。現在、江戸時代もしくは江戸時代史の見直しが問題となっていますが、それは何も今の江戸時代研究者が新たにいい出したことではなくて、はるか以前に蘇峰がそうした問題提起をしているのです。蘇峰は、日本における国民国家誕生の原点に、信長による統一事業から江戸の平和がもたらした列島の統一と均質化への道を想定していたといえるでしょう。

田沼政治の世界

蘇峰は、家康の時代から家光までは武によって統治をしようとした武断的な統治。その後の綱吉の時代は法と礼により文治的に統治しようとし、そのためこの時期に幕府の儀礼などがととのえられる。さらに八代の吉宗は再び武士は武士らしくと考え、鷹狩りなどをさかんにやり武断的な統治をした、というふうに整理しました。

たしかに吉宗は、米を軸とした政治を行い、武士の鍛錬を奨励しました。しかし彼の意図したものはけっして単なる武断ではなくて、法による支配をしようと考えたがゆえに公事方御定書百箇条などをつくり、古文書を集めて自己の権威を主張するわけです。しかし、そうしたなかで吉宗の治世も終わり頃になると、金をより生産的に投資することによって社会の構造を変えたほうがいいという発想が出てきます。

蘇峰は、吉宗の後、幕府の財政を再建するにあたって問題となったのは、奢侈経済で金をもった人間が消費的なことに使うばかりで、生産的な物への金の投資ができない。そこで商人たちにもっている金を土地の開発に使わせようと考える幕府の役人が出てくる。それが田沼意次の政治につながるというわけです。

田沼意次は「賄賂政治」をやった人物というレッテルを貼られ、しばしばそればかりが強調されますが、幕府の財政を立て直すために、印旛沼を干拓して新田の開墾を計画し、また株仲間を推進した革新的な政策を推進した人物です。彼は商人請負新田といわれるように、商人たちに新田開発をさせ、また大規模な沼地の開墾をやりますが、こうしたことを商人にやらせるスタイルは各藩にも出てきます。

さらに田沼は、蝦夷地における交易を拡大しようとします。蝦夷地の交易とは、アイヌが大陸の人たちとの交易によって得た物を松前藩が入手し、それを内地の商人に売るというものです。彼は旧来の鎖国的な枠組みを打破しようとしたわけです。ようするに吉宗の政策が米にウェイトを置いた重農主義的なものであったとすれば、田沼は商業にウェイトをおいた重商主義政策をとることで幕府の財政難の打開をはかったといえます。

彼が革新的な政治家であったことと賄賂とは、じつは関係があります。たとえば印旛沼の開拓をするにあたって田沼は、株仲間をはじめとする商人たちをまとめ、それを統制下におきながら、巧みに利用しようとしたわけですが、そこには金が絡みますから、それが田沼にたいする商人たちの政治献金となって現れます。

田沼は正直な人で、人は自分はあなたのために一生懸命尽くしますとか、心はあなたに寄せていますとかいうけれども、そんなことはあてにならない。心を寄せているなどといったってその心はみえないから、本当かどうかわからない。ところが金というのは誰もが大事にしているものですから、その心をお金という形で表わしてくれれば、その人が本当に自分に期待していることもよくわかる。だから疲れて江戸城で政務をとって家に帰ってきたとき、そこに商人たちからもち込まれた贈物品が置かれていると、心が和むなどといってます。これはひとつの真理ともいえます。

（池波正太郎の小説『剣客商売』や『鬼平犯科帳』には江戸の雰囲気がよく出ているが、『剣客商売』はそうした田沼のイメージを好意的に描いている）

また田沼にはどうしても政治献金が必要でした。というのは彼は将軍家重の御側衆から成り上がって老中になった人物ですから、権力基盤は弱い。そのため関係方面を説得するためには、それなりの金を配って自分の支配権力を固めなければならないのです。だから彼が政治を行うにあたって賄賂を取ったという側面だけをみるのではなくて、彼が何をやったかをみなければいけません。政治の責任とは、ようするに結果責任なのですから。

田沼は、それまでは商人たちのもとに集まった金が贅沢品とか飲み食いや芝居見物に使われるだけだったのを、土地開発とか貿易に使おうとしたわけで、そのため商人資本との癒着が出てきました。それがひとつの側面として賄賂的なものになりましたが、それが幕府の財政構造、あるいは日本全体を大きく変えるきっかけになり得たのです。

さらにこの時代、日本列島が海外からの圧力に直面しはじめたという問題があります。すなわち、当時ヨーロッパ諸国が閉ざされた海禁の時代からもう一度世界に乗り出していく時代に変わってきており、日本の近辺にそれらの国の船が出没するようになっています。そうした状況にあって田沼は、海禁政策をこのままつづけることができるかどうかまで頭に入れて考えたのでしょう。そのひとつが、北の窓口である松前口を通して蝦夷地交易をやろうとする考えに現れているわけで、彼はいろいろな人間に蝦夷地の状況視察をさせています。

意次と定信

田沼は権力基盤が強くなかったため譜代の大名たちにつぶされ、松平定信が登場します。定信は幕府の規律を糾そうと、商人資本と癒着した権力のあり方を修正します。それが寛政の改革といわれるものです。

定信は幕府のシステムをイデオロギーによって統制しようと考え、幕府が正当と認めた林家朱子学

田沼意次と田中角栄

田中角栄は、田沼意次と同じようにしばしば金権政治の元凶として批判されるが、最初に代議士に立候補してから引退するまで、地元越後のローカル新聞に書いている彼のスローガンは変わっていない。トンネルを掘り、橋を架けて道を通し、雪のときでも道路を走れるようにすることによって、越後を豊かにするということをずっといいつづけている。世の政治家連中は世界平和だとか大きなことをいろいろというけれども、一代議士がそんなことをいったっておいそれとやれるものじゃないと、彼はきわめて正直なのである。そしてそのとおり、まさに彼の選挙区には道路が整備され、トンネルが掘られた。雪のときでも故障が起きないで走るのは上越新幹線だといわれた。おそらく彼は、新潟のあのあたりの百姓の生活を変えるにはそれしかないと思ってやったのだ。その限りにおいて、彼は約束した政策を実現したのである。日本をどうするかという政策の理念として、日本列島改造というビジョンももっていた。それが金権政治といわれるのは、彼もやはり権力基盤を固めるために金が必要だったのではないか。

自分の政権維持のために大蔵省の役人はじめ多くの人間に金を配らなければならない。田中角栄は大蔵大臣になったとき、官僚の名前ばかりでなく、どこの出身で、いつが誕生日かをみんな覚えて、そのつど金を渡したという。そういうかたちで官僚組織を動かしたのだ。このことは官僚組織を荒廃させる原因にもなったが、それをせざるを得なかったのは、まさにたたき上げが権力を握りつづけるための方策にほかならない。だからこの問題は田中角栄一人の問題ではなくて、日本の政治システム全体の問題としてとらえなければならない。

ようするに田中角栄の功罪は列島改造というあのプログラムが良かったかどうかで判断しなければならないのであり、彼が行った政策、すなわち経済的な国家投資が遅れていた地域に、国家資本を投資することで開発しようとしたことの意味は考えなければならないだろう。

以外を異端のイデオロギーとしてきびしく取り締まります（異学の禁）。そのため、「白河の清きに魚もすみかねてもとの濁りの田沼こひしき」などという狂歌がつくられるわけです。

ただしこの松平定信もけっして並の人ではありません。彼は大奥はじめ幕府の財政緊縮を徹底してやったため恨みを買って失脚しますが、失脚した後に全国を歩き各地の港などの地図を描かせたりしています。定信もまた海外にたいする防備について考えており、在任中から沿岸防備策を検討していました。彼の策は旗本たちを海岸部の土地に入植させて防備隊を組織させ、土着の武士集団とともに沿岸警備にあたらせようというもので、当然のことながら江戸に住む御家人や旗本から反発を食らいます。それも定信失脚の一因となりますが、定信には定信なりの国家構想があったのです。

田沼も定信もいずれも、このままでは幕府の体制は行き詰まるという危機感をもっており、田沼はそれを重商主義的な発想で乗り越えようとしたのにたいし、定信は商業資本と結ぶのではなく、旧来の武士階級を軸とした国家防衛構想を目論んだということです。各々が危機の時代における国家像をもっていました。

（昨今の指導者は、はたしてどれだけ己の国家構想を問いかけうる力があるだろうか）

この時代、いわゆる幕藩体制下にあって、各藩は自領でとれる産物以外はすべて大坂での交易によって入手しなければならなかったのですが、そのためにいずれの藩も金になる特産品をつくってそれを大坂で売ろうとします。また藩が余剰の米を売ろうとするときも、最も高値で売れる時機に大坂で売ろうとします（そのため、ある藩で凶作となったときに隣の藩が米にゆとりがあっても、その米を流してやらないので飢饉が起こるのである）。その結果、大坂を軸にして日本全体がひとつの大きな市場圏としてのまとまりをもつようになります。

さらに各藩が特産品を大坂を通して交易したばかりでなく、河内をはじめ大坂あるいは江戸近隣の百姓たちがそれぞれ自分の生産品を、大坂や江戸で売って現金収入とする行動も現れます。その結果、百姓たちの交易による物資の交流という経済の動きも生まれてくるわけです。ようするに全国が藩経済圏を超えて、日本列島をひとつにする経済圏が形成されてきたということであり、日本列島全体に一種の国民経済ともいうべきものが生まれつつあったということです。

幕府にとっては、そうした状況をいかにコントロールし、ひとつの枠のなかに位置づけていくかが問題であり、それは田沼にとっても定信にとっても、海外への防備とともに、共通して突きあたらざるをえない課題でした。

化政文化の世界

定信の治世が行き詰まり、やがて化政期になると、そうした流れはますます強くなります。それにも関わらず幕府は再び旧来の奢侈的な世界に浸ります。幕府自体が将軍さらには大御所となった家斉を中心とした奢侈的な経済に入っていくわけです。幕府の統制の枠は大きく崩れ、それが化政文化を生み出す要因ともなります。

百姓たちは特産品を売って得たお金で、農閑期には湯治場に行ったりするようになります。そしてひと月もその湯治場に滞在する百姓たちを相手に、歌を教えたり、本の読み方を教えたりして金を稼ぐ人間が出てきます。その一人が俳諧師の小林一茶です。一茶は越後の生まれですが、江戸に出て、普段は江戸に住んでいました。しかし、湯治の季節になると草津温泉などに行き、そこで百姓が詠んだ俳句の添削などしてお金をもらう。その金がある程度貯まると、また江戸に出て暮らすという生活をしていました。湯治場で百姓が俳句を学べるくらいに奢侈的な経済が上から下まで浸透していたということです。

それを可能にしたのが、百姓たちが工夫してつくった織物などさまざまな村の製品です。そこに生まれたものは単なる奢侈経済ではなく、百姓たち自身が投資することで可能になった金遣い経済です。その金遣いのなかで百姓の衣食住が改善され、初物を食べる風潮が生まれたり、美味い物を食べる文化を享受することも可能になります。さらにそうした交易は、ある一地域だけでなく全国的なものとして広まります。

たとえば出羽の紅花は、かつては酒田に集められ周辺の地域で交易されるだけでしたが、蝦夷地で集荷された昆布などとともに日本海ルートを経て大坂に運ばれ、そして大坂で西陣織などと換えられるようになります。酒田の商人が寄付した灯籠が讃岐の金比羅さんにあるのは、そうしたことをものがたっています。

ようするに当初は局地的な市場での交易であったものが、大坂に行くことによってさまざまな物と交流し、やがてそれが大きく日本全国の物になるのです。どこそこで初物が高く売れるとなると、そこに物を運んでいくようになります。たとえば京都名物の鰊蕎麦の鰊は北のものですし、大坂の夷布《えびすめ》の塩昆布や佃煮にしても、大坂湾で昆布はとれませんから蝦夷地からきた昆布を加工するわけです。あるいは江戸の武士たちは好んで正月に鱈を食べましたが、この鱈も北から運ばれたものです。そして逆に江戸の物が地方に運ばれます。かくて国民経済ともいえる枠組を形成していったのです。

そうした動きは、必然的に日本全国をひとつにするような意識を生みます。それとともに、物の動きが全国的になると、各地に出没する異国船のニュースがさまざまな噂となって伝わっていきます。その結果、人びとは藩の領域を越えて起こる動き

鱈と江戸の正月

江戸の正月、武士には鱈が必需品だった。なかでもその年に最初に入った鱈は一番鱈として珍重された。なぜかと言うと、普通、魚は腹を切って臓物を出す。しかし鱈だけは腹を割かずにくり抜いてなかから臓物を出し、干す。そのために腹を切ることを嫌った武士に珍重されたのである。

下北半島の脇野沢で鱈がとれると、塩漬けにして一番鱈を太平洋岸航路で江戸に運んだが、太平洋側の東廻航路は冬は荒波で危険だった。その危険を冒してまでも運ぶ値打ちがあったのである。

に敏感にならざるをえなくなります。そのことはいやでも人びとに「日本」を意識させるようになり、日本人という自覚を促すこととともなりました。

こうした動きが江戸時代後半に出てくるわけです。

旅文化の発生

化政期になると、経済的繁栄に支えられて、百姓や町人たちが自らの趣味生活、娯楽生活を送れるようになります。その結果、読本をはじめさまざまな趣向に応じうる娯楽が出てきます。あるいは町人の子に読み書きを教える寺子屋なども出てきます。さらに百姓たちが村の範囲を超えてさまざまな所に行くようになります。四国や西国の霊場ばかりでなく、坂東霊場とか最上霊場などの霊場巡りが行われるようになったり、伊勢や本願寺に参詣に行くようになります。当時は旅をするには旅行手形をもらわなければならなかったのですが、伊勢参宮とか本願寺参りだと旅行手形が比較的簡単にもらえたのです。

また村の百姓たちはいろいろな講をつくって集まります。たとえば筑波山のみえる所なら筑波講、相模の大山がみえる所では大山講、あるいは木曽御岳がみえる所なら御岳講などができます。富士山を巡る富士講、伊勢に行く伊勢講などもできますが、それらはたんに信仰的なものでなく、庶民の楽しみでもあったのです。江戸時代の講は、西川如見がいうように、信心の場である以上に遊興の場たる趣をもっていました。

これらの講では、講中の人々が金を出し合い、代表を参詣させ（代参）、御札を持ち帰り、講中に配るというシステムができていきます。行く者は順番で、誰もが生涯に一度は行けるようになっています。選ばれて参詣に行く者は、みんなの金で出かけているわけですから、道中の記録、どこに泊まり、何を食べたかというような金銭の出入りを細かく記した旅日記等を遺しております。この記録は、帰村後に村の広場に掲示するなど、講中で検証できるようにしていました。

なお、富士講は江戸後期になると江戸やその周辺では大流行します。この人気は、富士山に直接行くのは大変だとして、富士山がみえる場所にミニチュアの富士山を造り、富士塚と称し、其処に登り、富士山に行ったと同じだという信心がひろがります。

（このような富士塚は都内の各地にいまでも見ることが出来る）

こうした寺社参詣はそれだけが目的ではなくて、そうした寺社のそばには必ず遊廓があって、参詣してお札をもらいお役がすむと、精進落としと称してそこで遊ぶ。たとえば伊勢神宮なら古市の遊廓で遊ぶし、江戸の人間が大山に行くなら品川で遊ぶわけです。だから物見遊山というのは、寺社への参詣と同時に見物する道中であり、その道中は「信心二分の浮気が八分」（伊藤銀月）、つまり信仰心は二分ぐらいしかなくてあとは遊廓で遊ぶのが目的です。それが庶民の楽しみでした。そうした旅の文化が江戸後期にはひろくみられます。

さらにこうした旅の途中、庶民は自分の生まれ育った国以外のことを知ることになります。たとえば信州の百姓が伊勢神宮に行くため尾張に入り、そこで尾張の田で稲穂をみると、自分の村のものとは違って立派にみえる。そこでその稲をもって帰り自分の田んぼに植えてみる。そういったかたちで稲の交配なども行われるようになります。あるいは物的な交流だけではなくて人の交流、心の交流が行われます。それはやがて「国民」を生み出す要因になります。

情報伝達の拡がり

化政期にはかわら版もさかんになります。庶民のさまざまな情報が広く伝えられるようになった。情報はまた伝聞、噂というかたちで拡がりますが、その噂を広範囲に伝える役目を担ったのが全国を旅をする遊芸人たちです。芝居をして旅をする者もいれば、説教節語りのような芸人もいました。彼らは「やれやれ聞いておくんなさい」と語りはじめ、どこそこには何があった、浅間の山焼けで何人死んだといった話をします。浄瑠璃語りや、いろいろな口説《くど》き節に乗せて囃していくわけです。その話が伝わることによって、人びとは情報を仕入れました。

こうした人びとが各地を旅して、自分が見たり体験したこと、あるいは聞いたことを伝えていくことで、経済的な物資の交流ばかりでなく、人びとが精神的にも藩の枠を超える風潮が出てきます。あっちの藩では米が取れるのに何で自分の藩だけとれないのか、といったことも出てくるわけです。

また当時、江戸をはじめとする芝居小屋では、時の話題をお上の意向をはばかり、舞台設定を別の時代の物語に鋳なおして上演しました。一六五三（承応二）年の下総佐倉の一揆、佐倉惣五郎は「義民」物語に、一七〇二（元禄十五）年の赤穂浪士の討入は「元禄忠臣蔵」と。赤穂一件は二〇日後に江戸の舞台にあがり、評判となっています。世間を騒がせた事件は、舞台の話題となり、観客にはわかるわけで、事件の記憶が共有され、かたりつがれていく。ある種の権力に対峙する気分を醸成したといえましょう。

そして、異国船が日本の周りに来るようになると、その異国船往来のニュースが広く伝わるなかで、自分の国意識が芽生えてきます。さらにそれは、藩の枠を乗り越えた共通の意識を生み出していくことになります。こうした意識は、やがて幕末になり、海禁政策が徐々に崩されていくと、海外との交易への眼を促していきます。

政治イデオロギーの変質

江戸時代になると、戦国時代のように相手に倒されたら復讐するといったことをつづけていては、いつになっても社会が安定しないので、喧嘩両成敗の法が行われるようになります。家同士で喧嘩した場合は、理由を問わず両方とも処分するという原則を徹底し、応仁の乱を生み出したような相続争いや御家争いを押さえようとします。

ところが、赤穂藩主浅野内匠頭長矩が吉良上野介義央に殿中で斬りつけたとき、本来ならば喧嘩両成敗で両方が処罰されるべきところ、吉良は許され浅野内匠頭は切腹させられます。それが忠臣蔵、すなわち赤穂浪士の事件において大石内蔵助ら家臣の敵討ちの論理になるわけです。また当時、主君の敵を討つという行為が武士道のなかで正当化されていました。そのために大石たちが吉良の首を取ったとき、武士たちのなかに、今はあまり意識されない武士道が甦ったのだといい、彼らを褒めてやるべきだという議論が出てきます。

そうした議論を展開したのが幕府のお抱え学者の林家一党で、赤穂浅野家を復興させたらどうかという意見も出てきます。ところがそれをやってしまうと、幕府に御家断絶されたら幕府を討つのは正当だという論になります。そこでそれをどう裁くかが問題になります。

林家の意見にたいし、荻生徂徠の建白は、たしかに個人の情としてはそれも認めたいが、今の秩序を乱したことは許しがたい。だから彼らの情を汲んで武士としての体面を保たせて切腹させることによって、御家そのものは断絶、秩序は守るべきだというものでした。この建白が大石らの処分を決めることとなります。

林羅山以来、幕府学問所の長をつとめてきた林家は朱子学を旨としますが、朱子学は宋代に朱熹が儒教の教典に訓点をつけて解釈したもので、その中心となるのは徳分論あるいは大義名分論です。君主が徳や大儀名分をきちんと身につけていれば良い政治が行えるという発想です。それにたいし、朱子学はあくまで朱熹の読み方にしかすぎないのであり、もっと古く儒教教典そのものに戻るべきだという考えが出てきます。これは古学と呼ばれます。彼らは、その時代に近づけるための作為が必要であり、今の時代の人間が自然の世に近いかたちで法律をつくったり、礼を教えたりするべきだと説きます。

荻生徂徠も古学の一人ですが、もはや堯とか舜といった中国の最も古く理想的な政治を行ったとされる王に倣って国を治めようとしても、人間が堕落している現在にあっては無理である。そういう政治を模範にしながら、それに近づけるために法や秩序がいる。その意味において政治という作為をさなければならない。ようするに自然の世は望み得ないのだから、作為としての法による規範でそれらを支配していかなければならないというのです。そのために徂徠は、最も理想的な時代はどんな時代だったかを古代の原典に基づいて勉強すべきだといいます。

こうした考え方がやがて江戸時代の為政者を支えるイデオロギーとなります。すなわち、朱子学的なイデオロギーの破綻がみえたのが「元禄忠臣蔵」と喧伝されることとなる赤穂事件であり、それを乗り越える新しい儒学の考え方を徂徠が提起したということになります。

それまでは、将軍や大名は自分の側の心映えが正しければ正しい政治が行えるという発想でしたが、これ以降、心映えが良ければどうやってもいいということではなく、秩序を守ることが基本とされます。ようするに心情倫理ではなく規範倫理が重んぜられることとなります。

一方、中国の理想の世である聖代に戻れという徂徠ら古学の考えにたいして、それはあくまでも中国についてのことであり、日本人としては日本の理想的な世の中を知り、それに近づけていくべきだという主張が出てきます。ようするに徂徠学の方法論を日本にあてはめ、日本の古い時代、日本の自然世に戻るべきだという発想で、国学と呼ばれます。これは賀茂真淵とそれにつづく本居宣長らを中心に展開します。彼らは自然の心を学ぶために『源氏物語』を読めといいます。

いずれにせよ、自然のままでは統治することはもはや不可能だから、今の時代にふさわしい何らかの作為が必要だという考えが出てきたのであり、その論理が江戸中期以降、とくに吉宗以降に強く出てきます。吉宗が法体系を整えようとしたのも、そうした考えから生まれてきたわけで、吉宗は人為的にさまざまなことに干渉していきます。

(こうした自然と作為という発想は、ルネッサンス以降のヨーロッパでもまさにそうだった。自然に帰れということは、社会構造をそういう理想に近づけるためにさまざまな働きかけをしなければならないということであり、神の国は観念としてあるだけで、それに近づけるためにはそれにふさわしい作為が必要だという考え方である)

国学の論理

徂徠は自然の心を身につけるには歌や文学が必要だといいます。また国学の連中は『源氏物語』には自然の心があるといい、そうしたものを学ぶことによって人間が豊かになる必要がある。同時に、そうした状態に近づけるために世の中にたいしてさまざまな働きかけをするべきだと主張します。ここにおいて、それまでは一体で説かれていた統治の論理と精神の論理が、それぞれ別のものだとされることになるわけです。そして近代思想とはそうしたなかから生まれてきた世界だといえます。さらにそれは、自然、あるいは人間の心を大事にすることとは、それぞれもっている一人一人の心を大事にしていくことだという論理になります。これはまだ自我とまではいえませんが、その発芽ともいえるものでしょう。

元禄の赤穂事件に象徴的に出てきた問題は、こうしたものを表にあぶり出すこととなりました。そしてそれは人間の心の動きを描いたさまざまな作品を生み出します。一方で、そうした心のあり方を道徳的に教えようという滝沢馬琴のような文学もあれば、逆に人間のもっている自然の欲望を書いた柳亭種彦の『偐紫田舎源氏』のようなものも出てきます。『源氏物語』がそこに登場する人間の心のあり方をとらえた物語として読み直されるわけです。

『源氏物語』は今でこそ押しも押されぬ古典ですが、江戸時代以前の人びとにとってみればいわば芸能界のスキャンダルを書いた読み物みたいなものだったのです。だから紫式部供養とか源氏供養というのがあって、これは罪深い男と女の関係ばかり描いた作者の紫式部も、そこに描かれた人物もきっと色道地獄に堕ちてのたうちまわっているだろうから、彼らを救ってやろうということで室町時代にはじまったものです。ようするにそのようなものとしてしか読まれてなかったのです。それが江戸時代になると宗教的なイデオロギーから離れ、そこには人間の素直な心、もののあわれが描かれているのだということで評価が逆転します。あのなかに人間のありのままの姿を読もうとするようになったわけで、そういう意味では近代の文学に近い読み方が出てきたといえます。

同時に、将軍家の大奥の話を、『源氏物語』に舞台を借りて芸能界相関図的にスキャンダラスに書いたのが柳亭種彦の『修紫田舎源氏』です。一方ではまだそういう感覚で『源氏物語』を読む読み方もあったわけです。あの時代に『修紫田舎源氏』を読んだ人間は誰が誰だかほとんどわかったので、種彦は捕まって手鎖になる。逆にいうと、『源氏物語』は読み方によっては人間の素直な心、自然な心を描いており、それを読むことによって豊かな人間になるとともに、そういう人間であるがゆえに欲望のままに動いて世の中を乱すこともあるから規範とか作為がいるのだ、という論理にもなるわけです。

宣長は、理想の世を中国の古典の世ではなく日本の古代に求めて『古事記』『日本書紀』を読みますが、『古事記』は唐心《からごころ》を廃して書かれていると評価し、『古事記伝』のなかでその解釈を延々とやるわけです。そして『古事記』を読むためには言葉が読めなければならないということで、言葉の研究をします。それとともに、今の日本で人間がこんなにも堕落している理由をとらえるために、さまざまな政治の方法を書き、そして上は民を憐み、民のことを慮る政治が必要だと説くわけです。

宣長は日本の理想の世を神武創世につらなる古代に求めますが、その理想の世に戻すという彼の考え方が、人びとによってたんに観念の世界のことではなく現実的なものとなったとき、討幕運動のイデオロギーが形成されます。それは異国船の往来という危機感によって助長され、さらに政治のイデオロギーにしていくのが平田篤胤です。

篤胤の思想は復古というかたちで古代（おおよそ天武王朝の頃）に戻ろうという動きになっていきます。それまでは古代の理想の世に言及し、それに近づけようという発想にすぎませんでしたが、一足飛びに古代に戻ろうとし、そのためには今の将軍のあり方は間違っていると説く思想になります。ここで両者が融合するなかで出てくるのが、統治をするには統治をする正当な理由があり、当然それに基づく名分が立たねばならないという考えが出てきます。そうした考え方のなかで、覇道ではなく王道による統治という考えが生まれて、そこで出てくるのが「尊王」です。

水戸学の展開

こうした大義名分に基づく尊王論的な考え方を強調することで、いわゆる水戸学が生まれてきます。（水戸学は当初、水戸の御国の学問といわれていたが、後に吉田松陰らによって水戸の国学といわれ、やがて水戸学と呼ばれるようになる）

水戸藩の藩主は江戸定府、すなわち将軍に何かあったとき江戸城に入り指揮をとるべく常に江戸にいることが義務づけられており、そのため副将軍などといわれました。もともと御三家の水戸家は徳川家康第十一男頼房が水戸に移ってきたわけですが、そこには結城、佐竹、古河といった旧来からの勢力がいました（後に佐竹は秋田に追い払われる）。したがって殿様は水戸には馴染みがないうえに、いつも江戸にいて許可をもらわなければ水戸に帰ることもできない。そのため、新しい家臣たちをつなぐためには思想的な君臣関係をもたなければならないわけです。そこで水戸光圀は『大日本史』という歴史書を編纂する。

光圀が『大日本史』編纂でめざしたのは尊王論による大義名分の歴史です。その尊王論とは、水戸の藩主に忠誠であることが将軍に忠誠であることとなり、将軍に忠誠であることが天皇に忠誠であることだという論理です。水戸の学問所は、当初小石川の後楽園（現在も東京ドームの裏にある庭園）

にある水戸家の藩邸のなかにありましたが、江戸後期になると水戸に移ります。この学問所を終始貫く思想は、主君への忠誠は将軍に忠誠であり、将軍に忠誠は朝廷に忠誠だというこの論理です。それが、幕末に将軍が天皇の許可をもたずに条約を結んでしまうことで将軍家と天皇が政治的に対立するなかで、尊皇にシフトしていきます。というのは、将軍が天皇に背いているならばわれらは天皇に忠実であるべきだということになるわけです。それがやがて桜田門外の変において水戸の連中を支える論理となるのですが、しかしその前までは、尊王論とは主君にたいする忠誠であり、将軍にたいする忠誠の論理だったのです。

そうした意味で尊王の流れを説くことによって徳川幕府の正当性、徳川幕府への忠誠を説いたのが頼山陽の『日本外史』です。ですから『日本外史』は松平定信に献上され賞賛されたことからもわかるように、けっして将軍家にたいする批判として書かれたものではありません。頼山陽はあくまでも忠誠論としてこれを書いているのです。このなかで楠木正成や新田氏を讃えているのは、徳川将軍家を新田氏に繋がる系列と位置づけているからであり、徳川家は足利将軍家とは違う別個の流れとして君臨していることを示そうとしたのです。

しかし、やがてある段階から、楠木正成を讃えて足利を批判することは、読み手によっては自分たちが徳川を倒すことは正成の志を継ぐものだという意識になっていきます。そうした意識で読むことによって、今こそ楠木正成の志を継ぐかたちで日本の国の大義名分を立てなければならないという、倒幕を促すエネルギーになっていったわけです。幕末に頼山陽の『日本外史』や詩が好んで読まれたのはそうした理由によるものです。頼山陽が書いた本来の思想とは違うのですが、朝廷を軸にして倒幕に向かおうという幕末の精神的雰囲気は、この『日本外史』が新たな読み方をされることによって出てくるのもたしかです。さらにそれをもっと強烈にイデオロギー的に説くのが、後期水戸学といわれるものです。

かくて、百姓・町人たちのあり方が変わるとともに、武士階級を支えた精神的規範も幕末に大きな展開を遂げ、それは日本国民という漠然とした意識の覚醒を対外的危機感のなかで促します。

幕末の百姓たち

江戸時代の百姓は農作業ばかりやっていたわけではなく、「百姓」と書くようにさまざまなことをやっている。米作のほかに木綿や縮を作って現金収入を得ており、当然のことながら金遣い経済のなかで動いていた。村の名主とか庄屋といった人びとは武士の読んだような書物も江戸後期になれば、かなり読んでいた。彼らはそうしたものを読むことで、自分の村や藩がどうなのかを考えると同時に、彼ら自体がどう行動するべきかを模索するようになる。とくに外国との交渉により国内の物資が海外に出ていくことになり、物価高となると、公方さま（将軍）の政治はおかしいのではないかと思うようになる。そのようにして政治に目覚めた人びとが倒幕を支える層として登場してくるのである。

島崎藤村の『夜明け前』や江馬修《なかし》の『山の民』を読むと、この時代のそうした状況がよく分かる。『夜明け前』は藤村が父親のことを書いたもの、『山の民』は飛騨の一揆を書いたもので、いずれも綿密に史料に当たり、かなりのリアリティをもって書かれているといえよう。

第九章　維新前夜の世界

おかげ参りの大群集

世界と日本の関わり

ヨーロッパ世界では、十八世紀後半にロシア・トルコ戦争をはじめ、帝国の崩壊と新しい国家の形成を示す動きがみられます。さらに、アークライトの水力紡績機などによる機械紡績工場の出現、また一七七五年にはワットの蒸気機関の発明というように、イギリスでは機械を原動力とする産業革命の芽が出てきています。そして一七七六年のアメリカ独立宣言、一七八九年のフランス革命というように、市民革命で新しい国家が生まれています。

こうした状況下において日本はどうであったか。日本近海には外国船が往来するようになります。とくに日本の北方においてはロシア勢力とのさまざまなトラブルが起こり、一七九二（寛政四）年にはロシア使節ラックスマンが来航します。それらは蝦夷地探検を促します。また幕府はロシア勢力の日本北方への進出に対処するため一八〇七（文化四）年に蝦夷地全域を直轄地にします。

ようするにヨーロッパの市民革命や産業革命の波、さらにイギリスとフランス、あるいはイギリスとオランダのアジアにおける植民地獲得競争の余波を受けるなかで、日本の海禁・鎖国体制が揺るがせられてきたわけです。国内では天明の飢饉や天保の飢饉の影響もあって幕府の政治システムがほころびつつあり、さらにヨーロッパの諸勢力が日本近海に出没するこうした状況を、当時の人びとは内憂外患と表現しています。

この日本の状況を憂うなかで、一八〇一（享和元）年に志筑忠雄がケンペルの『日本誌』の一部を翻訳した『鎖国論』を書きます。ケンペルは『日本誌』のなかで、日本は四方を海に囲まれ、しかも自給的体制があり国を閉ざしていると記しているのですが、志筑はそのことを「鎖国」と翻訳したわけです。志筑はケンペルの翻訳をしながら、同時に国外の勢力から日本を守る意味で鎖国の必要性を強調しています。

間宮林蔵の間宮海峡の発見はたんなる冒険心から行われたのではなく、北方の脅威にたいして日本をどうするかという問題意識に発するものです。伊能忠敬が日本全土を測量して「大日本沿海輿地全図」を作製した仕事にもみられるような、日本列島の確認作業であったわけです。それまで藩という小さな領域に留まっていた眼が、日本全体に向かってきたということです。

外国船の到来があいつぐなかで、蕃書和解御用掛というヨーロッパの書物を翻訳する役所が設置されます。「蕃」は「蛮」と同じ意味で、ヨーロッパを野蛮と位置づけているのは日本が中華だという意識によるものですが、日本が中華だという意識は、日本に関するアイデンティティの確立という問題でもあります。藩を越えた日本というものがあり、その日本が外国の危機に脅かされているという意識の強まりをこうした言葉にうかがうことができます。

そうした事態のなかで、現在の茨城県大津浜にイギリスの捕鯨船員が上陸し、近隣から食糧を買おうとして断られたため強奪し、捕らえられるという常陸国大津浜事件が起こったりします。このことは水戸藩を驚かせ、その衝撃のなかで会沢正志斎が『新論』を書きます。

ここで会沢は、それまでは日本の周りが海ということが防波堤となって、刀伊の入寇（満州族の刀伊が平安時代に来襲した事件）や鎌倉時代の文永・弘安の役（モンゴルの襲来）を凌ぐことができた。しかし蒸気船が発達しヨーロッパと日本の距離が短くなるなかで、周りが海であることは逆にどこからでも侵入を許すことになった。そうした状況において日本をいかに守るかが大切になる。しかもヨーロッパ各国はヨーロッパではたがいに争っているが、外に利益があるとなると一体になって攻め取ろうとする、といいます。

そのことは水戸学において、日本全体をまとめるための必要性、言い換えると国民国家をいかにつくるかという意識として現れます。それまでは水戸藩の人間、あるいは土佐とか薩摩の人間という意識が強かったが、もはやそうした考えは捨てるべきで、日本全体を夷狄（外国）からいかに守るかが問われるようになっているのだ、という意見が強まります。

しかし幕府は一八二五（文政八）年に異国船打払令を出し、外国船が日本周辺に来たら追い返せと諸大名に命じます。そのため日本の漂流民を乗せてやってきたアメリカのモリソン号をも打ち払うといった事態が起こるわけです。そのモリソン号の問題を知らされた渡辺崋山はじめ尚歯会の蘭学者らは、そのようなことやっていれば日本はもっと危険になると主張しますが、彼らは蛮社の獄で取り締まられ、三河田原藩江戸家老であった渡辺崋山は国元に蟄居させられ、自殺します。
そうした事態のなかで、打ち払うことの問題点が批判され、幕府はその難しさに気づかされます。すなわち一八四〇年に阿片戦争で中国がイギリスに破れたというニュースが日本に入ってくると、日本が清国の二の舞をしないようにと「清国阿片の覆轍」が合言葉になります。阿片戦争で清国が敗れたことは幕府にとって大きなショックでした。そこで文政の打払令を撤回し、外国船が来たら薪や水、食糧など彼らが必要とするものを提供しおとなしく帰ってもらおうという、天保の薪水令が出されます。

かくて当時の国際状況が幕府の鎖国システムを揺るがすなかで、日本がひとつにまとまるにはどうすればよいかという議論が出てきます。また一方では、日本の地図をドイツ人のシーボルトが国外にもち出すような事件もあり、ますます幕府に危機感をもたらします。

（シーボルトがもって帰ったものが現在オランダのライデン大学にあるが、これをみるとじつにさまざまな物をもって帰っている）

シーボルトはかつてケンペルが書いた『日本誌』を読んで日本に興味をもち、オランダ領事館付きの医者を志願して日本にやって来ます。日本人の女性とのあいだに子供も生まれますが、その間に日本の動物の標本とか鳥の化石などさまざまなものを集めるとともに、日本地図を絵描きに密かに写させてもって帰ります。外国船が次々と来ているような状況下に日本の地図をもち出すことにたいし、日本を侵略しようという意図があると幕府が危機感をもつのは当然で、彼をスパイとして処分しようとするのは無理もないことといえます。だから関係者は首を切られて塩漬けにされたわけで、シーボルト事件を幕府の頑迷固陋さのゆえだというのは誤りでしょう。それくらい過酷な刑を行ったのも、当時の幕府の危機感の強さを示しているといえます。

世界資本主義の一体化

イギリスではじまった産業革命はヨーロッパに拡がっていきます。その流れはアメリカにも渡り、さらにアメリカの大西洋岸から太平洋岸に達します。一方、産業革命のなかでできた生産物を売るため、さらにその原料を入手するためにアジア市場が開拓されます。さらにイギリスは中国のお茶を安く手に入れるために、中国にインド産の阿片を売って貿易の代替をしようとします。

一方、アメリカでは大西洋岸を中心として捕鯨業が起こります。アメリカ捕鯨業の最盛期は十八世紀末から十九世紀にかけてです。アメリカの捕鯨船は大西洋岸の港町ナンタケットなどを拠点に、やがて広く太平洋に乗り出し、その捕鯨船の補給基地としてアジアの国々に目をつけます。その一環として日本に開港を求めます。

（このアメリカ捕鯨業の最盛期のなかで生まれた文学が、鯨に足を取られた船長が復讐するために鯨を追うというハーマン・メルヴィルの小説『白鯨』）

またイギリスではじまった産業革命の波は、アメリカの東海岸に到達し、さらにカリフォルニアで金鉱が発見されます。そのため東海岸に入植していた白人たちが太平洋岸にやってきますが、この金鉱発見とリンクするかたちで太平洋岸での捕鯨業がさかんになります。

さらにイギリスは、インドから中国に市場を開拓して乗り出していきます。またオーストラリアは、当初イギリス本国の囚人を流刑にした土地だったのですが、ここも金鉱が発見されることによって一般移民の入植地に変わっていきます。（そのなかで先住民のアボリジニーたちは追い詰められていく）

ようするにイギリスの産業革命の波がアメリカの大西洋岸から太平洋岸に達し、さらにオーストラリアやニュージーランドをはじめとするオセアニアへ、インドから中国に行く。その最後の残されたところが日本だったのです。また北のほうでは、ロシアがエカテリーナ女王のときシベリア・沿海州

捕鯨禁止の論理

当時アメリカでは鯨は搾った油を灯油として使うだけで、肉は食べずにほとんど捨てていた。そのため鯨の油が必要なくなると、鯨は高等動物だから守れなどといい出す。世界には日本をはじめ鯨を食べる文化もあるのだが、彼らはまったく認めない。そもそもヨーロッパ的価値観は十九・二十世紀のものなのだから、彼らの価値観が普遍性だという考えはそろそろ変えたほうがいいのだ。その意味では、この捕鯨の問題は象徴的なものといえよう。

からサハリンにかけて進出し、さらにそれが蝦夷地にまで手を伸ばしてきます。ということで日本の近海にヨーロッパの船が来航するわけです。

一九世紀初頭の世界は、このようにして産業革命の波と太平洋捕鯨業や金鉱発見のなかでひとつになっていきます。そこには、かつてはロマンティックな香りで語られた日本の開国を、アメリカばかりでなく、ロシアやヨーロッパのいずれの国が早くなしとげるかを競う、という状態がありました。すなわち、イギリスではじまった資本主義の波が世界を一周するなかで日本の開港を促し、開港によって日本は世界資本主義の一環に組み込まれたわけで、開港の問題をこのようにとらえることができます。

志士の心をささえた『日本外史』

国外の活発な動きは、日本の国内に薩摩藩とか会津藩といったさまざまな「国」がある状態ではなく、日本列島そのものがひとつの国になって外国からの圧力に対応しなければならない状況をつくり出します。しかも日本にとって、黒船といわれた鋼鉄船の到来、大砲をはじめとする新式の武器は脅威でした。さらに隣国の清が阿片戦争に破れて南京条約で港を開かせられ、居留地をつくられ、賠償金を取られ、しだいに植民地化されていくといった事態が、いつ日本にも到来するかという危機感を促します。ここに日本は、そうした動きに対処するために開国をすべきなのか、あるいは鎖国を継続するのならばどのような形を考えるべきなのか、日本列島がひとつになるためにはどのようなことが必要なのか、といった問題に直面した。かくて藩を乗り越えた「日本」についての関心が強まり、また日本とは何なのかという問いが出てきます。

ここで注目されたのが、前章で述べた頼山陽の『日本外史』であり、このなかで頼山陽が説いた「勤皇」あるいは「尊皇」という問題です。この問題が危機感をもった人たちに異常に影響力をもちます。彼らは『日本外史』を読むことによって、日本の国柄について初めて認識するようになります。すなわち頼山陽は日本の国柄で大事なのは尊皇もしくは勤皇の精神だと説きました。

日本の歴史を書いたこの本は、とくに南北朝について多くの頁を割きます。頼山陽は、楠木正成親子の別れで有名な桜井の地（摂津国島上郡桜井・現大阪府三島郡島本町）を通るとそこはすでに荒れ果て、正成がこの地で子の正行と別れて湊川に出陣したことを偲ぶよすがは何もない、悲しむべきことだと書いています。当時の人びとはそうした箇所を読んだとき、足利幕府を徳川幕府と置き替えて、今まさに楠木正成が国を憂いたのと同じような状況にあると考えたわけです。

人びとはこの本によって、当面した危機のなかで新しい日本をつくるためには幕府に代えて天皇を中心に日本をまとめていくべきだという勤皇の気持ちを促され、山陽によって日本の国とはどのような国なのかを知ることになります。そのような心情は、水戸藩が光圀以来編纂してきた『大日本史』

で肉づけされます。ここに日本の国についての自覚が生まれ、そうした自覚に支えられるなかで、幕府や藩に代わる新しい日本の国はどうあればいいかが模索されるようになります。

後年、内村鑑三はこの『日本外史』が果たした意味を「後世への最大遺物」という講演でふれています。

山陽といふ人は勤王論を作つた人であります。先生はドウしても日本を復活するには日本をして一団体にしなければならぬ。一団体にするには日本の皇室を尊で夫で徳川の封建政治をやめて仕舞つて、夫で今日謂ふ所の王朝の時代にしなければならぬといふ大思想を持て居つた。（略）今日の王政復古を持来した原動力は何であつたかと云へば、多くの歴史家が云ふ通り山陽の日本外史が其一でありし事は能く分つて居る。山陽は其思想を遺して日本を復活させた。

一方、幕府の優秀な人材は、蕃書調所で翻訳されたヨー

国体と政体

「国体」とは日本の国柄、「ナショナリチ」（福沢諭吉）ということである。この国柄とは明治になって強くいわれるようになったが、ようするに万世一系の天皇を中心に統治される国というのが国体の意味である。したがってそれは国家体制のことではない。国家体制のことは日本の場合「政体」といい、それは議会制とか代議制といったことをさす。かつて内務省が刊行した『国体論史』にもそのことははっきりと書いてある。また昭和になって学校で読ませた『国体の本義』も、国体のことを国家体制だとは書いてない。国体とは日本の国柄であり、その国柄とは天皇を中心とした神の国だと書いてある。幕末の「勤皇」はまだそこまではいってないのである。

ロッパの政治制度をみながら、彼らなりに新しい国のあり方を模索します。
日本の国のあり方を模索する動きは、やがてペリーの来航による開国をめぐる議論のなかで先鋭化します。言い換えると、蒸気船の発達によって世界がひとつになり、また小さくなるなかで、日本がいつか外国の植民地になるのではないかという危機感が生まれたということです。その危機感は、藩を乗り越えた日本の国とは何なのかを考えさせるようになり、そうした状況にあって武士たちに読まれたのが『日本外史』でした。

それとともに幕府に代わる新しい政治を模索する動きのなかで、南北朝に関する本、とくに後醍醐天皇のものが読まれるようになります。それが南朝の語りというかたちで出てきます。講談でも『太平記』などが語られるようになります。『太平記』を読むことによって、その主人公たちが後醍醐天皇のために戦ったのと同じように、いま自分たちは日本の国を建て直すために戦わねばならないのではないか、という気分で読まれたのです。

本とは、常にその時代の思いを込めて読まれ問い質されるものです。頼山陽は幕府を批判するために『日本外史』を書いたわけではありませんが、しかしその書いてある世界が、ある時代状況のなかでは幕府を批判したものとして読み替えられていく。ようするに、幕末の植民地化にたいする危機のなかで、日本と日本人についての問い、あるいは藩を越えた「日本」についての関心が生まれ、そうした関心のなかで、日本とは何かについてのひとつの解答を与える本が『日本外史』だったわけです。

『日本外史』を手がかりに、天皇についての認識が生まれてきたともいえます。その天皇も実態がある天皇ではなく、あくまでも観念としての天皇であり、具体的な天皇については誰もまだほとんどわかっていませんでした。

こうしたなかで日本の開港問題が起こり、この問題をめぐっていろんな議論がなされます。また日本の国とはどのような国かを認識しようとする意識のなかでいくつかの大きな動きが出てきます。その主なものとして、ひとつは「御陵修補運動」、もうひとつは楠木正成への敬慕（楠公信仰）を軸とした「南朝顕彰運動」、そして天保以降に出てくる「神武天皇信仰」です。これらはいずれも元禄時代に萌芽がみられますが、その時期にはたんなる文化運動にすぎず、それが政治性を帯びてくるのは安政の開港後です。

奸民狡夷論の世界

日本が開港するなかで長崎がオランダ以外の国にも開かれ、さらに横浜、箱館、新潟が開かれ、それぞれに居留地ができます（神戸だけは開港を求められた後もしばらく開かなかった）。それ以前、開港を要求する大統領国書を持ってアメリカの東インド艦隊が浦賀に来ますが、この艦隊をめぐる浦賀の住民の動向を、浦賀奉行所与力の中島三郎助が幕府に報告しています。その書簡には狡賢い外国

新島襄にみる攘夷の志

同志社をつくった新島襄は、青年期の一八六二（文久二）年一一月六日、兵庫港に上陸、湊川に楠木正成の墓を訪れ、「玉島兵庫紀行」に認めている。

> 松樹青々として、内に楠廷尉の廟あり。此ニ於て手洗ひ口そゝき、廟前に拝すれば、何と無ク古を思ひ起し、嗚呼忠臣楠子之墓と記したるを読みて一拝し、又読みて一拝、墓後に廻り、朱氏の文を読めば益感し涙流さぬ計なり。其より廟畔に徘徊すれば、時々寒風吹来り、松にす《（そ）》よげば忽ち思付、幾とせも尽ぬ香を吹よせて袖にみたす松の下風、と吐出けり

この思いは、攘夷の志となり、日本を建て直すためには外国を知らなければならない。外国を知るためには開港場に行ってみなければならない。開港場でわからないなら、直接その国に行ってみなければならないと考え、一八六四（元治元）年五月箱館に行く。箱館にはロシア領事館があり、宣教師のニコライも来ていた。五月七日にはロシア領事館の経営する病院をみて驚愕する。ロシア人の病院はどんな患者にも親切で、朝からスープをはじめ栄養価の高いものを与え、高価な薬を使って病人を早く治そうとする。それにたいして日本の病院は、金持ちと貧乏人を差別し、金持ちは診るが貧乏人はほとんど診ない。そのため箱館の人びとは喜んでロシア人の病院に行くし、ロシア人は親切だとみながいう。こうした事態は、土手に小さな穴が開けば、その小さな穴がしだいに大きくなりやがて町が水浸しになるように、日本の堤防に小さな穴が開き、気づくと日本全体がロシアの領土になるといったことを引き起こすのではないか。そうした危機感をもち、今の日本をなんとかしなければと、彼はアメリカに密出国するのである。

正成の志につらならんとの思いは新島を終生支えたもので、現在も遺されている京都の新島旧邸の応接間は往時を偲ばせ、現在の湊川神社にある楠公墓誌「嗚呼忠臣楠子之墓」の拓本がかけてある。

人が住民をたぶらかして日本の国を乗っ取ろうとしているのではないか、といった危機感が記されています。

その書簡には、浦賀の住民が艦隊を小舟で往来し、物品のやりとりをすることで、紅毛人（アメリカ人）たちはいい人だと思うようになり、お上のいうこともまっとうに聞かない状況になる。その結果、いつのまにか民衆はみな外国人に心を寄せ、贔屓するようになり、気がつけば日本はいつのまにか植民地のようになってしまっているのではないか、といったことが書かれており、「奸民狡夷（狡賢い夷狄がよこしまな民をそそのかしている）」という言葉が出てきます。こうした危機感をもったのは、浦賀の役人たちだけではありませんでした。

開港後、横浜を通してさまざまな生産物が直接外国に売れるようになります。それまでは株仲間を通してしか販売することができなかったのが、生産地の者が横浜にもっていって売る直取引が可能になったわけです。そのため、窮地に立った江戸の株仲間を救済するために幕府は五品（生糸・雑穀・水油・蝋・呉服）江戸廻送令を出し、これらの商品を江戸を通すように命じますが、外国に売ったほうが儲かるという現実の前には効果がなく、依然として「直輸出」がなくなりません。その結果、生糸をはじめ重要な産物が国内で足りなくなってきます。

島崎藤村の『夜明け前』には、藤村の父親がモデルだという主人公青山半蔵の同門である中津川の商人たちが黒船見物で横浜に行く話がありますが、これはただの黒船見物ではなくて、中津川の商品を直接横浜にもっていって売れば儲かるかどうかを見に来ているのです。開国は地方の村々の者たちに、横浜に行ったら一儲けできるのじゃないかという思いをもたせることとなったわけで、それが直輸出です。その結果、それぞれの村や町の主要な産物が当地で売られないで、横浜から海外に流れるという事態が起こります。さらにそれに呑み込まれて物価騰貴が起こります。その物価騰貴は生糸ばかりでなく、米をはじめさまざまなものに起こってきます。

そうした状況は、たとえば天領である日光山麓の村の名主関根矢作が「このごろ諸式高値になり、百姓ども公儀の御取扱を悪しく言う」と書いているところにもみられます。そうした状況が現れてきた結果、浦賀与力のように、外国人が親切にしてくれたらみなそっちに心がなびいていくのじゃないか、という危機感にかられても仕方がないわけです。それは直接的に植民地にはならないけど、実質的には植民地になってしまうという憂いなのです。

幕末の人たちのこうした危機感は、吉田松陰が下田から密出国するためアメリカの軍艦に乗ろうとして捕まり、国元に追い返されてやがて殺されるということとも重なります。また新島襄は箱館からアメリカに密出国するわけです。こうした行動を支えたのは「奸民狡夷論」でした。

今日でもこうした発想は日本人のなかにあり、それが外国人にたいする強い閉鎖性を一方では生み出しているといえます。

御陵修補運動

開国による国内の物価騰貴、幕府への信頼感の喪失にともなう民衆の不安感の増大、さらに外国人がもたらした文明への憧れ、そうしたものが渦巻く状況にあって、国内的には前に述べたように、「御陵修補運動」「南朝顕彰運動」そして「神武天皇信仰」の三つの動きが起こってきます。当時はこれらの動きのことを「新運到来」といっていました。「新運」とは新しいムードのことです。この三つの動

革命と精神文化運動

革命とは、それまで権力をもっていない連中が権力を奪い取ることで、それには当然武力がともなう。しかしそれだけでは革命は起こらない。革命は何らかの精神文化運動と一体にならない限り起こりえないのだ。クーデターは軍事組織や武力集団を握りさえすれば起こすことができる。あるいは権力の中枢のなかで情報を管理すれば起こすことができる。しかし革命という、ひとつの社会秩序が根底から変わる動きは軍事力だけで起こるものではなく、そうした状態をもたらす精神文化運動が必要なのである。たとえばフランス革命はルソーをはじめとする啓蒙運動や百科全書家による啓蒙運動が支えになって起こっているし、ロシア革命にはヴ・ナロードといわれた貴族たちの精神改革を求める運動があった。

中国の革命が徹底して人民革命になっていく過程も同様である。文化大革命にはさまざまな間違いが指摘されるが、しかしこれによって革命がより人民のものに変わり得たのである。文化大革命のなかで中国の辺境にいた子供たちは北京まで来て、自分の村と北京がこんなにも違うのかを知ることによって、新しい国家をつくることの意味を悟った。文化大革命もそうした精神文化運動のひとつといえよう。

きが明治維新を生み出す精神文化運動になります。こうした精神文化運動は革命に類する出来事には必ずともなっており、その意味で明治維新を革命ととらえることができます。

御陵とは天皇陵のことですが、御陵修補運動は今でいえば、さしずめ文化財保護運動です。天皇陵にたいする関心が江戸時代で起こってくるのは元禄期です。松下見林が古墳を調査して天皇陵を調べ、それを保存すべきだといい出します。元禄時代は犬公方綱吉の生類憐みの令ばかりが有名ですが、綱吉は日本の古い文化に関心をもち、その保護につとめた人物でもありました。このあたりに今でいう考古学的な関心の発生がみられるわけですが、当時は古物趣味とか尚古趣味といいました。ただしそれは単なる古物趣味ではなく、幕府権力がそうしたことに手を貸すことによって、言い換えると朝廷を文化的な存在として活用することによって、自己の権威をより高めていこうという動きだったのです。

さらに開港後、河内の国学者で万葉集の研究者の伴林光平が、河内にある仁徳・応神陵をはじめ多くの御陵が荒れ果て盗掘される状況をみて憂え、その修復と保全を訴えます。彼は、墓陵が荒れ果てているため葬られた天皇の霊が荒ぶる霊となって巷にさまよい出、それが今の世を乱してるのだといいます。応神天皇陵から盗掘されたと思われる刀が現在ボストン美術館にあるそうですが、そうした盗掘された箇所から天皇霊が這い出してきて荒ぶる神になり、日本の現状を怒ってる。だから天皇陵を修復して天皇霊に安らかに眠ってもらうようにすることが課題だと説きます。

単なる文化財の保護ではなく、そこに眠る天皇霊を厚くもてなすという発想は、古代への回帰というロマンを生み、また「日本」についての関心を増すことになります。そうした動きは、荻生徂徠から出てきた本居宣長らの国学が、単に『古事記』によって日本の古道を探すといったものから、きわめて政治イデオロギー化してきたことを意味します。

こうした現象は昔に限ったことではありません。たとえば今でも修学旅行というと京都や奈良あるいは伊勢神宮に行きますが、なぜそうした場所に行くかといえば、それはようするに天皇のふるさと歩きなのです。修学旅行を最初にやったのは東京高等師範学校ですが、それは天皇の古い時代を追体験することによって、天皇の国であることを実感させようとしたわけです。

また戦後、文化財保護法が制定されますが、その後、佐藤栄作内閣の時代、一九六六年一月に古都における歴史的風土の保存に関する法律が制定され、最初に飛鳥が、次に鎌倉が指定の対象になります。ついで一九七二年に沖縄の日本復帰が具体化するなど、佐藤内閣が主導した高揚したナショナリズムの動きと重なって、これらのことが主張されたわけです。だから文化財の保護をいい出すのは、単純に文化財を守ろうというのではなく、文化財を通して歴史を追体験し、ある国家をめぐる記憶を想起させ共有していこうとする営みを担う作法といえます。そのことは日本の場合、天皇の国を思い起こさせるというきわめて政治性を帯びているわけです。

そういうことで、御陵修補運動が先駆けとなり、開国後の世の中を批判する文化運動となります。

そのように御陵を荒れ果てたままで置いておく政権、すなわち幕府がいけないということに繋がっていく。

神武天皇信仰と楠公信仰

御陵修補運動の次に起こってくるのが神武天皇信仰と南朝顕彰運動です。

神武天皇信仰は、日本のなかで人民（赤子）が平等に暮らしていたのは日本の国を開いた神武天皇の御世だということから発生します。天保時代の日記をみると、このごろ神武天皇のご親筆の値段が上がってきたなどと記されています。江戸時代からつづく豪農の家を調査すると、神武天皇親筆とかいう軸物が出てきたりします。神武天皇が書いたものがあるわけないので、幕末期に騙されて買ったのでしょうが、これは当時、神武天皇にたいする関心が高まったことを示しています。神武天皇への関心は、古代の万民がみな平等だった時代、人びとが均分に土地を分け与えられて暮らしていた時代、そういう理想の世への憧れをものがたると同時に、幕府の政治のあり方にたいする批判の現れでもあるわけです。

そうしたなかで倒幕運動を行った連中にとって、幕府という圧倒的な権力と戦うことは、テロリズムであれ、そのほかの形であれ、ほとんど自分が亡びることを意味します。革命運動に突き進む連中は当然、革命が成功する前に自分が殺されることを覚悟してやっているわけです。そのとき、自分の政治的な死を無駄死ではないと思えるのは、後に自分が歴史のなかで評価されるだろうとの思いがあるゆえです。倒幕運動で幕府要人の暗殺や外国人の殺傷を行う志士たちも、そうした思いを抱いていたわけです。

その志士たちを支えたのは、あの湊川で死んだ楠木正成が後に忠臣として評価されたように、自分も歴史

攘夷とは何か

攘夷には藩《クニ》を富ませ外国と対抗し得るようにとはかる大攘夷と、外国人―異人殺傷というテロのような小攘夷がある。日本の場合はどちらかというと小攘夷的なものが幅をきかせる。開国という状況下、三つの精神文化運動をふまえて攘夷がさかんに叫ばれ、攘夷派の侍が神州を穢すといって外国人を切り殺したりするが、こうしたのは小攘夷である。この連中は明治になって電信柱が建って電線が張られると、電線の下を通ると頭が穢されて大和心がなくなるといって電線を切ったりする。こういうのも攘夷のひとつのあり方ではあるが、しかし本来攘夷という言葉に込められた意味はそのようなものではない。

たとえば薩摩藩は、藩士が生麦でイギリス人を殺し、そのツケから薩摩湾で薩英戦争を戦うが、西郷・大久保はイギリスとの和議が成立した後は一挙に開国に転換し、攘夷ではなくなったといわれる。しかしけっしてそうではなく、依然として大攘夷ではありつづけるのである。

ようするに、日本あるいは日本人とは何なのか、言い換えると日本というアイデンティティをどのような形で求めるか、それが攘夷という表現に込められたもうひとつの意味なのだ。ある意味ではナショナリズムの発現形態が攘夷だと考えていいだろう。

で評価されるだろう。そして楠木正成が「七生報国」（七度生まれて国に報いる）といったように、自分たちも何度も生まれ変わって国に報いるのだ、という思いです。また政治的な死の追悼集会を表立って行えば幕府に弾圧されるから、楠公祭といって、楠木正成の命日にみんなで楠公を追悼するという名目で集まり、そこでたとえば寺田屋で殺された連中の追悼を行ったりします。政治的な死は、そのことを手がかりに政治的プロパガンダを行って人びとを集めることができるわけで、そのひとつが楠公祭だったということです。この楠公祭を最も早く藩祭として営んだのが長州藩です。長州藩は楠公祭を営むことによって、幕府への対抗意識を助成したといえましょう。

こうした動きは倒幕に向かうムードをさらに高めます。そして攘夷や倒幕の運動、あるいは安政の大獄で死んだ人びとのことがこうした行事のなかで想起され、それら先人の志を自分のものとすることによって日本国への思いを強めていきます。これが開国後の世相において強く出てくるひとつの動きです。

さらにそれらの精神文化運動に促されるなかで、幕府に対抗する政治勢力の結集がなされ、そのための具体的な行動として条約締結を違勅問題にかこつけて幕閣を政治的に攻撃することで、体制の保持をはかる幕府を追いつめていきます。いわばその手段として、開国にたいして攘夷を強く主張するわけです。

攘夷とは本来、夷狄を討つという意味です。攘夷派というと保守のゴリゴリといったイメージがありますが、しかし日本の近代を解くひとつの鍵は「攘夷」だといえます。日本は近代になっても、国家状況が悪しくなると必ず攘夷派が登場してきます。言い換えると、国家体制が不安定になると、夷狄を討つというかたちで観念としての日本を強調することによって、体制が優位性を保とうとするのです。

記憶の確認によるアイデンティティの創出

これらの三つの精神文化運動が明治以降に国家をつくるときの国家精神の軸になります。国家を造形するとき、国家の精神をどのようにとらえるかが課題になります。国民国家の構図をみると、いずれの国でもそれが大きな役割を果たします。国民としてまとまるにはある種の精神的器が必要なわけで、その精神的器の基をなす国民としての記憶を共有する方法は何なのかが問題となります。

上述の三つは当時の人びとに、楠木正成に関する記憶、あるいは御陵を通しての神武天皇にまつわる記憶を思い起こさせるものでした。今の世の中には士農工商のような身分があるが大昔はどうだったのか、日本の国をつくったとされる神武天皇の頃はどうだったのか、というかたちで記憶を呼び起こしてくる。そうした作業は、薩摩とか長州とか会津といったものを飛び越えた「日本」を考えることにつながっているわけです。

歴史とはある記憶を思い起こすなかでつくられてくる物語だといえます。だから何年にどんな事件があったかをいくら並べても、それはそれらの出来事があったというだけであり、歴史にはなりません。その出来事が何を意味するのかをとらえることによってある時代を呼び起こすことができるのです。その事件が、その時代にどんな意味性をもったかは、後の世にどういうかたちでその意味性が語られるかと関わります。

この幕末という内憂外患の時代にあって、幕府は幕府で自分の置かれている危機的状況が何なのかを考えるし、各藩は各藩で考えます。会津藩とは何であり、長州藩とは何であるかを考えていきます。そのとき、藩の最初はどうだったか、その藩を特徴づけるものは何かと考えるなかで、藩の固有のものをさまざまにつくり上げることによっ

服部之総と幕末史

幕末の時代の動きを書いた名著に服部之総の『黒船前後』がある。服部自身はマルクス主義歴史学者だが、きわめて柔軟な頭をもった人物で、たとえば鋼鉄船ができることによって汽船がロンドンとアメリカを何日間で結ぶようになったなど、世界がひとつになっていく様相を記しながら、日本がそうした状況でどう動いていったかを描いている。

もうひとつ服部之総が書いた名著に花王石鹸の社史があるが、これは世界化粧史とでもいえるものである。服部は戦時中マルクス主義者ゆえに大学に就職先がなく、花王石鹸の宣伝部に入って社史をつくり、宣伝部長として活躍した人物でもある。かつて散髪屋などによく置いてあった『画報近代日本史』（写真や図版で見る日本近代史）をつくったのも服部之総。この服部にヒントを得て田宮虎彦が書いた時代小説が『落城』である。

て、藩のまとまりを呼び起こそうとするわけです。

さらに、その藩のなかだけでまとまっていても仕方がないということで、藩を乗り越えた日本列島のまとまりを考えるようになりますが、歴史がわからない。そのときに頼山陽の『日本外史』があり、それを読み、そこで語られた記憶を共有することによって、日本人という意識が強くかたられてくるわけです。

（思うに昨今の日本、戦後日本にとっての最大の悲劇は、共有する記憶がないことだろう。共有する記憶がないから、それぞれに正しいと思う日本歴史を主張するのだ。今の日本で強いて共有する記憶があるとすれば広島の原爆で、被爆国という記憶は共通するものとしてある。しかし、被爆国という記憶を共有してはいるが、なぜ原爆が落とされたかについての記憶は共有していない。それゆえ日本人は原爆を落とされたので、「大東亜戦争」をめぐる諸行為、強制連行や虐殺への告発も無化され、戦争の罪はゼロになったと思っているのかと、アジアの国から問われもする）

記憶を蘇らせるということは、今の場において自己を確認するために行う作業です。そういう意味で、幕末の危機的状況にあって「日本」とは何かを確認するために当時の人びとが呼び起こしたものは、精神文化運動として語られたこの三つのことでした。この記憶と関わるなかで、それではこの日本をどういう形で植民地の危機から守らなければならないのかという問いかけが出てきたのです。

第十章　戊辰戦争への道程

鳥羽伏見の戦

ペリーの来航と不平等条約の締結

日本が開国のとき結んだ条約は、中国が阿片戦争に負けて結ばされた敗戦条約にたいして、外交的になされた交渉条約だという歴史研究者がいます。とはいえ欧米の外交は軍艦を派遣して大砲で脅す砲艦外交です。ペリーは二回目にやって来たとき、土産に電信機、蒸気機関車の模型、そして米墨戦争（アメリカとメキシコが戦いメキシコが敗北した戦争）の終結交渉の場面を描いた絵画の三点をくれますが、これは恐喝にほかなりません。電信機や蒸気機関車をもつ国と戦って負けたらこうなるのだという実物教育がねらいで、それがまさに砲艦外交です。ペリーはさらに、万国公法（現在でいう国際法）では、敗北したとき白旗を掲げるのだ、ということまで教えてくれます。

日本は下田でのさまざまな交渉で何とか条約に漕ぎ着けたので、その意味では交渉条約といえますが、しかし交渉条約だったからといって日本が有利だったわけではありません。条約には領土の割譲や賠償金の支払いもありませんでしたが、外国人居留地の特権を認めます。すなわちヨーロッパの法体系である万国公法の遵守が必須とされ、それにふさわしい日本の法体系がないということで領事裁判権を認めることになるのです。外国人の領事裁判権を認めるということは、治外法権を認めることです。また関税自主権もありませんでした。

（この治外法権を認め、関税自主権がなかったことから後に不平等条約といわれ、明治政府は法権回復および税権回復のために何回も条約改正交渉を行い、それは日露戦争後にやっと実現する）

また条約では、アメリカ人はじめ外国人居留地における信教の自由を許したので、開港の翌年から長崎、横浜、箱館に各国の宣教師が来ます。ロシアの箱館領事館にはハリストス正教会の宣教師、長崎にはアメリカのフルベッキ、横浜には同じくヘボンやブラウンらが来ます。彼らは居留地の自国人にキリスト教を教えるという名目で来ますが、その場所で英語を習う人たちを通して日本人に布教しますし、さらに聖書の日本語訳をして宣教の準備をします。敗戦条約の中国の場合は外国人宣教師の特権を認めたがため、彼らは国内に入り込んで特権的な布教活動を展開した。それらが太平天国をはじめとするさまざまな事件を引き起こします。日本ではその点、交渉条約であったためトラブルの原因となることは比較的少なかったといえます。

かくて開国した日本は、アメリカと外交関係も持ち通商条約を結び、その条約はイギリス、オランダはじめヨーロッパ諸国との条約につながります。

尊王から尊皇へ

幕府は、日本が開国せざるをえない状況について、オランダ国王の国書によってすでに教えられていました。かくて、阿片戦争での清国敗戦という衝撃、その後のペリー艦隊の来航という現実は日本を世界の渦に呑みこんでいく。阿片戦争などのニュースはきわめて早く入ってきていますが、そのルートはひとつは琉球を通じて薩摩に入ってくるもの、もうひとつは対馬を通ってくるルートです。したがって薩摩藩や対馬藩、あるいは越前松平のように薩摩と親しい藩は、それらのニュースを早くに知っており、そのため幕府はそのニュースを公開せざるをえないわけです。

幕府はそうした状況のなかで条約交渉を行い、日米和親条約を調印しますが、条約締結に反対する攘夷派は水戸を中心に結束します。反対派が最も問題としたのは、幕府が天皇に無断で条約を結んだということです。将軍の統治権は、外交には及ばないという違勅条約論です。国学では、天皇が将軍に政治を執る権限を与えたのだとする「みよさし論」を展開しますが、その権限は国内政治についてのみで外交関係には及ばないというのです。そうした議論の起こる背景としては、開国を迫られた幕府が開闢以来の国家的一大事と考え、外交交渉の内容を朝廷に報告したことにあります。そのことよって、それまでまったく政治的無権利

茶人井伊直弼

井伊直弼は当時、最も教養豊かな大名の一人であった。蘭学を好み、蘭癖大名ともいわれた。お茶も一流で、「一期一会」を説き、大名茶では井伊直弼が筆頭であった。

井伊直弼はそれほどの人物であったがゆえに反対派にとっては手に負えない存在であり、そのために暗殺されたともいえよう。井伊家の居城だった彦根城の博物館には国宝級の茶道具や能衣装が収蔵されている。

状態に置かれていた朝廷が、一挙に政治的存在として社会の注目を集めるようになるわけです。

江戸時代の初めに朝廷のあり方を決めた公家諸法度は、天皇や公家は歌とか蹴鞠のような芸能のみにかかわればいいのであり、他のことはやるなとしています。その天皇に外国との関係という政治問題の報告をしたということは、天皇の政治的意味を認めたことにもなるわけで、それが違勅条約論を生むきっかけとなった。朝廷の公家たちは、ほとんどが外国人と交われば世の中が乱れるといった発想ですから、水戸と結んで攘夷派の中心的な存在となります。

さらに幕府は、諸大名にこの問題について、鎖国という祖法をやめて開国するかどうかという、それまでやったことのないような意見聴取をします。そこには幕府の独裁体制がすでに揺らいでいる状況がうかがえます。

そうした折り、将軍継嗣問題が起こり、一橋擁立派と紀州擁立派の対立のなかで彦根藩主井伊直弼が登場します。井伊は条約反対派に対する粛正を行い、安政の大獄が起こります。

井伊直弼はあくまでも幕府独裁体制を貫こうとします。そのために家臣の国学者である長野主膳《よしこと》に日本の歴史において家来が帝王を廃したことがあるどうかを調べさせます。井伊にしてみれば、孝明天皇が条約を認めずあくまでも攘夷をいうならば、退位させてしまおうと思ったわけです。そこには廃帝論を調べなければならないほど天皇が政治的意味性を帯びてきたようすがうかがわれます。

（長野は井伊直弼が死んだ後、廃帝を目論んだ逆臣ということで捕えられ晒し首にされる。かつて

和学講談所の塙保己一は天皇事紀編纂の故に暗殺されそうになった由）
天皇の政治的意味性を増大させたのは、水戸をはじめとする反将軍派の連中でした。その動きが水戸と薩摩の浪士による井伊直弼の暗殺事件（桜田門外の変）を引き起こします。その後、それまで自分の主君に忠誠であることは将軍に忠誠であることであり、将軍に忠誠であることは天皇に忠誠であるとしてきた水戸の尊王論が変わります。将軍に忠誠であることは天皇に不忠であり、天皇に忠誠であろうとするならば将軍を倒すよりほかない、という論理が水戸のなかで生まれ、それは「尊王」を「尊皇」に変える動きとなります。

テロの横行

脱藩した攘夷派の浪士らは、幕府に代わる政治的権威として京都の朝廷に目を向け、孝明天皇を担ごうとします。天皇は広く一般にそれほど知られる存在ではなく、担いだ連中も「玉」といったように（これを〝ぎょく〟と読んだのか〝たま〟と読んだのかはわからない）、一種の政治的道具として表舞台に登場してくるわけです。

かくて、孝明天皇を擁する京都の政治勢力がしだいに脚光を浴びることとなり、その動きのなかで岩倉具視をはじめとする中下級公家たちが権力奪還を目論んで孝明天皇を取り囲みます。孝明天皇自身は攘夷派ではありますが、倒幕派の連中とは一線を画し、そのため宮廷クーデターを起こそうとした岩倉らは追われます。

　幕府は会津藩主松平容保を京都守護職にして孝明天皇との関係を密にし、また天皇は幕府独裁でなく公家と武家が一体になる公武合体的な政治構想をもちます。しかし倒幕派としては、自分たちで幕府に代わる存在をつくりたいという願望が結集力になっているのであり、孝明天皇が幕府と妥協するのは許しがたいわけです。薩摩・長州の連中は将軍を倒して新しい政治秩序をつくろうとし、そのために幕府要人の暗殺をはじめ、京都や江戸で商家を襲い、金品を強奪するなどして治安を乱し、可能な限りテロリズムに奔ります。江戸の治安攪乱の中心になったのが西郷隆盛で、薩摩藩邸から相楽総三らが江戸の大商人を御用党として襲撃、金品を奪うようなことをやります。

　一方、幕府はそれらのテロに新撰組などをもって対抗しますが、それは革命のなかで起こった政治的な権力の奪い合いといえます。こうしたなか、それぞれが日本の国の形を求めた議論を展開しつつ、維新へと向かっていきます。

　一八六三（文久三）年、孝明天皇は攘夷祈願のために加茂社や石清水八幡宮に参拝します。天皇が自ら御所を出て祈願するのは、江戸時代にはこれが最初です。江戸時代に天皇が御所という閉ざされた空間から外へ出ることは、桂離宮や修学院離宮に行くようなことはあっても、このような政治的意味をもつ行幸はこれ以前にはありません。この天皇の攘夷祈願をふまえるかたちで、同年、長州藩は関門海峡を通る外国船を砲撃します（翌年、この報復のため四国連合艦隊が長州を攻撃する）。あるいは生麦で島津藩主の行列を横切ったイギリス人を切り殺した事件の余波で薩英戦争が起きます。

翌年、幕府は蛤御門を攻撃した長州藩の責任を問うかたちで長州征討戦争を起こし、国内は内戦状況となります。この第一次長州征討のときは、薩摩までもが幕府側についたため、長州藩は藩内の攘夷倒幕派を討って幕府に和を請います。その後、高杉晋作が奇兵隊を組織し、また大村益次郎による洋式軍備化が進んだことなどで同藩の軍事力が回復し、第二次長州征討が起こります。この間、坂本龍馬の斡旋により長州の木戸と薩摩の西郷のグループの間で手打ちが行われ、密かに薩長同盟が結ばれます。

軍制の改革

坂本龍馬の実像

龍馬は歴史上妙に人気が高い人物だが、とくにすごい政治的構想をもっていたわけではない。彼の新しい国家構想は翻訳書を読んで共感したていどのものである。今でこそ偉い人物になっているが、あの時代には女好き酒好きの得体の知れない不良青年ぐらいにしか思われてなく、司馬遼太郎が英雄化して物語にしたため偉くなったのだ。

ただし彼が脱藩したこと、また藩のなかでは問題にされなかったような得体の知れない人間が磁場となり、活躍できる時代になったことには意味がある。藩という上下秩序から抜け出すことで日本という世界を問い考えることができ、こうした動きが藩を乗り越えた横の連帯、処士横議を可能にしたのである。

高杉晋作は奇兵隊を組織しますが、奇兵とは正規軍が武士階級だけのものだったのにたいし、相撲取りとか百姓とか、それまで武器をもつことのなかった人たちを徴募して兵士としたところからつけられた呼称です。いわば国民軍の元祖ともいうべきものです。彼らに鉄砲や槍をもたせて、攻めてくる幕府軍と戦わせたわけですが、彼らが武器をもったのは、自分たちの手でわが村を守ろう、わが藩を守ろうという意識があったからです。さらにそこで戦うことによって、自分たちも藩主の下で武士と平等になるのだ、という意識を彼らはもつことになります。

とはいえ、高杉は奇兵隊をそれほど認めていたわけではありません。彼らは所詮土百姓だといっているのです。そのため、奇兵隊副総監になった赤根武人は奇兵隊によって武士階級の軍隊を解体し、新しい軍隊をつくろうとし、武士階級に敵視されて最後は殺されます。そして奇兵隊は粛清されます。しかし少なくとも正規軍とは別個な軍隊をつくって鉄砲で武装させ、それで藩を守ろうとしたところに長州藩の新しさがありました。

この戦術上の大変化は戦国期に足軽鉄砲隊ができて以来のものです。武士階級は幼少より日頃から刀や馬術の訓練を必須のものとして成立していましたが、そうした長期の訓練を要しない鉄砲の導入は、百姓軍隊の組織化を可能にします。こうした武装した百姓を奇兵隊のように大量に動員して一人の侍に十人かからせればいいわけです。さらに大村益次郎は着弾点をはかり、砲兵に大砲の弾丸を撃ち込ませるようなことをします。彼は高い木の上に登って望遠鏡で幕府の軍隊がいる地点までの距離をはかり、撃ち出す角度を指示し撃たせたので、正確に撃てたわけです。そこにはナポレオンの軍隊が使った戦術論が適用されています。いわば大村による西洋軍備化は、戦士階級の平準化を可能にすることで身分制を解体していく芽をもっていたわけです。

かくて、長州の戦術形態が画期的に変わり、しかも第二次長州征討の途中、将軍家茂が病気で死んだため幕府軍は意気が上がらず、敗北します。このときの両者の軍隊編成の違いが、後に大きな意味をもってきます。すなわち、長州が最下級の戦闘集団を活用した集団戦法だったのにたいし、幕府側は依然として旧来の身分制による軍隊であり、それが後の鳥羽伏見の戦いでの敗北につながるわけです。

平田篤胤と草莽の志士

脱藩した藩士らが連携して新しい体制を模索するとともに、

ナポレオンと奇兵隊

ヨーロッパの戦争を変えたのはナポレオンである。ナポレオンのときに市民軍ができるが、それまでの王の軍隊だと、兵が死ぬと新たに給料を払って雇わなければならないので、あまり兵士を殺したくない。しかし市民の軍隊ならば、革命を守る、フランスを守るというスローガンで市民を次々と大量に動員することができる。そのため大がかりな殲滅作戦が行えるようになったのである。

近代国家が徴兵というかたちで国民皆兵にする理由はそういうことにあり、長州藩の奇兵隊はいわば日本における市民の軍隊の先駆といえよう。

開国の影響による経済不況などがわき起こるなかで、今の体制に不安を抱く豪農らは自分たちの村をどうやって守るかを考えます。そのためには新しい世の中が生まれてこなければならないのではないか、という思いをもつようになるわけです。こうした豪農たちに新しい政治のヴィジョンを与えたのが平田篤胤の国学でした。島崎藤村の『夜明け前』は、主人公青山半蔵が平田篤胤の門下になって村の建て直しをはかろうとするところから書かれており、そうした雰囲気をよく表しています。

（ちなみに、島崎藤村には『夜明け前』のほかに『東方の門』という未完の作品があるが、これは大東亜共栄圏に関わる時代の日本のあり方を問おうとしたものである。藤村は『若菜集』に代表される新体詩の世界を切り開いた詩人だが、それと同時に日本の国や歴史について深い関心を抱いており、その意識は父の正樹から受け継いだものといえよう。藤村は、フランスで日本を問い、ルソーになぞらえて本居宣長が主唱し父正樹が囚われた国学を通し、日本の姿、形を描いたのである）

平田篤胤の考えは、村の鎮守の氏神（産土）を中心に村がひとつにまとまり、そのなかで農村の荒廃を防ぐべきだというものでした。彼は政治構想として「古史伝」をはじめとする天皇の国の構想を打ち出します。そしてその天皇の国の構想のなかで天御中主神《あめのみなかぬし》を中心とする日本の神観念をとらえ、そして高皇産霊神《たかみむすび》、神皇産霊神《かみむすび》を両脇に置くわけです。

こうした篤胤の発想は、じつは『旧約聖書』から採ったものでした。彼は中国語に訳された聖書を読み、そのなかに説かれているエホバの神、そしてアダムとエバにヒントを得ます。すなわちエホバの神に天御中主を、アダムとエバになぞらえて高皇産霊神と神皇産霊神を位置づけ両脇に置きました。言い換えると、日本神学ともいうべき、日本の神々を体系づける神学をつくったわけです。その神さまを軸にして日本人がひとつになることを説き、そのためには村の産土を中心にひとつにまとまる必要があるとしたのです。

それは、幕末の世直し一揆などが頻発するほどに、状況の変化に苦しむ農民たちにとって新しい村興しのイデオロギーになります。その担い手である草莽《そうもう》（くさむらの民）の国学者が伊那谷とか三河に散らばっており、彼らが倒幕運動の支援者になります。彼らは脱藩した浪士たちを匿ったり、資金を与えたりして、御一新・革命をめざす草の根の運動に入っていくわけです。

また長州藩では、下関で廻船問屋を営む豪商の白石正一郎らが資金を出して高杉を助けています。もはや士農工商という武士の世の枠組みに収まらないかたちで、豪農・豪

幕末の渋沢栄一

攘夷運動に投じた青年の一人に、後に日本最初の銀行である第一国立銀行の頭取となり、また日本の財界をつくったともいえる渋沢栄一がいる。渋沢は、現在の埼玉県深谷市血洗島の出で、十代のときに父親から大金を預かって藍玉を買いあさりに行くなど、相当な資産家の家に生まれたが、時代の嵐を受けて、文久三年の攘夷決行に合わせて高崎城の攻略を図ろうとした。

やがて運動の曲折のなかで徳川慶喜の家臣となり、ヨーロッパに渡る。ヨーロッパではパリ万博に行き「会社」とか「証券取引」といったことに目覚め、日本に帰ってから会社を興す。また「商人論語」を書いて商人道徳を唱えたりもする（自伝『雨夜譚』〈岩波文庫〉参照）。

商を中心に国とは何かを考え、新しい日本をつくろうとする動きが出てきているわけです。

攘夷の思想

一八六三（文久三）年に書かれた竹尾正胤の『大帝国論』は世界の歴史を記した書ですが、その主題は日本が大帝国であることを証明しようというものです。

凡《およそ》斯《ノ》一地球の中にて、西夷等が帝国と称する国六《ツ》あり。所謂《いわゆる》亜細亜《あじあ》洲にて、□皇国・支那《しな》・欧《よう》邏巴《ろっぱ》洲にて、独逸《ドイツ》・都児格《トルコ》・魯西亜《ロシア》・仏蘭西《フランス》、すなはち右の六国にて、其外は、王侯、或は共和《きょうわ》政治等の国柄なれば、英吉利《イギリス》国の如《ごとき》は、近来万国に縦横《じゅうおう》して、兵威甚《いと》盛なりと云《いえ》ども、未《イマダ》帝号を云《ハ》ず、其他は、大概《たいがい》是に擬《なぞらへ》て知《ル》べきなり。〈帝国と云ふこと、古く物に見えたるは、欽明天皇御紀十三年の条なる百済《くだら》の聖明王《せいめいおう》が上表に、百済王《ノ》臣明、謹遣下二陪臣怒唎斯致契《ぬりしちけい》一、奉上レ伝二帝国《ノ》一云々とあり、是やはじめならむ。〉

偖《さて》五大洲の名目、今は公然と世に称せれども、水戸《みと》の会沢伯民《あいざわかずたみ》は、「西夷ガ私ニ呼《よぶ》所ニテ、宇《う》内《だい》ノ公名ニ非ズ。亦□天朝ノ命ズル所ニ非ズ。故《ニ》之ヲ取《ラ》ズ」と云《へ》り、是は実《げ》に尤《ウベ》なる語なり。然《さ》れども、暫《ク》世上の通名に従《ヒ》て、斯《コヽ》には取用ひたり。道の大本《たいほん》たる顕幽《けんゆう》无敵の本教《ほんきょう》を学《マナバ》む者《ヒト》は、かゝる事にも深く心を用ふ可《べ》きものになむ。〈但《シ》亜細亜と云《ヘ》るが如きは、アシハラの転語ならむ歟《か》と云説《フ》も有れど、西夷が説には、「亜細亜《あじあ》ハ神ヲ云フ。神聖首出《しゅしゅつ》ノ郷、故尊《ニ》デ是《ノ》称有リ。猶神州ト云ハンガ如シ」と云り。此説まことにしかる可《べ》し。か丶れば、□皇国を本として云《へ》る名目なること著明《シル》かり。是《コ丶》を以て見れば、漢土にて、大古《たいこ》、□天朝を君子国、扶桑国《ふそうのくに》など、称《タ丶へ》しに同《オナジ》かれば、また捨《すつ》べきにもあらずかし。〉

　然れば此六帝国は、物に精《クハシキ》西洋人が、千万《ちよろず》の国より抜出《ぬきいだし》て、かくえらび定《さだめ》たる国にし有《レ》ば、いづれも正統の帝国而已《のみ》にて、更に間然する所なき国なるかと云《いう》に、然《シカラ》有ず。独わが□大皇国《おおみくに》ばかり、全世界に貫通せる確乎《かっこ》たる□大帝爵国《だいていしゃくノ》にして、支那・独逸・都児格・魯西亜・仏蘭西の如《キ》は、私に僭称《せんしょう》せる偽帝国《にせていこく》になむ有《リ》ける。当今《イマ》西洋学頻《しきり》に行《ハ》る丶を以て、其を物する徒《と》は、彼《かの》儒者等が漢土《からくに》を中華《ちゅうか》・中国、或《アルハ》聖賢首出国《ノ》と恐敬するが如く、事も物も欧邏巴《ようろっぱ》は勝《スグレ》たる国と信服《しんぷく》するを以て、其酋長《しゅうちょう》を皇帝・天子と尊崇し、吾が□天皇命《すめらみこと》を、畏くも其西夷等が酋長と同等《ヒトシナミ》に心得、□皇国を則、外蕃対耦《がいばんたいぐう》の国と思ふ様なるは、国体《こくたい》を聊《いささか》も弁《わきま》へず、□天統《あまつひつぎ》の比類なき由縁を知《ラ》ず、彼に甚《いた》く煽惑《マドハサ》れたるの劇《ハナハダ》しきもの也。近頃は夷狄《いてき》等、頻《しきり》に□皇国に船を寄せ、大江戸の地には、若《イク》干入込《バクいりこみ》て縦横すめれば、昔とはたがひて、□皇国の事実も巨細《ツマビラカ》に彼等にも知らる丶事としも成りにたり。か丶れば、□天統の□神代以来万《バン》古に貫《キ》て、日月と共に明光《ミヒカリ》を並《なみ》て栄《サカエ》させ給ふ其美事《そのうつくしきこと》を主張し、□天皇命は則《すなわち》一地球中の□大君主《オホキミ》に大座坐《オホマシマ》し、□天朝は則全世界の大帝国たる事を知らしむべき也。

但《シ》古道学の徒は、斯《カ》ばかりの所以《ユエ》は心得居る事、云《いう》も更《さら》なれど、外蕃の学を為《す》る徒は、敢《あえ》て知らざる事にて、亦古道、本教学者《ノ》と雖も、漢土《からくに》の王統正しからざる事までは、普《あまねク》心得ためれど、洋夷が王統に、其論を及《ボ》せる者を聞《カ》ず。次に考証せる独逸国の如きは、西洋にて歴代伝統の帝国と云《いう》を以て、古道学者、常にわが□天皇命は一地球の総帝と誇《ホコ》るを聞て、蘭学者等《たち》は、「□日本のみ豈《あに》伝統の□帝国ならむや。独逸帝は、西洋紀元以前より在る所にて、歴代堂々たる帝国なり。□日本争《イカデ》かひとり全世界の帝国ならむ」など論じたらむには、其《レ》に困《こう》ずる者も有ぬべし。然れども、夫《ソレ》に困ずるは、独逸国上古以来の治乱興廃を知らざるによる事にて、是を審《ツマビラカ》に研究《タヾ》す時は、聊《カ》困ずるに及ばず。次条《ギ》に記せる如く、簒奪《さんだつ》の王位なれば、弥《いよいよ》□天統の美《うつくしき》事、判然と知らるゝ也。然れば、其他の国々の王統、はた賤劣なる事、□天津日嗣に伉《タクラ》べ奉らむも、甚畏《イトかしこ》きわざなりかし。故《カレ》此《ノ》書を著はさではえあらぬ所以《ゆえん》なり。

この本は、旧約聖書の物語にはじまり、ローマ帝国からヨーロッパの王朝交代史を書いています。文久三年の時点では、世界で皇国（日本）・支那（中国）・ドイツ・トルコ・ロシア・フランスの六国が帝国を名乗っているのですが、竹尾はそれらの国は日本を除いてすべて偽の帝国だというのです。日本以外の王はすべて酋長だといいます。なぜその国々が偽の帝国かというと、それらの国は、すべて臣下が王位を奪った国でしかない。しかるに我が日本だけは「すめらみくに」として、正しい血統の天皇に支配された国だというわけです。万世一系の血筋がつながっている王の国は日本だけだというのです。他の国は、皆王位が簒奪された歴史をもっており、そういう国は正しい国であるわけがなく、いずれも偽の帝国なのだと延々と書きます。ようするにこの歴史書は、多くの国があるが、我が「すめらみくに」のみ万世一系の皇統であるがゆえに大帝国なのだ、と主張するために書かれたわけです。この書の記述は、旧約の物語などをはじめとして、年代的にはほとんど間違いはありません。というのはアメリカのブリッジマンの『世界地理』などが中国語に訳されたのを読んで書いてるからです。

なぜこうした本を書いたかというと、外国の圧倒的な軍事力に怯える日本にとって、その軍事力に対抗するには精神力しかないわけです。その精神力をいうには、日本が皇国だと思い込むほかにない。その皇国だという思いは、やがて神国だという主張になります。さらに昭和の一九三〇年代になると神国だという意識が極度に出てきます。いわばこの神国意識は、万世一系の皇統につながる天皇の国だという思いに発しているわけです。こういうなかで、日本は中華だということを主張している。しかしこれはコンプレックスの裏返しにすぎません。さらに万世一系の皇統という考え方は、別に日本固有のものでもないわけです。

この日本中華意識の最も早い現れは宣長です。それを、極端な形で天御中主を中心とした神体系として唱えるのが平田篤胤です。物理的・経済的・軍事的あるいは政治的に劣勢であればあるほど、精神的優位性を保つことによって、自己のアイデンティティを確認しようとする。そのひとつの現れが竹尾正胤の『大帝国論』であり、この『大帝国論』がかたる世界こそは、天皇の国意識を強調し、日本をひとつに統一する国家のイメージを提示した。それが、万世一系である天皇の国というかたちを説く信仰にたかめられ、政治闘争のイデオロギーになっていく。これが日本において国民国家としてのひとつの国を生み出す原器になります。

こうしたあり方を支えたもうひとつのものが、頼山陽の『日本外史』にみられる歴史認識、歴史像です。それが幕末の攘夷思想につながっているわけです。

その攘夷とは、前章で述べたように、テロリズムで外国人を切るような攘夷ではなく、夷狄の強大な武力に対抗して自分たちの国のあり方を主張する攘夷としてとらえられます。そうした意味では、攘夷とは日本的ナショナリズムの表現だったということができます。だから当然のこととして、精神的・文化的に外国に対峙する日本のあり方を主張するものが攘夷のなかにあります。外国人殺傷のテロリズムに走る小攘夷にたいし、日本の国力を増すことによって真に外国に対抗できる国をつくろうという大攘夷の主張として攘夷開国になるわけです。

（そのため明治になると日本人がヨーロッパの文明にかぶれていくのを批判する動きが攘夷のひとつの主張となる）

開国し貿易によって生産力を高め、国を豊かにする。富国にすることによって外国に対抗できる国をつくろうというのが大攘夷です。そのときの大攘夷論には二つの流れがあります。ひとつは経済的・物質的に国が強くなればいいという考え方です。もうひとつは明治になって出てくる主張で、国が強くなるには国を支える何かがいるというものです。国家が国家であるには、他国から尊敬される国家でなければならない。それには、日本が国家にふさわしい道義性をもっているかどうかが問われます。文明の名によって略奪するような外国勢力に対抗するには、そのような文明を克服する何かを日本がつくらなければならない、という主張が出てきます。

そうした意味での攘夷を、やがて主張するのが西郷隆盛です。文明国が本当に文明国であるならば、未開野蛮な人びとを礼をもって導かなければならないのに、現在の文明国たる西洋列強はアメリカにしてもイギリスにしてもフランスにしても、世界各地にみな植民地をもちその人びとを収奪している。これは真の文明ではない。文明とはそれぞれの道義性が問われるのだ、と西郷はいうのです。彼の原点はそこにあり、西郷が西郷であるゆえんはそこにあるといえます。しかるに日本が近代化でやったことは、欧米列強の抑圧の論理だけを追求したものであり、西郷の精神にも悖るわけです。

（日本の右翼は西郷先生といって尊敬するけど、肝心なところがわかっていない）

徳川幕府の終焉

幕府は坂下門外の変をはじめ、倒幕派のテロリズムによって急速に政治的地盤を失っていきます。

一方、薩長や水戸の倒幕派は朝廷を取り込むことによって政治的権力を奪取する戦略をとります。そうしたなかで幕府の体制維持に京都守護職として活躍するのが会津です。

（会津は戊辰戦争のさい薩長の官軍側に徹底的に破壊され、会津藩は責めを負わされて領地を取り上げられ、下北半島に追われ、斗南藩となる。斗南の名は北斗から南面して王宮を守護するという意識からつけられた）

やがて鳥羽伏見戦争がはじまり、箱館五稜郭にいたるまでの戊辰戦争が戦われることとなるわけですが、その間、小御所会議ほかさまざまな事件があり、公武合体をめぐる政治抗争があります。そこには、全国の大名と幕府とが話し合いをする議会をつくり、将軍が議会の議長になることで日本の国をひとつにまとめようとした幕府側の考えがあり、孝明天皇の周りにいる公家の上層部はそれに乗ろうとします。一方には、あくまで幕府を潰して新しい政治体制を薩長でつくろうという武力倒幕の考え方があります。

そうしたなかで孝明天皇が突如死に、公武合体派はいわば後楯を失います。そして幼い明治天皇が登場します。そのため孝明天皇の死には、倒幕側による暗殺という風聞がつきまといます。それぐらいその死は重要な意味をもっていたのです。しかしいずれにせよ、幼い明治天皇が出ることによって、それを擁する岩倉らのグループが薩長と結びついて倒幕への道を歩んで行くこととなり、それが鳥羽伏見の戦い以後の戊辰内乱になるわけです。それでも孝明天皇死去の直前に没した家茂の後をついだ、十五代将軍慶喜は大政を奉還するなど、朝廷に最後まで恭順の意を示し、新しい議会の中心になって事態を収拾しようとしています。

なぜ慶応四年の戊辰戦争から一八六九（明治二）年の箱館五稜郭に至るまでの内乱が必要だったのか。それはようするに新しい政治権力を立てる場合、旧権力を武力で徹底的に抑圧しない限り新権力は力をもてないからです。西郷があくまで武力での倒幕にこだわった理由はそこにあるわけです。

しかし、当然その内乱をめぐって幕府側に立つフランスと、薩長側に立つイギリスが介入する可能性があり、もしその介入が行われるならば、日本の内乱は国際戦争になる可能性がありました。さらにその結果、日本がいずれかの植民地になりかねないわけで、その

「朝敵」とされた会津の意識

会津にある福島県立博物館の歴史展示は戊辰内乱にほとんどふれていない。幕末に京都守護にあたった会津藩主が天皇からお褒めにあずかった詔勅の写しが飾ってあるくらいである。会津と二本松は奥羽越列藩同盟の軸になって官軍に対抗したが、戊辰内乱で会津が「朝敵」になった話を書くのは福島県人にとって複雑なものがあり、このことに正面からふれないようにしているのだ。

でも会津は、最後まで幕府側で闘ったことを、誇りに思っている。会津の誇りを知るには保科正之が寛文八（一六六八）年に制定した「家訓十五箇条」の精神を思いみなければならない。また二本松藩には五代藩主丹羽高寛の「爾《なんじ》の俸、爾の禄は民の膏、民の脂なり。下民《かみ》は虐げ易く上天は欺き難し」との戒を寛延己巳（一七四九）年春三月に刻した「戒石銘」がある。それは、後蜀猛昶の戒諭辞によるが、上にたつ者の心構えを説いたもの。ここには治者たる戒がある。このような治績を世に問うべきだ。

ため勝海舟をはじめ万国公法を学んだ何人かの人たちがアメリカに働きかけ、諸外国に局外中立を宣言させます。イギリスは局外中立を宣言することによってフランスの加担を妨げようとし、幕府の軍事教練の指導者として来ていたフランス人たちは、五稜郭までついて行って幕府側を支えます。また箱館にいた榎本武揚らは、箱館の一部の土地を抵当に入れてドイツ商人から軍資金を借ります（そのため戦争が終わった後、ドイツ商人が函館の鉄道施設権や土地の占有権を主張する事態になる）。しかしこの五稜郭戦争で奥羽越列藩同盟とともに幕府軍の残党はついえ、薩長側が最終的に権力を握るわけです。

第十一章　文明開化の下で

川上音次郎のおっぺけぺー

天皇親政の開始

明治の人たちは、ペリーが黒船四隻を率いてやってきた一八五三（嘉永六）年のことを「嘉永癸丑」（癸丑はこの年の干支）といって、さかんに口にしました。この事件がきっかけとなって王政復古となり、軍事経済的圧力のもとで民族的に結集を果たしていくわけで、これが御一新でした。民衆は日本は万世一系の皇統をもつ皇国だと教えられ、王政復古、万機親裁というかたちで明治維新がなされていきます。そして、一八六八（慶応四）年の鳥羽伏見から一八六九（明治二）年の箱館五稜郭にかけての内乱（戊辰戦争）において武力で徳川将軍家を倒すことによって、薩摩・長州を中心とした新しい権力が成立すると、その新しい権力を支えるものとして天皇が担ぎ上げられます。天皇は東京に行幸し、天皇が直接政治に関わる天皇親政が行われることとなります。

明治の天皇親政には三つのかたちが考えられました。

ひとつは明治の初め、西南戦争の頃まで行われたもので、天皇は実際には政治に関与せず、祭主的性格を帯びた存在である親臨形態です。天皇は簾のなかにいて前で行われている会議を覗いているだけです。明治天皇はまだ幼く、最初の小御所会議のときには岩倉に抱かれて出ているぐらいですから、当然です。

その後、天皇が少年から青年へ成長する明治十年代には、薩長の有司が専制的に政治を行い、一般に有司専制といわれます。そうしたなかで、「親裁論」と「親統論」が出てきます。

親裁論はすべての議案を天皇の所に上げ、天皇がそれを裁可するというものです。当時天皇の側にいて親裁論を主張した一人が、侍輔の元田永孚です。侍輔とは青年になっていく天皇に天皇の役目など帝王学を教える、いわば家庭教師みたいなものですが、この親裁論を伊藤博文らが嫌います。そんなことをしたら、天皇の側にいる人間が実際は決めることになり、中国の宦官の弊害を日本にもたらすものだというわけです。

その結果、親裁論は敗れて親統論になります。親統とは「事を統《す》べて、事を統《す》べらず」であり、大蔵卿や内務卿ら大臣に政治を任せ、彼らが決めたことを認めるという形態です。以後の日本は、親統論のなかで大日本帝国憲法を制定し、大東亜戦争の敗戦まで天皇は親統論に拠っています。だから戦後、なぜこのような戦争をやったのかと問われた天皇は、内閣が決めたことを自分が覆すことはできないといえるのです。しかし、最後の終戦詔勅は天皇の直裁で決まったわけで、天皇が降伏勧告を受けいれることで戦争終結が決まるというのは親裁論ですから、ある意味で異様な事態なのです。

ここにみられる天皇の統治は、欧米の文明国家をめざす歩みと軌を一にした立憲君主制にほかならず、皇室制度として確立されたものです。その制度体による国家の在り方は「天皇制」と称されています。この「天皇制」なる言説は、一九三二年にコミンテルンが日本共産党に指示した戦略（三二テーゼ）が日本の君主制を翻訳で「天皇制」と規定し、日本革命における打倒すべき主要な敵とみなしたことで、時代を風靡していた神権的国体論の風潮と一体化することで人口に膾炙していったものです。

（今日でも天皇は、国事行為として、詔書、法律・政令の公布、条約の批准書等に御璽を、内閣総理大臣が「裁可を仰」ぐ、「認証を仰」ぐ、「御覧に供」すと上げてきたものに「可」「認」「覧」印を押す。この形式は、明治十二年の公文上奏式による「可印」「聞印」「覧印」を受けたものである）

明治十四年という秋

征韓論に敗れて下野した板垣退助らが一八七四（明治七）年に民選議院設立建白書を提出したことを契機に、自由民権運動がはじまり、国会開設運動が高まっていきます。一方、西南戦争の後のひどいインフレで、財政整備をしなければならない政府は、富岡製糸場とか北海道の官営事業を払い下げようとします。この官営事業の払い下げをめぐって一八八一年に明治十四年の政変が起こります。

北海道の開拓については当初より薩摩閥が強く、北海道をよく知ってるのは薩摩だという発想もあって、北海道開拓使官有物の薩摩系大阪商人への払い下げが進行します。同時に岩崎（三菱）も北海道の官有物払い下げをねらっていました。三菱は、払い下げを有利にしようと、大隈重信と謀り、さらに福沢諭吉を捲き込み、政府は有司専制である、一部の者による独裁だと批判を繰り広げていた国会開設の声と一体化し、薩長藩閥批判を支援します。また大隈は早期の国会開設を主張します。かくて政府内は、官有物払い下げと国会開設をめぐって薩摩・長州と大隈重信の二派に割れ、大隈は追放されます。これがいわゆる明治十四年の政変です。

政変後、政府はすでに決定していた北海道開拓使官有物の関西貿易商会への払い下げを中止します。さらに国会を九年後に開くという詔勅を出します。政府には九年間で反対派を分裂させるという思惑がありましたが、ともあれ九年後の明治二十三年には憲法をつくって国会を開くことを約束するわけです。これに応じて大隈たちのグループは改進党を、板垣退助たちは自由党をつくって自由民権運動に乗り出します。こうした状況にあって、民権運動に対抗するためにも、皇室の基盤を固めるためにも、かつて藩が所有した官有の山林などを天皇の私有財産とし、皇室財産が設定されます。

一方、政府内では、大久保利通亡き後、長州の伊藤博文、肥前の大隈重信が力をもっていましたが、ここに薩摩と長州が一緒になり、松方正義が大蔵卿になって財政整理を行います。松方は紙幣整理によってインフレを終らせようとし、俗に「松方デフレ」といわれる状況をつくり出します。そのため米価が下落して農民たちには定額金納の地租が重い負担となり、村に住めなくなって都市に流れ込み、工場の労働者になっていきます。それが日本の産業革命の前提になります。経済史では資本の原始的蓄積ともいいます。また農村では、土地を手放した百姓の土地を買い集めて大地主が生まれてきます。

この明治十四年には、政変とともに重要なこととして、宮中が祀る神、すなわち日本の神を伊勢の「天照」と決めたことがあります。そして出雲大社が祀る「大国主」は祭神から外されます（大国主は黄泉＝あの世を司る神）。その結果、天皇につらなる国家の祭事には来世を司る神がいないこととなります。しかし、宗教あるいは信仰というものは本来、死後の世界、来世のあり方に関わるものです。したがって、来世を司る神がいないということは、神社が宗教の対象でなくなったということです。それが後に、仏教徒もキリスト教徒も神社を崇敬すべしということにつながります。

さらに明治十四年頃から皇室を中心とした儀礼（宮中儀礼）がととのってきます。天皇の称号については、一八八二（明治十五）年に宮内省一等出仕伊地知正治が「天皇又ハ天子ト尊称シ奉リ、又ハ各国対等ノ公文式ハ天皇ト称謂ヲ定メ候ハバ、其他ハ不用ナリ」と説いています。そして一八八三年四月に外国に発送する公文に用いる天皇・皇太后・皇后の称号を定めます。外国人には皇帝陛下・皇太后陛下・皇后陛下、在外公使・領事等には聖上・皇太后宮・皇后宮または天皇陛下・皇太后陛下・皇后陛下と書くようにしました。ついで一八八七年には、宮内省が内閣記録局の照会に対し、天皇陛下の尊称はもっぱら内事に用い、皇帝陛下の尊称は内外に相通用するものと回答します。いわば、万国総帝を意味する天皇ではなく、皇帝という一般名称を用いたように、国体論的な特殊日本型君主制でなく、一般君主制をめざしたのです。

（もっとも外国に向かって日本の君主の名前を「天皇」と公式に名乗るのは、一九三六（昭和十一）

年四月十八日に外務省がそう発表して以来で、それまでは「皇帝」といい、国名も「大日本帝国」といったり「日本国」といったりまちまちであった。それが、満州事変から支那事変に向かい、やがて大東亜戦争になるという総力戦体制になっていくなかで、外に向かって「俺んとこは大日本帝国であり、ウチの君主は天皇なんだぞ」と声明し、以来対外的な文書に「天皇」という名前を使い出すのである。しかし宮中では旧来のまま「皇帝」を用いており、開かれた君主制をめざしていた）

そうした点からも、明治十年代後半には天皇を軸とした日本の君主政治が制度的に組まれてくるのです。同時に、天皇親政が親統論に決着をみい出し、侍輔が廃止され、侍講が単なる家庭教師として侍るようになります。

「国民国家」への道

現在、日本文化の代表のようにいわれる歌舞伎とか能、お花、お茶などは、すでに述べたように、ほぼ応仁の乱以後、主としてその形がつくられてきたといわれています。それ以前は、圧倒的に中国文化の影響下にあり、その流れは江戸時代になってもつづいています。ようするに日本は、古代以来、中華文明の影響下にずっとあったのです。

現在の文化とか社会構造を生み出し、日本が日本国になったのは明治維新以後です。明治の維新革命は、対外危機意識を支えに、嘉永癸丑（一八五三年）のペリー来航にはじまる討幕運動下に顕在化した楠公信仰にみられる南朝顕彰運動、神武天皇信仰、御陵修補運動という三つの精神文化運動によって、「日本」への関心が高まり、自分が日本人なのだという意識に促されたものです。ここに国民としての共通した下地がつくり出されたといえましょう。

現在の日本、あるいは市民革命後のフランスやアメリカといった国を、一般に「国民国家（ネーション・ステート）」といいますが、それは国家の主権を国民の意志が支えるという点において、それ以前の国家とは政体の如何にかかわらず本質的に異なります。国民国家であるがゆえに、たとえばパスポートをもつことがその国民であることの証になります。ヨーロッパではそれだけではすまないで、たとえばパリの市民は市民であるという身分証明書をみなもたされ、そこに番号が書かれています。日本にそうしたものがないのは、日本列島に住んでるのは日本人に間違いないとみんなが思ってるからで、おそらくそのうちに身分証明書の携帯が義務づけられるようになりましょう。国民国家というのはそのような国家なのです。（二〇一五年一〇月より個人番号が通知された）

国民国家では、そこに住む人たちがある均質化された性格をもっています。また国民国家には国境で囲まれた主権を備えた国家の領域があり、そのなかに住む人間には国民としての一体性が求められます。それが「ナショナル・アイデンティティ」です。ドイツの哲学者フィヒテはナポレオンが攻めてきたとき、国民に向かって「ドイツ国民に告ぐ」という演説をしますが、その演説のなかで、国境には外的国境と内的国境がある。外的国境とは領域であり、内的国境とはドイツ国民であるという一体性だと言います。その内的国境においてきわめて重要なこととして、ドイツ語を話すということがあります。

日本において、旧来の幕府や藩が国民国家と違うのは、藩には一定の領域がありますが、民にとって藩との一体感はあるようでいて、あまりありません。藩主の家が変ってもさほど生活に変化もないわけです。また藩領、旗本領、幕領としての天領が錯綜しています。とはいえ、三百年近い江戸時代にあって、ひとつの藩が同じ場所にあれば、藩と領民の一体性はでき上がりますから、明治になって日本全国がひとつの国家になっても、日本国民であるよりも会津の人間、薩摩人、長州人だという意識のほうがはるかに強いわけです。

パトリオティズムとナショナリズム

江戸時代の藩意識は現在でも残っており、それが最も強く出るのが甲子園である。これはいうまでもなく「ナショナル・アイデンティティ」とよべるような性質のものではなく「パトリオティズム」(愛郷心)、生まれ育った場所にたいする執着である。そして国民国家とは、そうした「パトリオティズム」を「ナショナリズム」に切り換えていくことによって成立する。

ヨーロッパの国々でも、たとえばスペインやフランスにしても、それぞれが国家としてまとまる以前は、バスクとかノルマンディーとかさまざまな地域があり、そこに住んでいる人間には自分たちは自分たちだという意識がある。それをスペインとかフランスという塊にしなければならないわけで、それが近代のひとつの問題なのである。バスクなどでは現在でも独立運動として、その思いが顕在化している。

こうした意識を乗り越えて国民としての一体性をもたせるためには、国民としての均一化・画一化を図っていくことが重要になります。そして、国民国家には戦争のような対外的に発動される国家の主権と、その国家を支えるものとしての国民の主権があります。逆にいうと、国民国家は主権国家であるけども国民主権をふまえたうえで、戦争を行うという国家意志が発動されるわけです。そこでは、国民主権をふまえながら国家が国家としてまとまることが必要とされるわけです。ようするに国民的一体性をつくりうるような国家構造にしていかなければならないのです。

そこで重要なことは、国民を均質にし、かつ平準化することです。けた外れな権力をもった国民もいれば、まったく権利をもたない国民もいるという状態では、国がひとつにまとまりません。均質化した同じような国民がいなければならないわけで、それが「国民化」ということです。ようするに、武士、百姓、町人、職人、あるいは被差別民といういくつかの身分に分けられていた人びとを、国民というファクターにおいて均質化し、みな同じ国民としなければならないわけで、日本ではその平準化を天皇の「赤子」というかたちで行いました。

明治政府がそうした国民化において、最初にやったのは空間の問題です。日本の領域を国境問題として画定する作業です。さらに、自律的なコミュニティを画一化すべく、旧来的秩序が色こく遺る村を文明の名によって「蛮風退治」を行って均質化します。たとえば祭のときに裸で御輿を担いではいけないとか、あるいは祭の晩に男女が自由に交わるような習俗をやめさせるといったことです。日本ではかつて、祭の晩に男女が自由に交わって相手の不明な子どもが生まれたりしても、その晩に宿された種は神さまの種だということで、村人全員で育てるような土地があったのですが、明治になって、そういう風習は文明に反する「蛮風」だとされたわけです。ようするに明治政府はこの均質化・平準化をヨーロッパ化＝文明化の名のもとに行ったのであり、それが「文明開化」でした。

文明の政府

日本は文明の政府をつくるために「開国和親」「富国強兵」を掲げます。そして、欧米列強の軍事・経済力に並ぶような文明国をめざすため、軍事・教育から日常生活まであらゆる面にわたって文明化を進めます。

そこで、習俗を変えるためにつくられたのが違式詿違条例です。これは今でいう軽犯罪法みたいなものです。たとえば軒の外へ薪とか石炭などを置くなとか、あるいは板葺きの家をつくってはならない、汲み取りのときに蓋を外し糞尿を町へばらまいてはいけない、ふんどし姿で歩いてはいけない、そういったことを決めたわけです。男が女湯に入ってはいけないというのもあります。それまでは、男女で入口が違うけど中が一緒という銭湯がたくさんありましたが、それをちゃんと分けろというのです。それから、夕涼みのときに肩肌脱ぎで外に出て縁台に座ってはいけないとか、立ち小便をしてはいけないとか、各地でさまざまな取り決めがあり、開港場の横浜や東京で各々布告されています。

明治の初めごろ富山県の山のなかの町で公衆便所をつくっている例がありますが、こうした文明化にうながされたと思われます。こんな所に公衆便所をつくっても使う人間はいなかったでしょうから、おそらく村の大きい家で便所が外にあって、そこから百姓が下肥を汲み出したりするのはいけないとしたのでしょう。これが文明化のひとつの様相です。

このように文明化は生活実態と離れるかたちで行われ、日本に古くからある民俗的慣行はすべて蛮風だからやめろとされます。さらに、栄養があるから牛乳を飲めといい、天子様は牛乳を飲むとか、肉を食べたという話が流布し、文明開化の先導者としての天皇を喧伝したのです。

それでは、文明とは何なのでしょうか。

文明とは、地理的にいえばイギリスを中心とする西ヨーロッパ的世界であり、歴史的にいうなら産業革命や市民革命の段階に到達したところです。それ以外のアフリカ・アジアといった世界は野蛮とされました。当時、文明開化に立った人たちは、歴史は野蛮から文明に移っていくととらえ、文明は明るい社会、野蛮は暗い社会。だから、アフリカ大陸は「暗黒大陸」であるといわれます。

（このためシュバイツァーは「暗黒の聖者」などともいわれる）

一方、文明の論理を担う西欧世界は、未開・野蛮な所を文明化するのが使命であり、それら未開・野蛮な所を支配して文明化していくという植民地支配の論理を信奉しています。さらにこの文明の宗教がキリスト教であって、アジア・アフリカが未開野蛮であるのは宗教が悪いからだ。仏教もイスラム教も、そういう未開野蛮な人民を無知蒙昧の世界に置いておくままだといいます。政治的にいえば、この文明の論埋こそ西ヨーロッパ諸国が植民地を支配する、つまり帝国主義的支配を行うときの論理となります。（その「文明の論理」が当世は「民主主義」「人権」という論理で喧伝されている。各国の個別性を否定する普遍をかかげて）

福沢諭吉の決断

こうした文明の論理のなかで日本はどうあるべきか悩んだ一人が福沢諭吉です。日本は未開なのか。歴史の流れは狩猟採集から農耕文化、さらに農耕文化から産業文化へと進んだというが本当にそうなのか。日本には日本の文明の道があっていいのではないかと悩むわけです。しかしこの時期、中国がインドシナ半島をフランスに取られ、日本もいつ欧米列強の植民地になるかもしれな

人類学の誕生

アジアやアフリカを調べれば自分たちがかつてたどり、今はすでに痕跡もないような過去の世界がわかるのではないかということではじまった学問が人類学である。

この学問の根には、文明の論理にのっとって、アジア、アフリカは未開野蛮とする、きわめて一元的な思考方法があった。また、そうしたところをいかに効率的に、効果的に、同一的に、合理的に支配できるかを研究したのが人類学でもあった。ようするに、人類学は当初、植民地統治学の側面を有していたのである。

いような国際状況下にあって、福沢はアフリカなどに比べて文明化している日本を「半開」と位置づけ、ひたすらヨーロッパの文明を受け入れていくべきだと考えます。「脱亜入欧」すなわち日本はアジアではなくヨーロッパになるべきだと考えた福沢は、ヨーロッパ的な文明を紹介した『文明論之概略』等を著し、「文明」とは何かを説き啓蒙活動を行っていましたが、ここに文明の使徒たる役割を己に課したのです。それは苦渋の決断でもありました。

福沢が書いたものには服装の話などもありますが、そのなかで彼は、ワイシャツのボタンはどう留めるか、あるいはズボンの穿き方、パンツの穿き方などを、まったく知らない日本人に教えます。実物ではなく、本で教えるのですから大変なことです。

福沢が悩んだのはようするに、日本には日本の文明の道、日本の近代があると考えるのか、それともそうしたことを日本が内発的に考えるのは難しいから、ヨーロッパの最先端の近代を受け入れるのかという問題です。日本では結局、文明開化のなかで積極的にヨーロッパ文明を受け入れ、その最先端の文明を日本のものにすることで、開化する道をとります。そうしたなかで日本をどう形づくるかが、日本の近代の最大のテーマでした。「文明」の何をもたらすかが問われたのです。この「文明」批判への根元的な眼をもっていたのは西郷隆盛です。弱者を虐げ、圧制するのが何で文明か、と問いかけています。

国家祝祭日ことはじめ

この文明日本を形づくる装置のひとつとして、祝祭日の創設があります（表3）。日本には旧来からの節句祝として五節句がありました。五節句祝とは人日、上巳、端午、七夕、重陽の五つで、人日は一月七日（七草）、上巳は三月三日（雛）、端午は五月五日、七夕は七月七日、重陽は九月九日（菊の節句）です。しかし政府は一八七三（明治六）年、年中祭日・祝日について布告し、五節句祝いを止めさせます。その代わりに神武天皇の即位日（紀元節）である二月十一日（現在の建国記念の日）と、明治天皇の誕生日（天長節）の十一月三日（現在の文化の日）を祝日とします。神武天皇の即位日というのは、布告を出した時点で二月十一日と決めたもので、それも『日本書紀』に辛酉春に即位したとあるので、この日としたにすぎません。

〈天長節は「天長地久」〈天は長く地は久し〉からとったもので、したがって皇后の誕生日は地久節といった。皇后は大地の母だというわけである。地久節は公的な休みではなかったが、婦人の地位向上をめざし地久節制定運動が女権拡張の一つとして展開される。国母である皇后の誕生日を、国父である天皇と同じように祝口にしろという運動は女権拡張の運動だったのである。明治期に女性の地位を上げようとした人びとは、まず国母である皇后の誕生日を国として祝うべきだという主張から出発

したのである。その結果、明治末年になると、女学校ではこれを祝日扱いにした）

こうした祝日の発想は元来日本にはありません。ヨーロッパの君主国では、その王朝のはじまりがその国のはじまりですから、建国の歴史とか初代の王の誕生日は明確にわかるし、その日が祝日として祝われます。そうしたヨーロッパの君主国における祝日の感覚を日本に移してきたわけです。明治になってつくられる皇室を中心とした儀礼は、具体的にはイギリス王室を中心としたヨーロッパ君主国の儀礼に倣ったものです。イギリスでは王さまの誕生日に各国の外交官を呼んでパーティーをやりますが、日本でも一八六九（明治二）年の天長節に外交官の招宴を催しています。そうやって日本が天皇の国であることを内外に強調していくわけです。

皇室の祝いは国家による創設であり庶民の日常生活とは関係ないものでしたから、国民のあいだにはこの問題についてかなり反発がありました。当時、文明開化を啓蒙する役目を担わされる教導職は、国学者、神主、僧侶、そういうものでしたが、それだけでは足りないので、役者、講釈師、落語家とか、仮名垣魯文のような戯作家、そういう人たちをみな教導職に任命し、彼らに政府の政策の宣伝をやらせる大教宣布運動というのが行われました。そのときにネタ本となったのが、文明開化を説いた「開化本」と称される本です（『明治文化全集』「文明開化篇」のなかに「開化本」が集められている）。

そのなかに『開化問答』というのがあり、旧平という老人と、開次郎という青年が問答をします。旧平が「この頃、芸者だとか娼妓だとか役者だとかみんなそういうのに税金掛ける。何にでも税金掛けるけども、天子様はゼイゼイゼイゼイと喘息を煩ったのだろうか」といいます。役者だろうが、講釈師だろうが、みんな営業の鑑札をもらうから、鑑札税が掛けられるわけです。芸者や娼妓も掛けられます。それにたいして開次郎が「そうじゃない、今、吾等は、要するに、国民になって、日本国を作ってる。その日本国の全部を取り仕切るのが天子様で、その下にお役人がいる。お役人は天子様の手足として働いてる。ちょうど、例えて見れば、天子様というのは、大工の請負人の棟梁みたいなもんだ。家を建てるのに、請負人の棟梁が家を請け負うと、左官だとか大工だとか屋根葺きだとかいて、それぞれに給金払うだろう。天子様は、日本という国の棟梁だから、その税金というのを天子様がその日本国のいろんな仕事をやるものに分けてやっているのだから、税金というのはいるんだよ。こうして各々に仕事をする人がいるから、われら人民は無事安泰に暮せるのだ」と説明をするわけです。

そうするとさらに旧平が「まぁ、そのことはわかった。でも、この頃は、節句祝は止めろだとか言う。我らには、節句が大事だし、地獄の釜の蓋のあく日が大事だし、花祭りが大事なんだ。それなのに、訳の分らない日を祝わせる。お上は赤丸を売るために、そんなことをしてるのか」といいます。「赤丸」というのは日の丸のことですが、江戸時代には密かに子どもをおろす、堕胎させる商売のことを「赤丸屋」と称したそうですが、それにかけているわけです。だから、祝祭日をつくって日の丸を立てろなんていうけど、そんなものは自分たちには関係ないっていっているわけ。当時の庶民には国家祝祭日より暮らしに根ざした生活暦のほうがよほど大事だったのであり、それをあえて否定されたようすが、こういうところによく現れている。

国家祝祭日の役割

国家が決めた祝祭日は当初、一月三日の元始祭、一月五日の新年宴会、一月三十日の孝明天皇祭、二月十一日の紀元節、四月三日の神武天皇祭、十月十七日の神嘗祭、十一月三日の天長節、十一月二十三日の新嘗祭、春と秋の皇霊祭（春分の日、秋分の日）です。神嘗祭は現在でも宮中で行われています。天皇が初穂を神前にささげ、それを下ろしてきてみずからが口に入れるのが新嘗祭です。

天皇に直接関わる祝祭日としては、孝明天皇祭（先帝祭）と神武天皇祭、つまり前の天皇の命日と、初代天皇の没したとおぼしき日が入っており、あとは春と秋の彼岸は皇霊祭になっています。明治政府は当初、歴代天皇の死んだ日を何々天皇祭としたのですが、全天皇の命日ごとに役所を休みにしていたら仕事にならないので、初代と前の天皇の死んだ日だけを天皇祭として、あとは春と秋の彼岸にまとめて皇霊祭としたのです。ようするに神道のかたちはとっていますが、実際には仏事儀礼にもとづいているわけです。

大正天皇の代になると、孝明天皇祭は消え、明治天皇が死んだ日が明治天皇祭となり、大正天皇の誕生日が天長節になります。さらに昭和天皇になると明治天皇の死んだ日も消えて、先帝祭は大正天

表3　「国民の祝日」の構造

	明　治	大　正	昭和戦前	昭和戦後	平　成
1月1日				元日	
1月3日	元始祭				
1月5日	新年宴会				
1月15日				成人の日	
1月30日	孝明天皇祭				
2月11日	紀元節			建国記念日	
春分日	春季皇霊祭			春分の日	
4月3日	神武天皇祭				
4月29日			天長節	天皇誕生日	みどりの日
5月3日				憲法記念日	
5月5日				子供の日	
7月20日					海の日
7月30日		明治天皇祭			
8月31日		天長節			
9月15日				敬老の日	
秋分日	秋季皇霊祭			秋分の日	
10月10日				体育の日	
10月17日	神嘗祭				
10月31日		天長節祝日			
11月3日	天長節		明治節	文化の日	
11月23日	新嘗祭			勤労感謝の日	
12月23日					天皇誕生日
12月25日			大正天皇祭		

註）平成期は平成8年1月1日現在
典拠：大濱徹也・熊倉功夫『近代日本の生活と社会』（放送大学教育振興会、1989年）ほか

皇祭になります。しかし明治をつくった天皇を追想する日、その遺徳を想起する日をなくすわけにはいかないので、明治の天長節であった十一月三日を復活させて明治節とします。

（敗戦直後新たに祝日とされたのは、一月十五日の成人の日と五月五日の子供の日だけで、十一月二十三日の新嘗祭が勤労感謝の日になるなど、国家暦の基本的枠組みは残る。ということは、敗戦の結果、日本国になっても、国家構造そのものは変わらないということである。その流れで、オリンピックが開催されたから体育の日をつくるとか、紀元節を建国記念日として復活させたりする。また昭和天皇の誕生日を「みどりの日」とし、さらに「昭和の日」にしたいとする運動がある。ここにみられるのは、明らかに明治的な国家体質にもどそうとする動きである。ようするに日本は敗戦を経ても明治の国家的枠組みを乗り越える努力はしなかったということで、それゆえに今、行き詰まってるのだ）

一八九一（明治二十四）年、「小学校祝日大祭日儀式規程」を設け、これらの国家祝祭日の儀式のやり方を決めます。そのなかでもとくに重視されたのが、天長節と紀元節、さらに祝祭日ではありませんが、四方拝としての一月一日で、この三つを三大節と称しました（昭和になるとこれに明治節が加わって四大節になるが、これは明治の国づくりを国民が共有する歴史の記憶にしようとしたためである）。この日には生徒たちは全員登校し、村長さんとか駐在さんとか、村の主立った人たちもみんな参列します。そして、教育勅語とともに下賜された天皇の写真（御真影）の前にかかる幕を開き、その前で教育勅語を読み、校長先生や主席訓導（今の教頭）の訓話があり、生徒らにその祝日の歌を歌わせます。また、学校によっては紀元節や天長節には紅白のお饅頭をもって帰らせました。

天長節あるいは紀元節に歌わせた歌は次のようなものです。

天長節（黒川真頼作詞、奥好義作曲）

今日《きょう》の吉《よ》き日は　大君《おおきみ》の／生《う》まれたまいし　吉き日なり／今日の吉き日は　御光《みひかり》の／さし出《で》たまいし吉き日なり／ひかり遍《あまね》き　君が代を／祝え諸人《もろびと》　もろともに／恵《めぐ》み遍き　君が代を／祝え諸人　もろともに

紀元節（高崎正風作詞、伊沢修二作曲）

一　雲に聳《そび》ゆる高千穂《たかちほ》の／高根《たかね》おろしに草も木も／なびき伏しけん大御世《おおみよ》を／仰《あお》ぐきょうこそ楽しけれ

二　海原《うなばら》なせる埴安《はにやす》の／池のおもより猶《なお》ひろき／めぐみの波に浴《あ》みし世《よ》を／仰ぐきょうこそ楽しけれ

三　天《あま》つひつぎの高《たか》みくら／千代よろずよに動きなき／もとい定《さだ》めしそのかみを／仰ぐきょうこそ楽しけれ

四　そらにかがやく日《ひ》のもとの／よろずの国にたぐいなき／国のみはしらたてし世を／仰ぐきょ

うこそ楽しけれ

これら国家祝祭日儀礼のとき歌われる歌は、日本の伝統的な和音を中心とした音楽ではなくて西洋音階のもので、しかもキリスト教の賛美歌に倣ったリズムがほとんどです。「大君のうまれたまいし吉き日なり」は、賛美歌でいえば「主のうまれたまいし吉き日なり」となれば「諸人こぞりて」につでもつながる世界で、天長節の歌には賛美歌的リズムが強く出ています。小学唱歌のほとんどは、伊沢修二が中心となりましたが、お雇外国人メースンの手で、アメリカで一般的に歌われていた賛美歌からとられたものが多いのです。

また、日本がロシアに宣戦布告したことを国民が知らされたのは一九〇四（明治三十七）年の二月十一日、紀元節の日です。日本政府は二月十日にロシアに宣戦布告しますが、そのことを翌十一日には国民が知ることを計算してこの日に布告しているわけです。この日に国民は日本軍がロシアと戦争して仁川を占領したことを初めて知りますが、そのため日露戦争の勝利は紀元節と結びついて記憶されていきます。こういうかたちで国家意識の発揚をしていくとともに、国家祝祭日を国民のなかに浸透させていったのです。

各学校に下賜された御真影は、厳重に保管することが義務づけられ、御真影を納めるための耐火式の建物をつくらせて奉安殿と称し、しだいに神聖視されていきます。

神武天皇即位日、すなわち紀元節をつくったのは、明治天皇と神武天皇を一体にしようとしたためです。神武天皇の肖像などわかるわけないので、明治天皇の顔をもとにつくります。また明治天皇と一体にすることによって、明治維新―神武復古と重なるわけです。これは幕末の神武天皇信仰を具体化したものといえましょう。

同時に、幕末に出てきた楠公信仰に関して楠木正成を祀る湊川神社をつくります。歴史上著名な人物を神さまにする発想が出て来たのは明治になってからで、ようするにここで神観念が変わるわけです。鎌倉時代末期に鎌倉に幽閉され殺された護良親王を鎌倉宮をつくって神さまにしたり、新田義貞はじめ南朝関係者などのさまざまな神さまがつくり出されますが、その最初が楠木正成です。

そうした流れのなかで、国のために死んだ人間を神さまにして祀るべく、嘉永癸丑以来討幕の犠牲となった「志士」のための京都東山招魂社、鳥羽伏見以来の戊辰内乱の戦死者を祀った東京招魂社が一つとなり、やがて靖国神社となります。また、神武天皇を祀る橿原神宮がつくられるのは一八九〇（明治二十三）年、一八九五年の平安遷都一一〇〇年記念で桓武天皇を祀る神社として創祀されたのが平安神宮（皇紀二六〇〇年の一九四〇年に孝明天皇を祭神に加えた）です。このように、万世一系の天皇の国という日本国の枠組みを神話化してつくるのは、明治になってなされた作業で、そのために国家祝祭日とか神社を「伝統」と称して天皇をめぐる記憶を再構成していったわけです。

ハタ日と日の丸

当初、祝祭日は民衆にとって聞いたこともない日を祝わすものとして、政府は赤丸屋の看板のごとき旗や提灯を売るのかと野次られますが、前に述べたように学校教育を場として子どもに浸透させることからはじめられます。国語教科書の「天長節」という頁には、「天皇陛下」と書いた軸を掛け菊の花を生けた床の間に向かって一家の主人を先頭に家族一同が拝礼する図が描かれています。その図には「今日は天長節といって今の天子様のお生れあそばした日であるから、一家こぞってお祝いを申し上げている」と説明がつけられています（冒頭頁の「大日本帝国歴代天皇御真影」参照）。

教科書では「天長節」の次に「日の丸」の頁があります。日の丸は太陽を表したもので、日の丸の旗は世界に冠たるものだと書いてあり、そこに日の丸の旗をクロスさせた絵が載せられています。そして国家祝祭日にはこのように国旗を出しなさいと教えます。

しかし、国民は日の丸の旗なんて知らないし、旧平がいうように訳のわからない日を祝わせられるのは嫌だといって、だれも国旗を出しません。政府の役人たちですら出さない。そうしたなかで、東京とか横浜で国旗を出してくれたのは、居留している外国人たちです。帝国大学で医学を教授したベルツが一八八〇（明治十三）年十一月三日の日記に「天長節。この国の人民がその君主にほとんど関心寄せていない有様をみることは情けない。警察の力で、家々に国旗を立てさせねばならないのだ。自発的にやるものは、ごく少数だろう」と書いています。ベルツらお雇外国人などは自分の国の王さまの誕生日に国旗を出してお祝いするのに慣れているから、あたり前のように国旗を出すわけです。

民衆は、お上がお祝いしろという祝祭日は旗を出させる日だというんで、「ハタ日」と呼びます。そして、自分たちの節句祝の日は「ハレ日」と呼びました。これは農民の生活に根ざした「ハレ」と「ケ」に基づくもので、仕事をしない「ハレ」の日は、労働生活に欠かすことのできない重要な日でした。明治政府は、

ハレとケ

今でも結婚式のようなめでたい日を「ハレの日」というが、これは「ハレ」と「ケ」からきている。日常的な労働の日を「ケ」というが、毎日働いていると疲れる。そのため「ケ」にたいして「ハレ」の日が必要となる。その日は労働はせず、思い思いに酒を飲んだり、美味いものを食べたり気分よく遊び、それでエネルギーを充電するのだ。ちょうど、ゴムまりを押しつぶしたままにしておくと、やがて弾まなくなるから、パーっと開放した状態をつくらなければならないのと同じである。

その「ハレ」の典型的なのが節句だった。たとえば一月七日は、正月から飲み疲れてるから七草粥を食べて胃腸をやわらげ、さぁ次の八日から働くぞということになるのだが、これは正月一日から七日までは「ハレ」で、その最後の日というわけだ。その後の大きな節句が上巳、三月三日の雛祭りの「ハレ」の日で、その間に、初午とか、小正月といったハレの日がある。そのときにエネルギーを充電することによって農民は生きているのであり、村の生活リズムを維持するうえで「ハレ」の日はきわめて大事だった。

その「ハレ」の日をやめて国家の祝いだけやれといったわけですから、反発が起こるのは当然です。

これまでの日本の農村生活では「ハレ日」が多くあり、そのため政府は、そんなに怠けちゃだめだといいます。それにたいして民衆は、「怠け者の節句働き」などといい、節句の日に働くのは、いつも怠けているからだというわけです。「怠け者の節句働き」ということばは江戸時代にあったもので、それは「ハレ」の日は休むという村の慣行をみんなに守らせるためでした。それくらい「ハレ」の日は大事だったのです。

しかし、政府はその「ハレ」の日に代えて、ヨーロッパの君主国の祝祭日感覚に沿ってつくった祝日を休みの日にしようとしたため、国民が抵抗感覚をもたなくなるには生活自体が変わらねばなりませんでした。だから日本のなかでは、表が「ハタ日」で裏が「ハレ日」という二重構造がずっとつづきます。その二重構造は一九六〇年代の前半ぐらいまで存在しました。村では旧暦で正月を祝う所がそのころまでかなりあったのです。それが、産業構造が変わるなかで「ハレ日」が「ハタ日」に乗っ取られていくわけで、その二つの一体化に百年ぐらいかかったということです。

また、日の丸が国の旗だということを教えるために、教科書で赤い日の丸は太陽で、日本は昔から天皇の国なのだということを教えます。また、運動会のとき万国旗を飾って、世界のさまざまな国にそれぞれ旗があり、そのなかで日本の旗はこの日の丸だということを教えたのです。そのようにして、国民に国民意識を植えつけようとしたわけです。

第十二章　駆け足進軍の季節

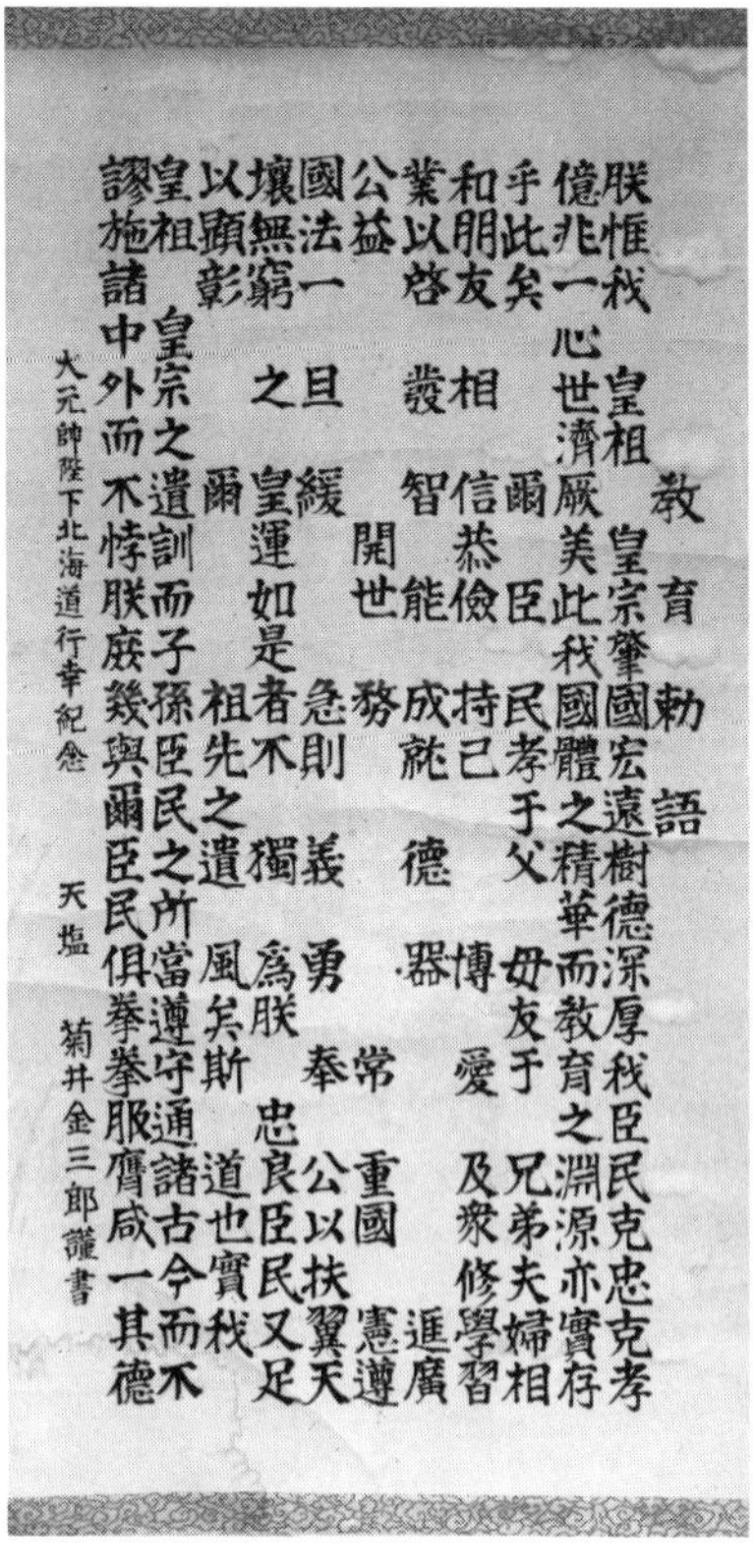

「忠孝」が白抜きされた教育勅語
昭和天皇が一九三六（昭和十一）年十月二～六日の陸軍特別大演習統監での来道記念に、天塩町で財をなした菊井木材の創業者菊井孝次郎の意を受け弟金三郎が書いたもの。国民精神の規範とされた教育勅語が心に深く刻まれていることをうかがわせる。孝次郎は、一九四一年に一〇万円を拠金し軍用機天塩号献納に尽力、町の公益事業に資産を投じた人物。（天塩町立天塩川歴史資料館蔵、露口啓二氏撮影）

歴史と国民の創出

憲法制定の準備をすすめる伊藤博文がヨーロッパ各国の憲法調査に行き、プロシアでグナイストに会います。そのとき、憲法について相談したいならば、あなたの国の歴史を教えてくれなければ何も語れないといわれます。返答に窮した伊藤は、日本にはきちんとした歴史がないことを思い知らされます。この歴史への目は、すでに一八七六（明治九）年十月に来日まもないお雇外国人ベルツが「われわれには歴史はありません」と話す日本人の姿に驚いたなかにも読みとれます。これを契機に正しい日本の歴史と称される国の歴史が求められます。ここにつくられた国の歴史は、天皇に仕え奉った奉仕の歴史という枠組みのなかで描かれ、現在でも私たちはこの枠組に呪縛された歴史を学んでいるわけです。

それだけに、今流布している日本の歴史をもう一度読み直す作業が必要になるわけです。ようするに列島としての日本の歴史がどうであったのかを、ヤマトを軸にした歴史とは違う読み方でとらえ直さなければいけないということです。たとえば蝦夷といわれた東日本のほうからみれば、また別の日本の歴史像が出てくるだろうし、あるいは日本海側からみれば別の日本の歴史像が出てくるはずです。

このことを近代の問題についてみると、国民とはもともと国民であったのではなくて、国民にされていったわけです。その国民にされていく過程で、士農工商とか穢多・非人といった江戸時代の身分の枠組が壊され、「王土王民」、すなわち全国は王（天皇）の土地であり王の民だということで版籍奉還から廃藩置県になる。さらに民はみんな天皇の「赤子」であり、天皇からみればみんな等しいものだという一視同仁観に基づいて、江戸的身分秩序が変えられていきます。

ここで生まれた「国民」を明治の初めには人民といっています。一方で臣民という概念も出てきます。やがてその人民が国民と位置づけられていくわけです。こうしたかたちで、天皇のもとでの統一国家がつくられ、それが国民国家としての歩みになります。

一方、一般の国民は「国」をどのように認識していたかといえば、会津藩士であった井深梶之助が「国民も亦他国あるを知りて始めて自国あるを知る」というように、日清戦争のなかで国民も他の国があることを知って自分の国を知るようになります。さらに「試みに王政維新前のことを想い見よ。非凡の学者は格別、通常の人は己の生国又は藩あるを知りて、日本国又は日本国民なるものあるを知らざりき」、すなわち日清戦争の前までは、藩とか自分の生まれたところは知っているが、日本国とか日本国民というものがあることは知らなかった、といいます。「現に余輩の学校に在る時に日本国民と云う詞を聞きたる覚えなし。只常に耳にしたる所のものは、江戸将軍家、薩摩、長州、土佐、鍋島、尾州、紀州、水戸、越前等と云う名称なりき。成る程偶には、日本、唐土、天竺等の語を耳にせざるに非ざれども、実に茫々漠々として雲をつかむ」。日本、唐、天竺というけど、それは具体的な日本ということではなかった。だから、日本とか日本国民という観念が出てくるのは日清戦争を契機にしてのことだ、といっているのです。

そのような人びとを「国民」にするために、政府は国家祝祭日をはじめとするさまざまな行事を行ったわけです。さらに、帝室を国民のなかに位置づけるために天皇を全国に行幸させます。

帝室は対外的な外交の面でも大きな役割を果たしているわけです。これは今でも同じで、天皇・皇后はじめ皇族は外交上さまざまな場面でしかるべき役割を果たします。外国の使節が来ると宮中晩餐会をやるのもそうした一連の行事ですが、国内的にも国外的にも外交上の接待で皇室が大きな役割を果たすようになるのは明治十年代の中頃からです。春および秋の園遊会が行われるようになるのは明治十四年頃からですが、こうしたものは元来日本の慣習にはなくて、イギリスのやり方から学んだものです。新年の宴会などで官僚のトップが夫婦連れで宮中に参内するのもこの頃にはじまったことで、これもヨーロッパの立憲君主制のシステムをまねたものです。

「国語と国家と」

こうした動きのなかで次の大きな問題は、日本列島の住民の共通語をどうつくるかです。

上田万年は日本の言語学をつくったといってもいい人ですが、一八九四（明治二十七）年十月八日、井上円了がつくった哲学館（現在の東洋大学）で「国語と国家と」という講演をします。（井上円了は妖怪博士といわれ、妖怪学をつくって河童の研究などをやった人である。彼は文明化を目指すために迷信といわれるものを学問的に究め、民衆の啓蒙を果たそうとした。いわば妖怪退治、迷信退治をやったのである）

上田はその講演のなかで「日本語は四千万同胞の日本語たるべし、僅々十万二十万の上流社会、或は学者社会の言語たらしむべからす」、「昨日われ〳〵は平壌を陥れ、今日又海洋島に戦ひ勝ちぬ。支那は最早日本の武力上、眼中になきものなり。しかも支那文学は、猶日本の文壇上に大勢力を占む、而して此大和男児の中、一箇の身を挺して之と戦ふ策を講ずる者なく、猶共に二千余百年来の、所謂東洋の文明を楽まんとす、因襲の久しき己を忘る丶の甚だしき、あながちに咎むべからざるも、さりとてあまりに称誉すべき次第にはあらず」といいます。

この講演は日本が平壌を占領し、また海上権を奪って清国に勝ったという戦勝意識とともに、国家意識の昂揚するなかでなされたものです。彼はそこで、全国民が共通する言葉をもたなければならない。そのために国語が確立することは日本国家が確立することだと説いています。支那文学すなわち漢詩・漢文的世界が日本ではいまだに大きな地位を占めているが、それを乗り越えて国語を確立すべきだというわけです。そのために国家の為すべきことは国語の研究を外国人によってではなく、日本人自身によってやられなければならないといいます。いわば言語の統一ということです。

この言語の統一という問題が、ひとつは学校教育における国語の強化、とくに読み方の強化になって出てきます。そのため戦前の学校においては「読方」と「書方」に教科書が別れていたのです。読み方の統一は、日本全国どこへ行っても国語が通じるようにするためのものでした。さらに、そのことが最も重要とされたのは軍隊です。軍隊には全国各地から人間が集められますが、彼らに話し言葉が通じなければ命令も通じないわけです。そのため軍隊は読み方の強化を強く求めます。

国語の創出

今でこそ官庁用語にはカタカナ語が氾濫していますが、それは単に知的にみせようとしているだけではなく、その語が意味するものを満たす日本語がないからです。かつてはそのカタカナ語に相当するのが漢字だったわけです。そのため漢字は本字＝真の字で、仮名は仮の字だったのです。だから男たち、つまり公的世界に出る人間は漢字でものを書くのがあたり前でした。

古く、日本語には話し言葉と書き言葉がありました。そして書き言葉のなかで共通した教養は漢字の素養でした。それゆえに文学のほうでは、話し言葉を書き言葉にしようという言文一致運動が出てきます。これはヨーロッパでもそうであって、ヨーロッパにおいて話し言葉で文学を書き出すのは、たとえばダンテの神曲だし、あるいはドイツ語に翻訳したルターの聖書もそうだし、シェークスピアの文学もそうです。それまではラテン語が軸だったわけです。日本でそのラテン語に相当するのが漢文であり、漢籍の素養でした。だから漢籍の素養が日本の教養人の共通した世界だったのです。

話し言葉でしゃべったとき、津軽の方言と薩摩の方言がぶつかれば、どちらも相手のいうことがわかりません。だから江戸時代には、ずっと江戸にいる各藩の留守居役が江戸言葉で他の藩と情報交換をやったわけです。だから江戸留守居役のなかには、一生自分の国元に行ったことのない者もいるのです。たとえば蘭学者あるいは絵描きとして有名な渡辺崋山は三河田原藩の江戸詰ですが、彼が三河の田原藩に行ったのは蛮社の獄で処分されて国元に送られたのが初めてです。いってみれば江戸留守居役というのは、江戸における各藩の外交使節みたいなものなのです。

江戸時代の後半に古川古松軒が東北を歩いて廻ったときに、「言葉七分も通ぜず」といっているし、幕末に吉田松蔭が東日本を歩き廻ったときにも言葉が通じないといっています。

あるいは明治になって北海道にいろいろな藩から移民してくる。熊本も来る、会津も来る、東北も来る。そういう各地の人が屯田兵となって集まったりすると話が通じないので、彼らは謡曲の節回しで話したり、漢字で筆談したといいます。謡曲の節回しは武士ならばだいたい知っているから、それで通じたのです。それが現実だったわけです。

明治維新直後はそうした状況でしたから、読み方教育の徹底がなされます。そのためには国語をつくらなければなりません。統一した話し言葉をつくらなければならないし、それでものを書かなければばならない。文学における言文一致はこうした考えのなかから出てくるわけです。そして国語教育を進めていくと、従来の話し言葉をそのまま用いることができないから、漢字読みの言葉が出てきます。たとえば「今日は何時に会議がある」とか「日常的な云々」といった言葉はそういうなかで生まれてきた漢字読みの話し言葉です。

歴史家の津田左右吉は、幼い日の思い出として、漢字読みの言葉が一般に話されるようになったのは日露戦争の後ぐらいだと証言しています。役場に勤める父親たちが「会議」とか「定刻」とか「定例」といった漢字読みの言葉を家庭の会話のなかで使うようになってからのことだといっており、おそらくその前は「寄り合い」とか「なんどき」といっていたのでしょう。官庁用語には今でも「稟議書」なんて普通は使わない漢字が多いのはその名残りです。

一人称の近代化

「私」とか「僕」というのは、それまで書き言葉としてはあっても、話し言葉としてはなかったものだ。だから明治時代の文学をみると括弧でその字の下に会話体が書かれている。たとえば「妾（わらわ）」というふうに（妾は「わらわ」で、「めかけ」じゃない）。福田英子の書いた本も『妾（わらわ）の半生涯』だ。妾とは自分を一段下に置いていう言葉で、「僕（ぼく）」＝しもべ」と同様、本来は自分を卑下した言葉なのである。だからこういうのは書き言葉としてはあるけれど、話し言葉としてはそれほど出てこない。

おもしろいのは、昭和になって書かれた『太陽のない街』のなかで女性は全部「妾」で表現されている。プロレタリア文学作家の徳永直は、社会主義者であってもこういう意識をもちつづけていたということであろう。

それから軍隊では、各地の「お国ことば」を身につけた兵の共通言語が必要なため、特殊な軍隊用語ができます。物干場のことを「ぶっかんば」といったり、ズボンを「袴《こ》」、ズボン下のことを「袴下」、靴は軍の靴だから「ぐんか（軍靴）」、ゲートルが「巻絆《まきはん》」、ポケットが「物入れ」等々の漢字の読み。海軍では帽子のことを「ぼう（帽）」というし、海軍には日本語と英語が混ざっていました。ふんどしがfundoshiから「エフュー」、海軍士官の隠語は女をwomanから「ウー」、女房をkakaaから「ケーエー」等々。また当時はほとんど使われなかった一人称である「私」とか「僕」をどう表現するかも問題で、そこで出てきたのが「自分」という言葉です。おそらくこれはドイツ語の「イッヒ」によるものだと思いますが、軍隊においてはしばしば自己申告をしなければならないから、そういうとき「自分は何々であります」といわせたわけです。

愛の対象として

国語の確立がなされるために、学校教育では読み方が徹底されます。その読み方の徹底の底に流れているのが国民をつくるための一連の方策です。ようするに国民の形成に関して、習俗の問題があり、身体行動の統一化のために学校体育があるなかで、言語に関しては国語の確立があったということです。国民国家ではどの国でもそれぞれ国民共通の言葉「国家語」がつくられます。それは愛とか忠誠の対象になります。つまり日本の国語がしゃべれないのは日本国民ではないといったかたちで、愛国心の対象になるわけです。

日本が後に海外に植民地をもつと、その地において日本語教育をします。日本語をしゃべれないのは日本人ではないという意味で国語を強要する。国語をしゃべることが国家への忠誠の証しだとして現地民に日本語を教えることが、大東亜戦争期に臣民への一体化として現れるわけです。しかしそうではなくて、それを使うことが役人になるための必要条件だ、くらいの意味で国家語をとらえていたなら、また別の展開になったはずです。

というのは、国民国家において国語は愛の対象ですから、フランスなどでもアカデミーがつくった正しいフランス語を知るか知らないかが問われ、そうしたなかでロマン語をはじめさまざまな地域言語が潰されていきます。そして正しいフランス語を使うことがフランス官吏になる資格でした。だから植民地においては、英領のインドにおいてもフランス領植民地においても、現地民が植民地の役人になるには英語とかフランス語が話せなければ採用されません。しかし、この英語とかフランス語は国家語、業務語ですから、現地民には依然としてヒンズー語をはじめ民族の言語を許していました。

しかし日本は、国家語、業務語という概念が希薄で、あくまで日本語を国語として現地民に強要します。そのことが植民地の人びととの反発を買います。国語を愛の対象、国家愛に対する対象とし、宗主国の言語を知ることが忠誠だとしたところに、きわめて日本的な、自閉的な国語のもつ失敗があったともいえます。

駆け足進軍令の下で

そのような意味で、同じ日本列島のなかにありながら、国のなかの植民地のように位置づけられたのが蝦夷地北海道と琉球沖縄です。

明治維新政府は琉球沖縄と蝦夷地北海道を植民地的な統治の対象にしました。蝦夷地を北海道と改称するのが一八六九（明治二）年、琉球藩が沖縄県となるのが一八七九年です。だから北海道と沖縄は徴兵令の対象からも遅れています。北海道は松前藩領を除く地域が蝦夷地といわれたように、そこはアイヌをはじめとする人たちのものだという認識があったわけです。同様に沖縄は琉球人。それらの「くに」をいかに日本に同化させるかが大きな課題として取り上げられます。その同化のために行われたのが、琉球のさまざまな習俗を改変していくことであり、あるいはアイヌの人たちの生活慣習を変えていくことでした。

沖縄においては、琉球言葉を変えていくために昭和になって取られた方策が方言札という罰札です。これは子供たちが学校で琉球の言葉で話すと、方言を使ったという罰の札をその子の胸につけさせる。そして誰か他に琉球語を使った子をみつけてその子にその札を移すまでつけていなければいけない。

こういうやり方で琉球言葉の撲滅をはかっていきます。

（このやり方は日本人が発明したものではなく、フランスでフランス語を使わせるためにやったやり方が手本になっているという）

それとともに沖縄の人たちがもっていた入れ墨とか髪型といった生活習俗を徹底的に変えていきます。アイヌの人たちに対して、元来狩猟・採集の民であった人たちを定着させ、農業に従事させるやり方をとったのと同じです。そこでは国家暦が強要されます。

明治政府がめざしたものは、万国公法（国際法）に基づいた文明化でした。さらに国際的なルールに基づいて日本を文明化することです。その文明化とは具体的には富国強兵的な文明化で、それは国際社会において日本が自立するためです。精神的な面では「知をみがき、徳を修め、人間高尚の地位にのぼる」といわれた側面です。富国強兵的な文明は、衣食住という物質的な側面における改革を促します。軍隊をきっかけとする洋服文化の採用をはじめ、従来の食事にはない新しい食べ物の登場など食生活の変革です。こうした国家の造形のなかで試みられたのが、文明と野蛮の問題です。その一例が沖縄における、俗にいう「駆け足進軍令」です。

本州は中央であり、沖縄、北海道は内国植民地である周辺です。権力の所在地は中央なのです。一九〇六年の『琉球新報』に載った社説に「遅れたる者は走るより他に道はなし」と書かれています。さらに遅れた沖縄が本州に追いつくためには駆け足進軍するよりほかはないといっているわけです。さらに日本帝国は島国だが、沖縄県は島国のなかの島国であり、その遅れた沖縄が日本になるためには、日本に習って駆け足で追いついていくよりほかないと書きます。

じつは日本の近代において、文明化とは辺境が駆け足して中央化していくことでもあったわけです。その中央化とは、外面的な文明を受け入れること、すなわち外面的開化です。この外面的開化が生活習俗のさまざまな改変になっていくわけです。学校教育のなかで行われた歩調をとって歩く訓練などです。だからこの外面的開化とは、沖縄とか蝦夷地のアイヌの人たち、あるいは東北日本とか日本海側といった中央から周辺とみなされた人たちが、中央のスタイルに倣うかたちになってきます。しかもそれを短期間でなしとげるために、東京の山の手で使われていた言葉を標準語として認定していくようなかたちをとるわけです。

外面の重視とは外面的開化であり、この駆け足進軍についていえば日本化ということになります。それによって生活改善運動などさまざまなものが起こります。農村ならば、古くから行われていた盆の行事とか、神社の夜祭りとか、そういうものは遅れた野蛮なことだということで外面的に一体化されていきます。常に駆け足進軍をやらされていたといえます。

沖縄では琉球語の撲滅といったかたちで「駆け足進軍」がなされます。また北海道は内国植民地で政府直轄ですから、移民で入ってきた人たちは政府の基準に合わせて自分たちの生活をつくっていきます。逆に、松前藩のあった渡島地域ではそういうことができませんでした。北海道では、札幌を中心とした地域が国家の飾り窓に相応しく国家祝祭日で行事が営まれますが、渡島では旧暦ということになります。というのは、そこには従来からの和人社会が形成されていたからです。また琉球は固有の文化と生活をもっていますから、それを中央化していくというやり方が出てきます。

この駆け足進軍令的な発想、遅れたところは進んだところに急ぎ足で追いつかなければならないという発想は、やがて日本が海外植民地をもつようになると、その地に適用されるようになります。

そのとき、命令として無理矢理やらされたのかというと、じつはそうではありません。沖縄の人たちにしても、そこで指導者になった学校の先生たちは、日本人になることが良き臣民の役割なのだということで、むしろ自分から主体的に日本人化しようとします。こうした行動はしばしば権力による強制だとされますし、たしかにそういった面もあります。しかし中産階級など指導者階級は、それをやることによって自己の地位が確立し国民になっていくと思ったわけです。ですから、小学校の先生たちは、まさに大まじめでそれを推進していったのです。

そうした動きにたいして、柳宗悦は、日本より古い文化をもった琉球の言葉を滅ぼすのは良くないといいます。でもこれもまたおかしい。古い文化をもっているから滅ぼしてはいけないといった話ではないのです。もしそうならば、日本の文化は古いから守れというのと同じことになります。そういう論理ではなく、日本が取った近代化のひとつとして、こうした動きが取られたことが重要だといえます。

こうしたなかで、沖縄の中学校ではやがて行き詰まりが出てきます。日清戦争のあと、沖縄の人間は日本語を知らなければならないのだから、英語なんかやらせることはないという校長が出ます。それで沖縄の中学生たちが反発してストライキを起こします。それほど強力に日本語を国語として使わせる大和化だったわけです。

北海道の人も沖縄の人も、本州のことをしばしば本土といいますが、かつて沖縄の人たちは日本が兄の国で自分たちは弟と考えていました。やがて台湾や朝鮮が日本の領土になると、日本を親の国とすれば沖縄は長男であり、台湾は次男、朝鮮は三男ととらえて、自分たちより下があるということで自分のポジションを確定していくわけです。あるいは、沖縄は台湾より中央に近く、朝鮮よりも近いのだという論調が沖縄のなかで出てきます。

天皇神格化の論理

これまで述べてきたように、明治国家はさまざまな方法を用いて天皇を神格化し、それを国家形成のキーワードとしてきました。

天皇の神格化の問題については、薩摩の国学者是枝幸左衛門が天皇の大和行幸のときに、天子—天皇の西瓜の食べかすとか、座った筵とか、「御糞」、尿箱などをみな欲しいと嘆願し、下賜されて、自家の神棚に祀りました。そのため鹿児島の人は「幸左衛門さんの御糞神」と称したそうです。天皇をめぐる信仰は、家内安全、五穀豊穣、身体守護的なものと重なっていました。そのため、天皇の行幸で馬車がみえなくなると、人びとは競って天子の通った馬車道のあとの石ころを拾ってきて、家内安全・五穀豊穣のお守りにするわけです。あるいは御真影を掲げるとそこに賽銭を投げる人間がいたりします。そうすると、御真影に賽銭を投げるのはお狐さんに投げるみたいで不敬極まりないといって政府は禁止します。天皇はそうした一種の御利益神・流行神的な側面に乗りながら聖天子としてつくられていくわけです。

昭和になると、一九三六（昭和十一）年に「大日本帝国」と「天皇」が正式の称号になります。さらに一九三八年には植民地朝鮮に皇国という概念が法律的に適用されるようになり、内鮮一体、すなわち内地と朝鮮の皇国としての一体化がはかられます。それはまさに日本が総力戦体制で世界を敵にまわし危機になった状況下、神国日本を強調することで、日本の精神的優位性を保とうとしたことの現れです。そこには、万世一系の皇統の国とか、天皇を中心とした神の国といったことにこだわることでしか、世界で孤立した日本の存在を主張できない状況が出てきたということです。そのなかで、皇国臣民としての本質により近づこうという動きが取られるわけです。

ようするに日本は、明治維新によって万国公法という世界的な基準、つまりヨーロッパを中心とした世界的な物差しに基づいた国をつくろうとし、そのためには富国強兵をする。富国強兵をするためには国民を近代化し、世界の基準に倣った国民化をしていかなければならないということで、国語の創出をはじめさまざまな問題が学校教育に課されます。そして野蛮の撲滅が進められたわけです。

　ところが満州事変、支那事変、大東亜戦争と進んで総力戦になり、世界と戦う時点になると、その基準は用をなさなくなります。そうしたとき神国とか大日本帝国、ようするに天皇に拠り頼むことによって精神的な優位性を保たせる論理が出てくるわけです。

（これは今日とよく似ている。敗戦後、国際的なスタンダードに基づいて日本を解放するということが、日本政府の政策の基本であった。しかし近年、国際化をいいたてながら、一方で国旗・国歌法をつくり、日本は神の国などと発言して平然と首相の座にすわっているような人物が現れる逆転現象が起こっている。これは、国際化のなかで世界がひとつの標準値になればなるほど、そこに一人の人間としての自己存在の場をもてない場合、言語とか民族に固執することで自己主張するよりほかないという状況が出てきた結果なのだ。それは東欧やバルカンで起こった紛争や、イスラム圏の問題にも通底するものといえよう）

第十三章　大東亜戦争の論理

御真影―天皇裕仁《ヒロヒト》と皇后良子《ナガコ》

十年ごとの戦争

近代日本における国民国家の形成は、外面的には文明化、あるいは野蛮の克服といった、欧米の物差しに合わせるという発想で行われましたが、一方では、君主としての天皇を教育の場を通じて徹底して教え込みました。その行き着いたところが、世界から孤立し、大東亜共栄圏という主張に基づく総力戦体制下で国体に回帰していく動きとなったといえます。

大東亜共栄圏は、国民化において生じた本土、沖縄、台湾、朝鮮という序列の流れが大東亜に広がっていくなかで生まれた発想で、それは大東亜、全アジアが共に栄えようという理念で語られます。同時に大東亜戦争は白人にたいする有色人種の戦争であり、さらにそれは文明の戦争であり、思想の戦争であると宣伝されます。それは日本的な大帝国論的な考え方であり、欧米的な規範、というよりも物質主義のアメリカ文明と対決する戦争と位置づけられました。

こうした戦争にまで至らなければならなかった日本とは何であり、逆にいえば日本人は今まさに、あなたがたの大東亜とは何であったのかが問われているわけです。

そうした観点から近代日本の歴史を問い質すと、日本は十年ごとに対外戦争を行いました。言い換えると、十年ごとに戦争をして状況の打開をはかるような歩み方をしたということです。

その戦争を時代順にならべると、まず一八九四～九五（明治二十七～二十八）年に日清戦争があり、次が一九〇四～〇五（明治三十七～三十八）年の日露戦争です。さらに一九一四（大正三）年八月二十三日には第一次世界大戦（日本では欧州大戦といった）に参戦し、ドイツに宣戦布告をします。このとき青島《チンタオ》のドイツ要塞の攻撃で世界戦争史上初の飛行機による爆撃を行い、赤道以北のドイツ領南洋諸島を占領します。また、一九一八年一月にはウラジオストックの在留日本人保護を名目に軍艦を派遣し、同年の四月五日に日英の陸戦隊がウラジオストックに上陸すると、八月二日にはシベリア出兵宣言をしてロシア革命への干渉戦争（シベリア戦争）を開始します。

（このときの干渉にたいする恨みはいまだに極東地域の人たちには残っており、知らないのは日本人だけである）

一九一九（大正八）年にはヴェルサイユ講和条約に調印しドイツとの戦争は終結しますが、シベリア戦争は継続します。しかし二二年にはその軍隊も撤兵します。ようするに一九一四～二二年まで日本は戦争を継続したわけです。その後は、一九三一（昭和六）年の満鉄爆破を発端とする満州事変です。やがて三七年の盧溝橋にはじまる支那事変、そして四一（昭和十六）年の十二月八日の真珠湾攻撃となって、最後に四五年八月十五日のポツダム宣言受諾となるわけです。そのポツダム宣言受諾以来、今日までの半世紀以上の年月、ほとんど戦争がないという状況は、歴史上きわめてめずらしいことといえます。

国民皆兵下の兵

日本の国民皆兵は一八八九（明治二十二）年の徴兵令の改定によって徹底します。以後、男子が満二十歳になると徴兵検査を受けて軍隊に入るようになります（表4）。

戦前の日本は国民皆兵ではありましたが、それはそのときの必要な人数を徴集するという内容の国民皆兵です。二十歳になって本籍地で検査を受けると、甲乙丙丁戊とランク分けされて、甲種合格のなかから必要な人数がクジ引きで選抜されます。クジにあたると現役兵として十二月にその地域の兵営のあるところに行き、そして三年の軍隊生活を送ります。クジにあたらなければそのまま自分の仕事をやればいい。それが平時のときです。しかし戦時には軍隊は平時の三倍ぐらいの規模に膨らむので、戦時動員としてクジにあたらなかった者にも召集令状がくるわけです。

徴兵検査のときには体力と同時に学力の検査も行われます。そして学力については、読み書きができるもの、足し算引き算ができるもの、三角関数ができるもの、中学校卒業以上、大学卒業以上といったデータを全部調べ上げ、それによって各人の所属する兵科を決めます。兵科は歩兵、騎兵、砲兵、工兵、輜重兵に分かれます。算数ができるのは砲兵、運動能力があり状況判断ができるのは騎兵、あるいは体力はあまりないけど経理や管理の能力がありそうなのは輜重兵、といった選別をしたわけです。

輜重兵は兵站、食糧・弾薬などの輸送部隊ですが、日本の軍隊はこれを軽蔑して「輜重輸卒が兵隊ならば蝶々トンボも鳥のうち、電信柱に花が咲く」なんていう歌があったほどです。近代の軍隊は戦場における補給と輸送がきわめて重要だが、日本軍はその部分を軽視し、食糧は現地で調達すればいいという発想だったのです。だから長い戦争になると占領地の人たちの食糧を買い上げるか、ひどい場合は強奪する。そのため占領地の住民が生活に困って、それが反抗を引き起こすわけです。

それはさておき、一般の人にとって軍隊に入り兵士になるのはけっして嬉しいことではありませんでした。だから当時の人たちは召集令状のことを「びっくり箱」と称していました。ただしその一方で、軍隊に入り集団訓練をされ、兵営生活のなかでさまざまな日常的知識を身につけたり教育を受けるので、その意味では、民衆は軍隊を社会教育の場、人生道場だと思っていた向きもあります。

軍隊の生活

軍隊で教えられるのは術科と学科ですが、術科は鉄砲の撃ち方ほかの軍事技術。学科は軍人勅諭ほかを教えられます。これが交互に繰り返されます。また軍隊生活は内務班を中心とした生活です。そこではひとつの部屋に二段ベッドがいくつもあり、班ごとにいっしょに暮らします。この内務班の単位が戦闘集団として小隊になります。

主な変遷（陸軍）

徴兵令（1889年1月）	徴兵令（1895年3月）
常備兵役　変更なし 後備兵役　変更なし 国民兵役　変更なし	常備兵役 現　役　変更なし 予備役　4年4月 後備兵役　変更なし 補充兵役　現役超過要員 第一補充兵役　7年4月 第二補充兵役　1年4月 国民兵役 第一国民兵役　後備役・既教育の第一補充兵役終了者 第二国民兵役　満17～40歳で上記以外の者
猶予制を延期制に改め、適用者を限定（「国民皆兵」の原則を確立） 六箇月現役制度（師範学校卒業者／同年11月六週間現役兵制に改正） 一年志願兵制度（中学校以上の卒業者）	六週間現役兵制度（師範学校卒業者） 一年志願兵制度（中学校以上の卒業者）
兵役法（1941年2月）	兵役法（1943年11月）
常備兵役 現　役　変更なし 予備役　15年4月 後備兵役　廃止 補充兵役　変更なし 国民兵役 第一国民兵役　常備兵役・既教育の補充兵役終了者 第二国民兵役　変更なし	常備兵役 現　役　変更なし 予備役　変更なし 補充兵役　変更なし 国民兵役 第一国民兵役　変更なし 第二国民兵役　満17～45歳で上記以外の者（兵役年限を45歳まで延長）
幹部候補生制度（中学校以上の卒業者）	幹部候補生制度（中学校以上の卒業者）

（註）一八八九年一月　北海道函館・江差・福山に徴兵制施行
一八九六年一月　北海道渡島・後志・胆振・石狩国に徴兵制施行、沖縄県に徴兵令中六週間現役兵制度施行
一八九八年一月　北海道全道および沖縄県・小笠原島に徴兵制施行
一九二四年八月　樺太に徴兵制施行（戸籍法・国籍法等の適用による／一九三三年一月樺太島域のアイヌに日本国籍）
一九三八年四月　朝鮮人に陸軍特別志願兵令施行
一九四二年四月　台湾人に陸軍特別志願兵令施行
一九四三年八月　朝鮮人に徴兵制施行、朝鮮人・台湾人に海軍特別志願兵令施行
一九四五年一月　台湾人に徴兵制施行

表４　徴兵制度の

	徴兵令（1873年１月）	徴兵令（1879年10月）	徴兵令（1883年12月）
服役区分と年限	常備軍　20歳より３年 第一後備軍　常備軍終了後２年 第二後備軍　第一後備軍終了後２年 国民軍　17〜40歳で上記以外の者	常備軍　変更なし 予備軍　常備軍終了後３年 後備軍　予備軍終了後４年 国民軍　変更なし	常備兵役 現　役　満20歳より３年 予備役　現役終了後４年 後備兵役　予備役終了後５年 国民兵役　満17〜40歳で上記以外の者
その他	各種免役条項 代人料 270円 （常備後備軍免役）	各種免役条項 代人料 270円（常備後備軍免役） 135円（平時国民軍以外免役）	不具・癈疾以外の免役制を全廃、新たに猶予制を設ける 一年志願兵制度（小学校を除く官立府県立学校卒業者）
	徴兵令（1904年９月）	兵役法（1927年４月）	兵役法（1939年３月）
服役区分と年限	常備兵役 現　役　変更なし 予備役　変更なし 後備兵役　10年 補充兵役　12年４月（第一・第二の区別廃止） 国民兵役 第一国民兵役　後備役・召集された補充兵役終了者 第二国民兵役　変更なし	常備兵役 現　役　満20歳より２年（青年訓練所修了者は在営期間を６月以内短縮） 予備役　５年４月 後備兵役　変更なし 補充兵役 第一補充兵役　12年４月 第二補充兵役　12年４月 国民兵役 第一国民兵役　後備兵役・既教育の補充兵役終了者 第二国民兵役　変更なし	常備兵役 現　役　変更なし 予備役　変更なし 後備兵役　変更なし 補充兵役 第一補充兵役　変更なし 第二補充兵役　17年４月 国民兵役　変更なし
その他	六週間現役制度（師範学校卒業者／1918年 3月一箇年現役制に改正） 一年志願兵制度（中学校以上の卒業者）	短期現役制度（師範学校卒業生） 幹部候補生制度（中学校以上の卒業者／一年志願兵制を兵役法から削除、陸軍補充令で規定）	短期現役制度廃止 幹部候補生制度（中学校以上の卒業者）

この内務班生活のなかで、日常的なさまざまなことを習い、軍人としての躾がなされていきます。そこではまず階級の上下をたたき込まれます。さらに入営の早い遅いによって扱いが違います。一日でも早く入った者は、後から入った者より偉いのです。さらに、社会における地位に関わりなく、兵士として平等だという原則が貫かれます。いっしょに暮らすなかで身体行動の協調性から精神的な団結まで身につけさせられるのです。全員がいっしょに同じ飯を食べるのですから、貧しい農家出身の人間にとっては軍隊の飯はうまいけど、しかし町場の人間にはまずいということになります。そのため、軍隊生活の体験を聞くと、その人の出身階層によってかなり評価が違うことになります。

こうして頭のなかまで入れた身心管理がなされていきます。内務班では班日誌をつけさせますが、これによってみな日記をつける感覚を身につけます。その日誌は班長かその兵営の下士官によって朱で添削され、そうしたことを通して文章を書く規範を習うわけです。

また、徴集あるいは召集された兵士は、自分の住む田舎から山形市とか仙台市にある兵営、あるいは多摩の山村から東京赤坂の連隊に行くわけですが、それは村人たちにとっては初めての公的な旅です。さらに対外戦争になると、朝鮮半島や中国の満州に渡ったり、海外旅行をすることになります。そのことで兵士たちは異国体験をし、異文化に接するわけです。日本の軍隊は軍隊手帳と従軍手帳を渡しましたが、兵士たちは従軍して行った先々のことを毎日この手帳に記録しなければなりません。記録をすることによって自分が何をしたかが残されていくわけです。アメリカ軍が日本軍のいた場所を占領したところ、そこに日本兵士の従軍手帳が多量に残されているのにびっくりしますが、その手帳によって、その部隊の行動がすべてわかったといいます。

性生活の管理

兵士らの残した手帳をみると、現地でさまざまなものを買ったり、見物したり、食べたことが記録されているとともに、かれらが勝ち戦で気分のいいときには大抵どこか女のところへ遊びに行ったことが記されています。「従軍慰安婦」のことが最近問題になっていますが（従軍慰安婦という名称はなかった）、日本の軍隊が慰安婦を必要としたのは、兵隊が性病に罹ることを恐れたからです。

日本軍が、兵士たちの肉体管理のうえで苦労したのは結核と性病です。兵士を徴集するために徴兵検査をするようになると、国内に結核菌が蔓延していることが明らかとなります。それをなくすために工場法で工場労働者の管理をしますが、それとともに性病にも取り組みます。日本は、性病を防ぐために、売春を国家の管理下においた公娼制の国です。さらに対外戦争で現地に行くと、兵士が性的欲望にかられて現地人に暴行するような事件が起こります。そのため占領地を管理するうえで問題となるので、軍の首脳は性病に罹っていない女を集めたのです。

森鷗外は日清戦争、ついで日露戦争のときに軍医として戦地に行ってますが、満州で奉天（現在の審陽）を占領すると、部下の軍医に現地の病院に行って婦人の梅毒を検査する検梅器具を借りてこさせます。そして軍医たちに中国人の娼婦たちの検査をさせ、梅毒がない場合には娼婦としての営業を許しました。

日本軍はそうした現地管理をやりますが、この方策は日本の国内においてはもっと徹底しており、東京だったら二廓三宿（吉原・根津、品川・新宿・板橋）と遊び場が決められていて、そこに行くことしか認めませんでした。まさに国家管理売春の国であるということは、軍人の肉体管理ばかりでなく、すべての男の身体管理という発想につながり、慰安婦を必要とした背景になるわけです。

売春は人類にとって最初の商売といわれるほど古くからあったものですが、売春には大きく分けて公娼と私娼があります。私娼は個人が勝手に営業するもので、ヨーロッパではかなりの部分が私娼です。だからアメリカ軍についていったのも私娼的なものです。ところが日本の場合、それを国家管理でやったわけです。ようするにその眼目は性病管理だったのです。

そのため日本の軍隊ぐらい性病罹患率の低いところはありませんでした。その点、アメリカの軍隊

日本男児の童貞喪失年齢

陸軍の軍医が調査した結核と性病の調査はきわめて精緻なものだった。性病の調査では日本の男はいつ最初に女と性交渉をするかまで調べている。童貞喪失はいつか、最初の相手は誰かまで訊いている。入隊した兵士は嘘をついたら罰則を食らうので、みな正直に答えたが、それによると農村ではだいたい十五〜十六歳。そして学歴が高いほど遅くなる傾向があった。

は性病罹患率がかなり高い。ところが、その一方で日本では花柳病（性病）に罹るのは男の勲章だと思ってる部分があって、だから軍隊ではこれを徹底して管理統制します。国民国家とは国民をそういうかたちで身体の根にいたるまで管理したわけです。

大国論と小国論

一八九〇（明治二十三）年、山県有朋が国会演説で国家の基本路線について述べ、そのなかで国を守ることについて言及します。山県は、国を守るにあたっては、まずは主権線、すなわち国境線で守ることが基本だといいます。しかし実際には、その主権線のところでは守りきれない。そこで、国境外で守ることを考えなければならず、その国境外が利益線となる。そして、明治二十年代における主権線を支える利益線は朝鮮だとし、朝鮮半島が安定してなければならない。したがって朝鮮半島が必要なのだという論理になります。

かくて朝鮮半島が日本の領土になると、鴨緑江が国境となり、その次は中国東北部が必要になります。このようにして主権線と利益線が交互に守りの対象となることによって、膨張拡大路線になるわけです。この論理こそは常に軍隊を拡大強化していく動きになります。この国家像は、日本が大国、軍事大国になることであり、それに必要な市場と資源を求めなければならないということです。これは大国論と呼ばれます。日本は島嶼国家であるより大陸国家をめざしたのです。

一方、明治三十年代、日清戦争の頃から小国論と呼ばれるもうひとつの論理が唱えられるようになります。これは、内村鑑三らが唱え、やがて昭和になると石橋湛山らが唱えるもので、軍事力や経済力のみでは国家は存続しえないという論理です。日本は島国であり、資源などが乏しいゆえに世界の多くの国と友好的な交易をもたなければならない。そのためには、軍事力で世界に乗り出していくのではなく、世界の国々から尊敬されるようにならなければならないのであり、国として存在しつづけるために必要なのは道義力である、という考え方です。ようするに彼らは、国家が国家でありうるのは軍事的・経済的・物質的な力によってなのか、それとも国民が道義的な国民として他の国々から尊敬されることによってなのかという問いかけを発したのです。

内村鑑三ははじめ日清戦争は義戦だといいますが、その後、実際上は領土略奪の戦争だったことを知り、義戦だといった自分を恥じます。そうしたなかで改めて国家のあるべき姿を考えます。そういう考えから内村が書いたのが『興国史談』です。これは古代オリエントの国々の興亡を書いたもので、このなかで道義的に正しい国は生き残るが、道義的に退廃しエホバの信仰を失った国は滅びていると訴えることによって、日本が日本であるには日本国民が道義的に立派である必要があると訴えます。そして世界の国々から尊敬されることが日本が生きていく道であり、そうした小国の理想に日本は生きるべきだと問いかけます。その点で内村が評価したのが西郷隆盛でした。西郷は征韓論を主張する一方で、道義の力が大事だと説いているのです。

（昭和になると石橋湛山も同様な論陣を張る。石橋は朝鮮や台湾や満州などの植民地は、必要ならば相手に返すべきだし、朝鮮の人びとに自分たちの議会をもたせるべきだという。しかし当時そんな意見は誰も相手にしなかった。明治のほうが、こうした議論ができるだけまだ良かったといえよう）

国家が成り立つのは軍事力なのか経済力なのか、あるいは国民の道義的精神力なのかという問いかけは、明治二十年代からずっとあります。足尾鉱毒事件を闘った田中正造は議会で国が滅びるとはどういうことかと問い、民を飢えさせ、虐げる国家は滅びるのだという演説をしています。

（当時の大臣らはこの演説にまっとうに答えはしないが、議会でこうした演説がなされるということは、少なくとも今より政治家の質が高いといわざるをえないだろう）

総力戦体制の構築

軍事大国路線のなかで日本の経済力が上がってくると、当然のこととして貧富の格差が出てきます。貧富の格差を社会問題として解決しようとして、社会問題研究会が生まれ、また社会主義の思想が知識人の心をとらえるようになります。こうした社会動向にあって、限られた軍事力と限られた市場のなかで富をいかに国民に再分配するか、言い換えると、いかにより効率的な国家運営をするかという問題が、大正末から昭和にかけて出てきます。それはさらに、大正維新とか昭和維新というスローガンを呼び起こし、このスローガンのなかで、一視同仁視された赤子の平等論が改めて出てきます。そこでは、悪いのは華族や財閥だということとなり、それにたいする攻撃となって現れます。

こうした危機感に促され、一方では日本を強化するには総力戦体制が必要となし、そのためには国民が一丸となった戦力にならなければならないという発想が生まれてきます。とくに第一次大戦後は、戦争は戦場だけで戦うものではなく、全国民が一体となって戦うものだという考えが強くなります。「戦場」への動員ではなく、「戦争」への動員という発想になってくるわけです。そして、国民がその戦争を理解し、だれもが不平をいわずその戦争目的に向かうようになるためには、ある種の平準化が必要になります。そうしたなかで、赤子の平等論が改めて出てくるわけです。このときモデルになったのが、ロシア革命によって成立したソビエトの計画経済でした。それとともに、こうした状況にあってはもはや政党は機能しないということで、軍が前面に出てきます。

かくて、昭和になると、平準化の動きのなかで赤子論をふまえたひとつの平等原則が出されてきます。一方では、大正維新・昭和維新のスローガンにともなって、金持ちが権力を独占することが元凶だということでテロリズムが出てきます。こうした流れは、満州事変から支那事変、さらに真珠湾へと進む国民の総力をあげた戦争のなかで、ますます強くなっていきます。また、平準化の背景として、大正デモクラシー的な思想潮流もここに吸収されていきます。

大正期には、いわゆる大正デモクラシーのなかで民本主義が唱えられ、民主化が進みますが、しかしそれは財閥とか金持ちを批判するという意味での、平準化としての民主化でした。それとともに、民主化的な動きとヴェルサイユ体制という国際協調の流れのなかで、インターナショナルな流れが出てきますが、この国際協調の気分は、ヴェルサイユの戦勝国日本という昂揚した気分に促され、その日本とは何かを問い、日本人たる場を求めさせます。その流れこそは、柳宗悦の民芸発見であり、柳田国男の民俗学にほかなりません。いわばこのナショナルな問いは、大正デモクラシーの平準化に促され、民衆発見の旅を誘発したといえましょう。ここには新しい赤子発見への目があったのです。

平準化と民主主義

平準化の動きは、総力戦のなかで登場する戦争内閣としての東条内閣で、さらに強く出てきます。今日一般にこの時代のことをファシズムといいます。ファシズムとはイタリアのファシスト党からきた言葉で、ドイツのナチスや日本の東条政権を指して呼びますが、そこで理解されているファシズムとは、ある種の独裁体制であり、帝国主義が最高度に達成した段階だというものです。しかしこれらの政権を考えるうえで、こうした理解の仕方は、必ずしもあたっているとはいえません。

すなわち、一九二九（昭和四）年のウォール街の株の大暴落にはじまる世界恐慌のなかで、それぞれの国がどうやって経済を立て直し、国家の構造改革をするのかを考えます。イギリスは植民地を一体としたポンド地域の囲い込みを行い、スターリング地域を形成します。アメリカはドル体制で囲い込もうとします。不況を乗り切るためにルーズベルトはニューディール政策を実施しますが、これは自由経済の競争ではなく、国家が有効に資本を投資していくなかで経済を再建していく方法です。日本は、そうした国際状況のもとで高い関税の壁を設けられては商品が売れないので、円をもとにした日本の経済圏をつくろうとし、満州から大東亜に進出します。

この時期に壮烈な世界戦争になったのは、いかにこの経済的なブロックを打破するか、守るかという戦いが行われたためです。いずれの国でも議会に代わって行政権が強くなり、肥大化していきます。それがアメリカにおいては大統領権限の強化であり、ソ連では共産圏を強化するスターリンの独裁になります。ドイツではヒットラーの独裁になり、イタリアではムッソリーニの独裁になる。いずれも行政権が肥大化するという点ではきわめて共通しています。

ヒットラーが当時、なぜあれほどに支持されたのでしょうか。あれは「国家社会主義」ではなくて「国民社会主義」といったほうがいいのです。ヒットラーは勝手に権力を奪ったのではなく、国民の投票で選ばれ、全権委任されるかたちで権力を行使します。国民にパンを約束し、失われたゲルマン民族の誇りを回復しようとしたわけです。その意味では、まさにヒットラー政権は大衆の国家なのです。その大衆の国家のなかで、ブルジョアジーとして大きな権利をもっていたユダヤ人たちを敵と設定することによって、ドイツ国民の一体化をはかったわけです。スターリンにしても同じであり、東条英機のやったことも同様なのです。

東条は企画院を中心とした統制経済を打ち出しますが、これは国家がすべての産業を統制し、そのなかで戦時の動員体制をつくろうとするものでした。それは一律にレベルを下げるという平準化でした。その意味で、近衛をはじめとして天皇に近い連中は、この内閣のやる統制経済は社会主義に行き着くのではないかと危機感を抱くわけです。それが東条政権が行き詰まったとき、東条を倒す動きになります。しかし、庶民は東条がやることは悪くないと思っています。

このとき東条内閣は倒れ挫折しますが、じつはこの一九二〇年代から三〇年代にかけてできたシステムが、戦後日本の民主化政策のもとになっているのです。たとえば農地解放の基本原案は戦争中にできています。これは、小作人が頑張って生産量を上げても、大部分を地主にもっていかれるのでは労働意欲は湧きませんから、食糧を増産するためには小作人を自作農化させる必要があったためです。また、貧しい連中からは税を取らず保護するというシステムも、東条の段階ですでにありました。これも、貧乏人で飢えている兵士が動員されて戦場に行き、なんで金持ち連中のために戦争をしなければならないのだ、などといい出さないためには、ある種の平準化が必要だったからです。さらにその平準化のための装置が、一九三六（昭和十一）年になされた大日本帝国という公称であり、天皇という君主の称号の公称であり、さらに「国体」を全面に出す日本イデオロギーの強調だったのです。

こうした戦時中に行われた企画院による経済統制はじめ、国家官僚によるあらゆる面の統制システムは、戦後の民主化をうまく成し遂げさせた原因ともなります。ようするに、戦後民主主義といいながら実際上は平準化なのです。ごく近年まで、あるいは現在も官僚による統制は厳然として存在しているわけですし、それが日本の基本的なあり方なのです。

（現在、国外から国際的な物差しに合わせて自由化しろといわれているのはこのことに対してだし、ある意味では、資本主義国家群と称する国で日本ぐらいソビエト的社会主義が生み育てた国家による経済統制を貫いてるところはないともいえる。戦後日本の民主国家なるものは、民主主義の基本的な原則である個の責任とか自立のうえに成り立ったのではなく、平準化の帰結として生み出されたといえよう。民主主義と平準化は違うのだ。この平準化への信仰は、駆け足進軍がもたらした先に行くものを踏みつぶしてでも先頭に立とうとする抜け駆け根性と一体となれば、下のレベルにあわせるのが「平等」だという観念を生んだ）

国定教科書にみる母

近代日本のなかで「国民」を育てるうえで大きな役割を果たしたのが母親です。国の推奨する母親像はどのようなものだったか。また子どもたちはどう育てられていったか。日露戦争後の一九一〇

（明治四三）年刊行の第二期国定国語尋常小学読本巻十一「出征兵士」はつぎのように言挙げします。

行けや行けや、とく行け我が子。老いたる父の望は一つ。義勇の務御国に尽し、孝子の誉我が家にあげよ

さらば行くか、やよ待て我が子。老いたる母の願は一つ。軍に行かば、からだをいとへ。弾丸《たま》に死すとも、病に死すな

うれしうれし、勇ましうれし。出征兵士の弟ぞ、我は。兄君、我も後より行かん。兄弟共に敵をば討たん

親に事へ、弟を助け、家を治めん、妹我は。家の事をば心にかけず、御国の為に行きませ、いざや

さらばさらば、父母さらば。弟さらば、妹さらば。武勇のはたらき命さゝげて、御国の敵を討ちなん、我は

勇み勇みて出で行く兵士。はげましつゝも見送る一家。勇気は彼に、情は是に、勇まし、やさし、をゝしの別

子供たちは、こういう軍国の子として育てられました。また母親はわが子に向かって、戦場で弾丸にあたって死ぬのはいいが、病死はするなといいます。こうした母親が良妻賢母といわれました。

この日本人を育てた母のあり方、子供の育て方の精神を貫く基本は今もまったく変わってないとも

いえます。高度経済成長期に日本の商社マンを企業戦士といいましたが、この歌を「母の願は一つ。会社に行かば、からだをいとへ。仕事に死すとも、病に死すな」と言い換えれば、過労死を生んだ状況にそのままあてはまります。

現在、なぜ国旗・国歌法のようなものが出てくるのか。近代日本の拠り所が軍事力とか経済力でしかなかったため、今日、国際化のなかでそれが拠り所たりえなくなると、精神的拠り所として、またもや「国体」のようなものを担ぎ出そうとするわけです。そこでは国民の道義力は問われません。それが、近代日本の教育を貫いてきた原点にあるものです。

この母と子の関係を説いたのが第一期の国定教科書から、戦前最後の第五期国定教科書まで載せられていた「水兵の母」です。一水兵が母親の手紙を読んで泣いているのを見とがめた上官の大尉が、女々しいと叱ります。そこで兵士がその手紙をみせると、それには「聞けば、そなたは豊島沖の海戦にも出でず、八月十日の威海衛攻撃とやらにも、かくべつの働きなかりし由、母はいかにも残念に思ひ候。何のために軍には出で候ぞ。一命を捨てて、君の御恩に報ゆるためには候はずや。村の方々は、朝に夕に、いろいろとやさしくお世話なしくだされ、一人の子が御国のため軍に出でしことなれば、定めて不自由なることもあらん」と書かれています。

この母親は、一人息子が出征した後、村の連中にその面倒をみてもらっています。だから、この母親にしてみれば、息子が戦場で手柄を立てなければ肩身がせまくてしかたがないわけです。それでお前はなんで手柄をたてて死んでくれないのかといっているのです。

大尉はこれを読んで感涙し（この大尉は小笠原長生《ながなり》という実在の人物）、俺が悪かった、お母さんの心は感心のほかはないとあやまります。しかし、今は昔のように一人一人戦うのではなくて、部隊として戦争するのだと教えるわけです。日本では出征兵士は村協同体が支えましたが、その村協同体の世話を受けることは家として自立した地位を奪われることだから、愛国の母、御国の母になることによって自己確立をしなければならない。そこに日本の愛国のからくりがあるわけです。

また、ある小作人の妻は、ウチは主人が戦場で死んで「靖国の家」になった。「靖国の家」は天子様がお参りする神社の家だ、だからウチの家は小作だけれども地主さんの家よりは名誉の家だといいます。ここに貧しさの逆転構造が出てくるわけです。靖国の構造とはそうしたものです。

母親は生まれた子を国のために捧げ、国のために殺さなければならない。そこに日本の子守歌の哀しいリズムの由縁があるわけです。それはいまだに演歌にも通じており、それが日本の流行歌のひとつの精神ベースになっているのです。こうした日本民衆がからめとられている心のありようは、長谷川伸の『瞼の母』がよく描いており、日本の母親は死んで初めてわが子を抱けるわけです。

この母親像は、一九四三年刊行の第五期国定国語六「姿なき入城」で、ビルマ（現ミャンマー）の首都ラングーン爆撃で戦死した息子に語りかける母の世界に読み取れます。

いとし子よ、ラングーンは落ちたり。いざ、汝も勇ましく入城せよ、姿なく、声なき汝なれども。

昭和十六年十二月、ラングーン第一回の爆撃に、（略）機は、たちまちほのほを吐き、翼は、空中分解を始めぬ。汝、につこりとして天蓋を押し開き、仁王立ちとなつて僚機に別れを告げ、「天皇陛下万歳。」を奉唱、若き血潮に、大空の積乱雲をいろどりぬ。それより七十六日、汝は、母の心に生きて、今日の入城を待てり。今し、母は斎壇をしつらへ、日の丸の小旗二もとをかかげつ。一もとは、すでになき汝の部隊長機へ、一もとは、汝の愛機へ。いざ、親鷲を先頭に、続け、若鷲。ラングーンに花と散りにし汝に、見せばやと思ふ今日の御旗ぞ。いとし子よ、汝、ますらをなれば、大君の御楯と起ちて、たくましく、ををしく生きぬ。いざ、今日よりは母のふところに帰りて、安らかに眠れ、幼かりし時わが乳房にすがりて、すやすやと眠りしごとく

母が自分の子を取り戻せるのは死んだときです。これが日本の母の哀しさなのです。そのため母親は、英霊となったわが子に会いに、東京の九段にある靖国神社に出かけていきます。それは石松秋二作詩、能代八郎作曲の『九段の母』（一九三九年）が歌いかける世界です。この歌は、「上野駅から九段まで」と歌い出し、「せがれきたぞや会いにきた」となり、大鳥居を仰ぎ見て、立派な「おやしろ」に「神とまつられ」ていることに涙し、「両手をあわせてひざまづき　おがむはずみのお念仏」をとなえる母、「田舎者」の母を許せと。最後は、「鳶が鷹の子　うんだようで」と、戦死者の親の果報を問いかけ、金鵄勲章がみせたいばかりに「逢いに来たぞや九段坂」でとじられています。

この歌の世界には、上野駅から九段までという構図が物語るように、日本の最精鋭部隊は日本海側

の北陸の師団です。だから英霊の母親は上野駅から「杖をたよりに一日がかり」で靖国神社にたどりつく。そしてお社で口から出たのはお念仏です。戦時中、本願寺（浄土真宗）は北陸の師団を「念仏連隊」といって、敵陣を落として戦場で戦死すれば阿弥陀浄土に行けると説きました。さらに「金鵄勲章が見せたいばかり」というのは、ようするに死んだ子には九段でしか会えないのです。そこで靖国の神になれば天皇が拝礼してくれるし、昔の殿さま、たとえば加賀なら前田の公爵夫人が接待してくれる。これが靖国の構造なのです。

そして戦後です。母は、戦後教育の出発点でどうなったのでしょうか。戦後出された最後の国定教科書（第六期）に載っている第五学年国語「おかあさま」には、次のような文章があります。

人の心の畑にさいた、いちばん美しい花、天と地にかがやくものの中で、いちばん清らかな、すみきったたま、それはおかあさまの愛です。わたしをまもるためには、どんな困難とも戦う、そのうで。ひくく、かばそい、おさな子のささやきも、ききもらさない、その耳。わたしのためには、いばらの道をもふみわけたその足。いま、わたしが知っているいいことと、正しいことは、おかあさま、あなたの目から教えられました。おかあさんの胸に、わきあふれるなぐさめの泉に、かなしみもいたみも、あとなくぬぐわれます。わたしの幸福は、おかあさまのえ顔から生まれます。

ここには国家との緊張関係がまったくみられません。戦前は母と国家は鋭い緊張関係のなかにあり、そのなかで子は社会における己の場を確かめて成長してきました。しかし今日は、母が社会を全部引き受けて防波堤になることで子どもが無菌状態になってきた。そのため親子関係は、うまく回転していればよいが、ひとたび歯車が狂うと親は社会に責任を転嫁し、学校が悪い、会社がひどいと先生や上司の責任を問い、被害者意識のみつのらせ、マスコミもそれに便乗して集団リンチの雰囲気をあおり、己の場を見失っていく。そこには家庭崩壊が日常化し、孤立化した親の閉そく感が子どもの虐待、子殺し、親殺しを日常化し、さらに社会化されない個が他者を他者と認識する術を失い、動物的本能のままに暴走し、己と異なる他者の存在を感知することもなく、平然と殺害することに何の戸惑いもなくなっていく。昨今の事件はこうした時代の気分をあらわしているのではないでしょうか。

このような国家をめぐる母と子の緊張関係の喪失は、社会が凝縮した父の不在、無化の進行もあり、戦後教育が言挙げした「平準化」としての「平等論」を「民主主義」とみなす風潮がもたらしたものではないでしょうか。まさに戦後教育の荒廃は、平準化を平等だとした錯誤に眼を向けることもなく、人間が生きて在るとは何かを問い質す作法を放棄したがためでないでしょうか。この荒廃は「平和教育」として喧伝される世界にもうかがえます。戦争のかたりを聞かせ、「ああ可哀相」と「千羽鶴」に祈りを託す作法。「平和」が海の彼方から到来するという構図。現在問わねばならないのは「九段の母」などが提示する世界を場となし、戦争の個別的なる死をみつめ、歴史は人間の罪責の証だということに思いをいたすことではないでしょうか。それは歴史の闇にせまることでもあります。

おわりに――私の眼で問い質す――

最後に、改めて日本の歴史を考え、日本とは何なのか、国家とは何なのかと考えるとき、明治以来の万国対峙・富国強兵のラインのなかで出てきた軍事・経済力による国家であるべきなのか、それとも内村鑑三や石橋湛山らが説いた国民の道義力が国家の原点となるべきなのかが問われることとなります。そこで、内的な自覚、人間がどうであったのかを、もういちど歴史のなかで読み直さなければなりません。それぞれの時代のなかで問われたこと、平安朝でいうならば空海が何を考え、鎌倉ならば法然がどのような課題に応じ、己の生き方として説いたかを、読み取らなければならないのです。

たとえば、鎌倉仏教はこういうものだといったとらえ方をするのではなく、武家法のなかで、妻にはどういう女性を選び、妻を選んだ以上その女性を大事にしろといったことが鎌倉期にすでに説かれているのならば、そうした問題をもう一度読み直してみる必要があります。

伊藤博文は、それまで日本国の正しい歴史といえるものはないといい、日本国を創るために新たに日本歴史=国史をつくらせます。それでは戦後、そうした意味において日本国民として共通した記憶になる歴史があるかといえば、ありません。したがって、それをつくるためには、一人一人が何を拠り所にして、かつての「国史」を問い質していくかが問題となります。

この国をめぐる物語は、天皇を中心とした国という枠組に相応すべく、天皇に仕え奉る奉仕の世界として歴史を描くことで可能となりました。かくて天皇をめぐる記憶を共有することで成立した国家は、十年ごとの戦争により破綻したにせよ、いまだ旧き物語から脱皮しえず、奉仕の世界を言祝ぐ歴史を説きつづけているのではないでしょうか。それだけに一人の日本国民として、新たな日本をめざすなら、明日をどのような世とするかに思いをめぐらし、ここに日本列島で展開した歴史を己の課題として問い質し、創り直さねばなりません。

日本列島の歴史は、ここで説きましたように、一元的にあったのではなく、海を通した営みが織りなす多様な人びとの交流のなかで展開してきました。明治の維新革命によって誕生した日本国は、この多様な列島の在り方を、対外的な危機意識が生める攘夷の志をささえる物語に造形することで、やがて「国史」という歴史に収斂していきました。

この歴史を読むうえで問われるのは、私にとって日本とは、日本国とは何であったかという場から、私の言葉で問い語れる歴史像をいかに身につけるかではないでしょうか。この作法こそは、現に在る場から過去の出来事をとらえ、時代人心に思いをはせ、追体験をふまえて想起する営みをうながしましょう。現在《いま》ほど想起し、想像する学としての歴史学の原点を一人一人が己のものとしなければならないときはないのではないでしょうか。干からびた歴史に訣別するためにも。

思うに今もなお、ヨーロッパやアメリカに追いつき追い越せが日本の政治的な論理ですが、そうした駆け足進軍的な論理ではなく、自分の母文化をどうみるか、私が生きて在る場から世界をどう読むかが求められているのだと思います。そうした意味で、もう一度日本という大地に足をつけて、身の回りから日本、そして世界を読み解く作業をしていきたいものです。

「あとがき」として

この講談は、私が筑波大学に在職した最後の年、二〇〇〇年四月から六月までの第一学期に、毎週一〇〇分授業二コマの連続講義「日本の歴史概論」のテープをもとに編集されたものです。授業は、第二学群日本語日本文化学類の必須科目であるため、日本文化の伝達者たらんとする学生の志にいかに応じうるかを課題としました。

受講生のほぼ三分の一は、高校で日本史を履修しておらず、日本の歴史が欠落した世界史を習得した者でした。かつ多くの学生が歴史を暗記ものと思いみなし、ある種の歴史アレルギーにかかってもいました。それだけに私は、「学問は歴史にきわまる」と説いた徂徠の言説を手がかりに、歴史が知の営みであり、各自が己の五感をふまえて過去を読み解き、己の歴史を描くのだということ、そこにある「歴史」を視るのではなく、大地に足をつけて歩む己の眼こそが歴史を創ることを可能にするのだという問いかけをつづけました。過去の多彩な出来事から何を選ぶかで描き出される世界は全く異なる相貌を呈します。

この営みは、卒業生のかなりが一人の日本語教師として旅立つことをめざし、異国の地で日本について語るのであれば、己の言葉で、己の日本像を問いかけてほしいとの思いに支えられていました。あるテキストを解説するのではなく、一人ひとりが「私の日本史」をつくり、「私の日本」を説きえてこそ、日本語教師たりうるのではないでしょうか。

歴史は、現在を場に、過去と真摯に対峙するとき視えてくる世界です。授業では、この歴史を読む作法につき、常に問いつづけました。この問いは、過去の何をとらえるかは、追体験する作業をふまえた主観的判断であり、その時代をどう想起し、いかなるものとして過去を現在に蘇生せしめるかが、歴史を学ぶものの業だという思いを身体の棘とすることにほかなりません。

この思いは、客観的な事実があると思いみなす「歴史研究者」には「妄想」とみなされ、「狂気の沙汰」かもしれません。しかし現在を生きる者は、己の手で歴史をつかみとり、明日を思い描くほか道はありません。私は、学生諸氏が己の足で大地を雄々しく歩み、一人の日本国民たる「私の場」を確認する素材たりうるべく「概論」を講じました。

「講談」と称する「日本通史」がどこまで講義としての「概論」の世界を伝えているかにつきとまどいもあります。しかしここに私の日本史像を提示するのは、筑波大学の文系三学類（人文、比較文化、日本語日本文化）で日本の歴史を各々に応じて講じてきた者として、一つの責を果たそうとしたことによります。この営みは、歴史学が腑分けの学に転落し、机上に書いた領域を己の存在の証となし、電話帳よろしく積み上げられた研究史なるものをいわれるままに開くのが「研究」だと思いこむ当今の風潮への異和感でもあります。いわば人体の構造は、「腑分け」でとり出した臓器の名称をいかに確かめようとも、人間全体への眼がないかぎり理解できません。まさに歴史という世界は、歴史家を自称するかぎり、己の通史像をもつことなく、時代を思い描けないのではないでしょうか。

ここに語り出した世界は多くの方の仕事に依拠することで可能となりました。なかでも歴史への眼を豊かにしてくれたのは山路愛山、徳富蘇峰であり、和歌森太郎の営みです。講義においては、信夫清三郎の『江戸時代―鎖国の構造―』（一九八七年、新地書房）から多くの教示を得ました。信夫の仕事には、明治・大正・昭和の政治史を通観し、晩年に精魂をかたむけ「鎖国の構造」を日本の黎明から解析する作業が問いかけたように、歴史の全体像によせる鋭い眼があり、学ぶものが多くありました。現在を生きた歴史家です。ここに記して先人の学恩に感謝する次第です。

「日本通史」を講談とはいえ刊行するのは、無謀なこころみであることは重々承知しています。それでもなおかつ「講談」として含羞を秘めて問い語ろうとする意気に免じてご寛恕いただければ幸いです。

この「講談」が可能となったのは、最後の講義ということで、毎回全授業を記録してくれた筑波大学助手（現広島大学文書館公文書室長）村上淳子さん、テープ起しというやっかいな作業をチームをつくり実行した当時の歴史人類学研究科の院生諸氏の力によっています。同成社社長山脇洋亮氏には、この当初稿の編集をなし、一書となすべく多大な尽力をいただきました。さらにゲラを読み、諸資料との校合、校正等をする作業は、黒井茂、郡司淳、郡司美枝氏らが労を惜しまず手をかしてくれました。これらの努力と助勢にもかかわらず、錯簡、誤読、誤記があれば責めはすべて著者たる私にあります。ここに記して感謝の意を表し、心よりお礼を申し上げます。

二〇〇五年一月

雪の豊平川畔にて

大濱徹也

〔追記〕

なお、日本近代の構造については、同成社が企画した講座が『天皇と日本の近代』（二〇一〇年六月）として刊行されました。また山形県小国町の基督教独立学園高等学校で二〇一五年二月十一日に開催された「『思想・良心・信教の自由』を守る日」全学授業における講義「「日本という国」の容を歴史として問い質す―日本人・日本国民たる我の場とは―」（『北海学園大学人文論集』第六三号、二〇一七年八月）に私の日本近代像を提示したことを申しそえます。重複する記述もありますが併読していただければ幸いです。

二〇一八年九月

改訂版・講談日本通史《こうだんにほんつうし》

■著者略歴■

大濱徹也（おおはま・てつや）

1937年　山口県に生まれる

1961年　東京教育大学文学部卒業

文学博士（東京教育大学）

現　在　筑波大学名誉教授

著　書　『乃木希典』『明治の墓標』『明治キリスト教会史の研究』『天皇の軍隊』『兵士』『日本人と戦争―歴史としての戦争体験―』『天皇と日本の近代』ほか

2005年２月25日初版発行
2018年12月10日改訂版発行

著　者　大　濱　徹　也
発行者　山　脇　由紀子
印刷者　㈱　深　高　社
　　　　モリモト印刷㈱
製　本　協　栄　製　本　㈱

発行所　東京都千代田区飯田橋４－４－８
　　　　東京中央ビル内
　　　　TEL　03-3239-1467　振替00140-0-20618
　　　　㈱同　成　社

ISBN978-4-88621-812-4 C1021